信托受托人法律地位比较研究
—— 商业信托的发展及其在大陆法系的应用

A Comparative Research on Legal Status of Trustee

□ 彭插三 著

图书在版编目(CIP)数据

信托受托人法律地位比较研究:商业信托的发展及其在大陆法系的应用/彭插三著.—北京:北京大学出版社,2008.10
 ISBN 978-7-301-14322-3

Ⅰ.信… Ⅱ.彭… Ⅲ.信托法-研究 Ⅳ.D912.280.4

中国版本图书馆 CIP 数据核字(2008)第 155431 号

| 书　　　　名:信托受托人法律地位比较研究 |
| ——商业信托的发展及其在大陆法系的应用 |
| 著作责任者:彭插三　著 |
| 责　任　编　辑:白丽丽 |
| 标　准　书　号:ISBN 978-7-301-14322-3/D·2154 |
| 出　版　发　行:北京大学出版社 |
| 地　　　　址:北京市海淀区成府路 205 号　100871 |
| 网　　　　址:http://www.pup.cn |
| 电　　　　话:邮购部 62752015　发行部 62750672　编辑部 62752027 |
| 出版部 62754962 |
| 电　子　邮　箱:law@pup.pku.edu.cn |
| 印　　刷　　者:北京汇林印务有限公司 |
| 经　　销　　者:新华书店 |
| 650 毫米×980 毫米　16 开本　19.25 印张　276 千字 |
| 2008 年 10 月第 1 版　2008 年 10 月第 1 次印刷 |
| 定　　　　价:32.00 元 |

未经许可,不得以任何方式复制或抄袭本书之部分或全部内容。
版权所有,侵权必究
举报电话:010-62752024　电子邮箱:fd@pup.pku.edu.cn

目录

导　论 / 1

第 1 章　信托制度下受托人法律地位的概述 / 7

1.1　从民事信托到商事信托 / 7

1.2　信托制度的基本框架——以成熟的英美法系为背景 / 19

1.3　受托人地位的基本分析 / 29

第 2 章　信托制度的衡平法运行基础 / 43

2.1　衡平法下的信赖关系 / 46

2.2　信赖关系的理论基础和诠释 / 61

2.3　信赖法律关系的应用 / 76

第3章 商业信托典型形态法律构架 / 92

3.1 商业信托概述 / 92

3.2 商业信托的法律特征及基本法律构架 / 110

3.3 商业信托的辨别 / 125

第4章 商业信托制度发展对受托人法律地位的影响 / 139

4.1 受托人地位的彰显——商业信托功能分析 / 139

4.2 商业信托受托人法律地位的构架——理论（制度约束以及成本控制）和实务（法律约束）两面的分析 / 156

4.3 信托业法对商业受托人的法律调整——各国及各地区制度比较研究 / 172

第5章 商业信托下受益人权利保障机制——对受托人的控制 / 191

5.1 信托关系受益人权利保障机制 / 192

5.2 受益权权利保障机制 / 204

5.3 商业信托内部权利制衡机制 / 217

第6章 商业信托受托人制度构建 / 240

6.1 商业信托受托人制度构建的法律规则基础 / 240

6.2 受托人职权的演化——信托财产管理职能的扩张 / 248

6.3 受托人义务之构建 / 259

6.4 商业信托受托人信赖义务体系构建
　　——以证券投资信托为例 / 273

结　语 / 289

参考文献 / 294

致　谢 / 301

导 论

一、问题的提出

在英美国家,信托制度已经相当发达,并且形成了一整套相当成熟的信托当事人及与第三人之间法律关系的规范体系,尤其是受托人信赖义务的发展,自成体系并具相当规模。但这并不意味着英美法系的信托制度理论研究以及现实应用已经走到尽头,无需完善。

信托制度越来越多地被应用于商业领域,这集中体现于商业信托的发展。于此背景之下,受托人的管理权限,以及法律地位出现了新的扩张。对于商业信托中受托人的权力扩张还是限制,也有不同的做法,如美国因为重视信托的社会功能和商业功能,注重信托财产的增值,"在不违背信托条款和诚信原则前提下,美国的信托法旨在赋予受托人以最广泛的可能权力"(美国《统一信托法》);而在英国,对受托人的权力一直施加较为严格的限制。实践的发展需要补充新的理论。

在大陆法系国家,关于受托人法律地位、权利义务体系、与相关当事人的法律关系以及商业信托的法律性质、结构设计等问题,可以说有一定的研究,但其中的分歧较大。对于舶来的信托制度与既有的委托代理制度之间,并未有准确的理解。由此大陆法系信托制度的构建呈现出与该制度起源地不同的特色。尤其是大陆法系并未如英美法系的信托制度构建在衡平法的基础之上,此种基础理论的缺失,从某种意义上而言正是导致大陆法系对于信托制度的实质性特征尤其是委托人的地位呈现出与英美法系信托制度不同的理解的关键性原因;而在受托人法律地位方面,亦缺乏极具道德色彩的被信任者法的约束,关于受托人对于信托财产管理处分权能的性质,大陆法系是否能够接受英美法系双重所有权的概念等等都有不同认识。

以上关于信托制度的现代化发展所呈现出的种种问题,以及大陆法系借鉴信托制度所出现的独特性问题,都促使本书在商业信托发展以及大陆法系移植信托制度的背景下集中对受托人的法律地位进行研究。

二、研究意义

1. 信托制度作为投资管理工具的独特性

信托制度作为一种财产移转及管理工具,在具体操作中具有相当的独特性。这种独特性包括作为信托制度起源地的英美法系中有关信托移转并分割所有权的设计;以及信托关系形成后信托财产的独立性和超越性,这使得信托制度在财产管理上得到相当广泛的运用。信托关系形成以后,受托人基于其信托财产管理人的地位,对信托财产具有管理处分权。从表面而言,基于信托财产而发生的交易关系无不以受托人为交易的主体;并且从信托的效力来看,信托关系中最为主要的内容为受托人与受益人的权利义务关系。就此而言,对信托制度中受托人法律地位的研究,具有相当的理论和现实意义。

2. 商业信托制度的发展

信托制度作为一种古老的制度,由于自身具有的在财产管理上的优势,逐渐在商业投资领域得到较为广泛的运用,最典型为投资基金的发展和应用。如美国的投资公司的发展,英国和我国香港地区的集合投资计划;日本、韩国以及我国台湾地区的证券投资信托,都表明信托制度在现代具有商业化运用的倾向。运用信托制度来组织商业投资和交易,已经与传统的私人信托制度具有重大的不同,甚至美国一些州的立法明确承认商业信托为公司类的法人。那么在商业信托制度运作体系下,由受托人切实地运用管理财产并实现增值,研究受托人的法律地位就凸现为相当重要的问题。在商业信托组织化运作的背景下,受托人呈现出专业化、机构化的特征,并在职能上被进一步分化和细化,与传统信托运作相比,受托人法律义务的内容大为扩展。于此之下,对受托人的法律地位进行研究,通过对商业受托人的约束和控制机制的体系化构建,达到最终实现受益人权益保障的目的;也为我国借鉴信托制度,使这一制度在商业化应用中发挥其他制度所不能实现的灵活以及弹性,提供基础理论性作用。

3. 大陆法系对信托制度的借鉴

信托制度产生并壮大于英美法系,并为大陆法系国家所借鉴和运用。由于英美法系并不采用单一的所有权概念,并且信托制度的发展以衡平法体系为法律背景,法官亦具有积极造法的功能。从而信托最基本概念即名义所有权和实质所有权的区分在英美法系下并不成为难题;如此也较为容易并清晰地界定受托人法律地位问题,并在此基础之上对受托人具体权利义务以及责任进行具体内容的确定。然而在大陆法系,因为严格的单一所有权概念,较难接受英美法系中双重所有权的概念。这些不同法系之间的差异使得在大陆法系建立信托制度尤为困难,对于现存的法律理论以及实务运作都造成冲击。在这种意义上,以受托人法律地位为研究视角,借此破解大陆法系借鉴信托制度过程中双重所有权的难题、信托制度中委托人法律地位问题、受托人与受益人法律关系等相关问题。

4. 实践中的问题

我国已经颁布并实施信托法,从我国法律文化传统以及制度的现实发展而言,信托制度的引进更多地应用于商业投资领域,如投资基金的发展和相关法规的制定。然而,从实践运作来看,我国现有的信托制度商业运作体系以及相关法规极不完善,其中突出体现在对于受托人以及基金管理人规范及约束不足;对于受托人个人交易现象、利益冲突交易、投资管理能力以及对于受托人责任等方面均缺乏有效的规定予以约束。上述实践中所出现的种种不足,无一不依赖于对信托制度中受托人法律地位及权利义务责任的体系化和具体化的探讨和研究。

可以说,通过对信托制度受托人法律地位的理论性研究,本书期待解决实践中包括大陆法系对信托制度的借鉴以及商业信托制度发展过程中所出现的有关受托人地位不明确、与其他相关主体法律关系不明、权利义务责任规范不确定、缺乏相应的约束及救济途径等一系列的问题。

三、主要研究内容

本书主要立足于商业信托制度的发展以及在大陆法系中的应用这两个宏观背景,对受托人的法律地位进行体系化的研究。对受托人法律地位的研究包括了信托制度从私人信托向商业信托发展的历史过程中受托人法律地位的历史变迁;立足于信托制度内外部法律关系对受托人与受益人以及第三人之间的法律关系进行研究,于种种法律关系中界定受托人的法律地位;受托人的权利义务责任体系的研究。

商业信托制度发展不仅包括了英美法系中信托制度从私人信托向商业信托的发展,越来越具有所谓商业投资和交易的特征;也包括了大陆法系借鉴信托制度对于商业信托的应用和发展。而大陆法系对于信托制度的借鉴主要立足于借鉴过程当中所发生的法系冲突,以双重所有权和单一所有权为基点,引导出受托人法律地位的模糊性问题,并在此基础上对受托人的法律地位、权利义务责任、与其他当事人的法律关系等问题进行探讨和研究。

起源于英美法系的信托制度具有其自身的社会经济以及历史传统背景,尤为突出的是信托制度赖以构建的衡平法基础——被信任者法(或信赖关系法),而大陆法系此种衡平法基础的缺失正是造成信托制度构建中对信托制度实质性特征认识不清、双重所有权设计的难以理解和接受、委托人法律地位的突出等问题的关键性因素。本书对于被信任者法的集中研究有助于解答上述问题。商业信托的概念在理论与实践中并未达成一致的理解。本书将集中对商业信托的概念、范畴以及典型法律构架进行专章研究。基于受托人的约束与控制机制的最终目的仍是实现受益人的权益保障,尤其是在商业信托组织化的背景下,受益人权利保障机制亦可从侧面反映出对受托人的制衡,由此,受益人权益保障机制亦是本书研究的内容之一。在上述基础性研究之上,本书最后对受托人的法律地位进行集中研究。尤其是在商业信托发展之下,商业受托人的法律约束、信托管理职能、信赖义务的具体构成都被施加了许多新的内容,特别是现代组合投资理论对谨慎投资人规则的影响以及商业信托的利益冲突解决机制都是受托人法律地位研究的重点。

四、拟采取的研究方法

本书将采用历史研究、比较研究、实证研究的方法,对信托制度中受托人的法律地位、与其他相关主体或第三人的法律关系、权利义务、责任配置等进行系统的探讨和研究,并结合我国信托制度发展的现状以及投资基金发展的实践和需要,对我国信托制度以及商业信托发展过程中受托人法律地位的界定及其权利义务的设定提出相关的建议。

(1) 历史研究的方法——不仅仅对信托制度从私人信托向商业信托发展的历史进程进行研究,分析受托人法律地位的历史变迁过程,亦对我国借鉴信托制度的历史背景以及信托投资基金的发展进行研究。

（2）比较研究的方法——不仅对英美法系以及大陆法系受托人法律地位进行比较，也对信托制度与其他相关法律制度进行比较。

（3）实证研究的方法——将对商业信托制度具体的运作以及大陆法系对信托制度的借鉴和发展进行实证的研究。

第1章 信托制度下受托人法律地位的概述

1.1 从民事信托到商事信托

1.1.1 信托的概念

信托历来被认为是源于英美法系的产物。"如果有人要问,英国人在法学领域取得的最伟大、最杰出的成就是什么,那就是历经数百年发展起来的信托概念。我相信再没有比这更好的答案了。"[①]

信托制度作为一种财产移转及管理工具,在其具体制度操作中具有相当的独特性。这种独特性包括了信托制度中有关移转并分割所有权的设计,信托关系形成后信托财产的独立性和超越性,以及信托人、受托人、受益人及与第三人之间的特殊法律关系,并由此引致的对各方当事人权利义务的特殊规制等特点,上述特点一方面使得信托制度在财产管理上得到了相当广泛的应用,另一方面,又使得信托制度及法律关系本身复杂无比,以至

---

① 转引自〔英〕D.J.海顿:《信托法》,周翼、王昊译,法律出版社2004年版,第3页。

于为信托这一概念进行统一的界定都成为相当困难的事情。对信托的定义,不仅在大陆法系国家,因为制度移植过程中与原有法律制度体系冲突的问题,难以形成统一的意见,并且在英美法系国家本身,对于信托的定义及其性质的认定,也具有相当的争议。

在英国,较为权威的观点是将信托定义为一项衡平法义务,它约束一个人(受托人)为某些人(受益人,受托人可能是其中之一)的利益处分他所控制的财产(信托财产),任何一位受益人都可以强制实施这项义务。受托人的任何行为或疏忽如未得到信托文件条款或者法律的授权或豁免,均构成违反信托。[①] 这一定义关注于受托人的义务以及与此相对的受益人对该项义务强制实施的权利。

而《美国信托法重述》则将信托定义为:信托,在没有"慈善"、"归复"、"推定"等限制词的情况下,是指一种有关财产的信义关系,产生于一种设立信托的明示意图,一个人享有财产的法定所有权并负有衡平法上的义务,为另一个人的利益处分该财产。这一定义在将信托界定为一种有关财产的信义关系的基础上,同样强调受托人衡平法义务。

英美法系的信托制度,至少包括以下特征:

首先,对受托人授予信托财产的名义所有权。这实际上已经成为英美法系有关设立信托的一项原则,即信托人应当向受托人转让信托财产名义上的所有权,当然,存在宣言信托的例外。信托制度的这一设计在于区分对于一项财产的管理权和受益权,受托人名义上所有权的获得实际上正是为受托人管理或处分信托财产的方便而非其他,而受益权则是信托最终的目的。

其次,强调对受托人义务的规范。如同任何信赖关系中被信任者(信赖义务人)有可能滥用权力一样,信托制度中对授予受托人名义所有权这一设计同样有可能诱导受托人权力的滥用,为避免这一情形的出现,对受托人信赖义务的规制成为信托制度设计的重大课题,这也是本书研究的核心。

---

① David J. Hayton, *Law of Trusts and Trustees*, 15th edition, London: Butterworths, 1995, p. 4.

再次,信托财产具有独立性,即信托财产独立于受托人的自有财产。可以说正是这一特征为信托制度带来了无限魅力,既具有公司法中的有限责任制度的吸引力,又不失其弹性。

最后,是受益人的受益权的设计。受益人作为信托财产衡平法上的所有者,享有并有权要求强制实现信托的全部实际利益。在正常形态下,这体现为受益人请求受托人给付信托利益;非正常形态下,诸如受托人违背信托指示或文件处分信托财产,受益人对信托财产及利益的追索以及相应的损害赔偿请求权。

由于信托制度作为一种财产转移及管理方式,极富弹性,大陆法系纷纷引入信托法并加以运用。日本和韩国的信托法中,信托是指将财产权转移或者为其他处分,使他人依照一定的目的管理或处分财产。我国台湾地区"信托法"则将信托定义为委托人将财产权移转或为其他处分,使受托人依信托本旨,为受益人之利益或为特定之目的,管理或处分信托财产之关系。根据该种定义,信托的两个要素分别为委托人将财产权移转或为其他处分给受托人以及受托人依信托本旨处理或处分信托财产。[①]

从以上可以看出,大陆法系在借鉴及移植信托制度过程中,其一,基于信托制度的财产转移及管理设计这一本质特征,大陆法系的信托定义中,亦不可避免地涉及信托财产的转移或者进行其他处分,委托人不仅要将财产转移占有给受托人,而且,从表面上看,受托人享有了信托财产,可以对信托财产进行管理或为其他处分;其二,亦接纳信托财产独立性的设计,甚至信托财产独立性于此具有相当的意义:这主要是借助信托财产独立性来解决大陆法系借鉴信托制度面临的所有权问题;其三,受托人为了受益人的利益管理或对信托财产进行其他处分,受益人而非其他人享有信托利益;其四,这一设计对大陆法系原有法律体系的冲击是不可回避的难题,这主要是对所有权制度所带来的冲击:信托财产的归属、受托人的法律地位、受益人受益权的权利性质等等,在信托制度移植以及应用过程当中,都成为理论界以

---

① 赖源河、王志诚:《现代信托法论》,中国政法大学出版社2002年版,第24—26页。

及实务界所试图破解的难题。

1.1.2 信托的起源和发展

1.1.2.1 信托制度的确立

信托制度在英美法系中已经相当发达,并日渐走进大陆法系法律体系的视野。信托制度发展到现在,于各个国家及地区的立法及实务应用中各具特色。本段立足于对信托制度起源的简单回顾,并着重于信托制度的现实发展。正是在这种历史和现实的回顾下,方能为本书对受托人法律地位的探讨提供较为历史和宏观的背景。

现代信托制度起源于13世纪英国较为流行的"Use"(用益)设计,其流行原因是多方面的,如为宗教的目的规避法律,规避土地转让的限制,规避土地变动的税费和土地的没收等。虽然这一设计在民间被广为利用,但英国的普通法,只承认受托人因此而取得的土地所有权,并不承认土地所有者在进行此种转让时所指定的受益人(僧侣、教会、子女或该土地所有者本人等等)对受托人享有要求给付因经营该土地所生收益的权力。[①] 一直到15世纪中期,衡平法通过大法官法院的若干判例,Use才得到法律的初步认可,从而在整体上成为处分财产的一种合法方式。[②]

由于用益制度规避法律,使得处于封建土地持有结构顶点的国王不能从Use中获得任何利益,王室收入锐减,严重威胁到王权。1535年,英国议会通过《用益权法》,试图以此法的施行,来促使民间放弃利用Use。[③] 然而大法官法院却通过独立的司法权,将这部法律解释为仅以土地为适用对象,而将其他不动产与动产排除在该法的适用范围之外;不仅如此,关于对土地的Use,大法官法院还将这部法律进一步解释为只适用于其中仅能使受托人对受益人负有不作为义务的部分,而并不适用于能使前者对后者负有作为义务的部分,从而将使受托人负有这种作为义务的对土地的Use,即能动的

---

① 张淳:《信托法原论》,南京大学出版社1984年版,第4页。
② 同上书,第5页。
③ 张天民:《失去衡平法的信托》,中信出版社2004年版,第12页。

Use,也排除在该法的适用范围之外。从此时起,适用这部法律的 Use,在英国法律中仍被称为 Use;不适用这部法律的 Use,在该国法律中则被特称为 Trust。

英国进入资本主义社会后,法律对民间存在的所有者将财产转移于受托人经营以使其本人或第三人获得收益的行为,已不再作 Use 与 Trust 的划分,而是全部视为 Trust。"信托"作为一种处分财产方式,至此才算是得到了英国法律在完全意义上的最终承认。①

1.1.2.2 信托制度在英美法系的发展

在相当长的时间内,尽管信托在英国社会中经常出现并且种类繁多,但在性质上均属于民事信托。到 19 世纪初,英国工商界出现了一股海外投资热,一些人便对信托加以利用:通过签订信托契约而将资本移交给律师并委托其代位投资;对投资所生利润,除有关的手续费由律师从其中扣除之外,其余部分全部由他们获取。商业信托在英国便发端于此。② 英国财政部并于 1863 年成立了国际财政公司,这是英国历史上第一家信托投资公司。专营商业信托的行业即信托业在英国便由此产生。与此同时,民间通过信托方式捐助财产而设立基金会以举办社会公益事业的现象在英国出现并逐渐增多,公益信托由此产生。为有效调整信托关系,从 19 世纪末开始,英国在继续施行衡平法的同时,并专门颁布相关的成文法,诸如 1893 年的《受托人法》(Trustee Act)、1896 年的《司法受托人法》(Judicial Trustee Act)、1906 年的《公共受托人法》(Public Trustee Act)、1925 年的《受托人法》(Trustee Act)以及 1960 年的《公益信托法》(Charities Act)等,从而确立了近代信托制度的体系。

信托在美国发展的时间比较早,与信托在英国长时间局限于民事信托的情况不同,在美国,不仅商业信托与民事信托并举,并且前者还随时间的推移而取得了长足的发展,从而使后者在范围与规模上均无法与之相提并

---

① 张淳:《信托法原论》,南京大学出版社 1984 年版,第 6—7 页。
② 同上书,第 7 页。

论。美国早期的信托法理,深受英国的影响,其后在信托法制方面的发展,则别具特色。① 除先后制定或修正1922年《统一受托人法》、1937年的《统一信托法》、1938年的《统一共同基金法》、1962年的《统一资本及收益修正法》及1964年的《统一受托人权限法》等法律外,各州虽无制定所谓的信托法典,但随着其财产法、遗嘱法、遗嘱认定法等法律的制定,亦设有诸多有关信托的规定,而形成其别具一格的信托法制。

1.1.2.3 信托制度在大陆法系的应用

随着两大法系的日益融合,信托制度不再是英美法系独自享用的法律制度,而通过制度移植与借鉴的形式,为大陆法系国家广泛应用。在那些被比较法学者认为是致力于保持民法传统的"混合法系"的国家或地区,如美国的路易斯安那州、魁北克以及苏格兰,对信托的适用并不陌生,其中路易斯安那州1964年颁布了《信托法典》;1994年魁北克新民法典则直接将其纳入其第四编第七节。而在日本率先通过于1911年通过《信托法》引入信托制度之后,韩国以及我国台湾地区亦相继引入信托制度,加以应用。

基于历史发展的不同,传统意义上的私人信托并未在大陆法系获得广泛的应用。实际上信托制度的起源地——英美法系的信托制度发展亦呈现出商业化的倾向,即越来越多地应用于商业活动。于专门《信托法》中,多只针对信托制度的一般性规则和共同性规则作出规定,对于其商业化应用的特殊形态,并无过多涉及,而大多通过特别法的形式,作出规定。如通过单行的《信托业法》和《证券投资信托法》来调整。

我国于2001年《信托法》颁布之后,有关监管部门还先后修订和制定了《信托投资公司管理办法》、《信托投资公司资金信托管理暂行办法》,并于2003年通过《证券投资基金法》,与之相配套的证券投资基金管理公司管理办法等也相继出台,用以规制信托制度以及其商业化的应用。

1.1.2.4 简短的结论

产生于"用益"的信托制度,经过长期的历史发展,一方面早已超出了最

---

① 赖源河、王志诚:《现代信托法论》,中国政法大学出版社2002年版,第6页。

初用益制度的设计初衷而于现代商业环境中被赋予更多商事投资的目的；另一方面，这一经历了现代商业化洗礼的英美法系的独特制度，已经为大陆法系所借鉴，并对大陆法系的既有制度产生了前所未有的冲击。

其一，信托制度经历了一个从规避法律的消极应用到积极的财产移转及管理方式的历史过程：从最初信托设计得不到普通法的保护，到最终通过衡平法对于信托制度的确立，以及最终以成文法的形式形成完整的制度，信托的消极避法色彩逐渐褪去，更多的应用于财富传承转移及管理，体现出积极应用的特征。

其二，信托制度从最开始的民事信托，已经逐渐发展到商业信托的广泛运用。关于商业信托的内涵及外延，理论及实务界尚有不同认识，本书将在此后章节集中讨论。于此仅指出，在社会财富日益丰富，越来越多的资本寻求出路和增值的现代商业社会，信托制度以其设计的弹性空间，具有广泛的应用优势和前景。这不仅体现在英美法系中商业信托的日益发达，而借鉴信托制度的大陆法系，因其并无信托的民间设计传统，借鉴信托制度也多集中于商业信托的设计，并致力于发展及完善各国及地区的信托业规范体系。

其三，信托制度的应用和发展完成了管理权力和利益享有的分离。信托制度最为引人注意的设计莫过于对受托人管理权力以及受益人受益权的授予。这种分离在英美法系体现为名义所有权和衡平所有权的双重所有权设计。这种设计对于习惯于传统物权、债权和人身权利划分的大陆法系来说，无疑是陌生的。关于信托财产权的性质，大陆法系学者发展出了物权——债权说、法主体说、物权债权并行说、财产权机能区分说、物权说、债权说、附解除条件法律行为说等。[1] 无论这种分歧是多么的巨大，受托人享有信托财产的管理权，而这种管理又完全是为了受益人的利益，这亦是毫无疑问的。正是因为这种分离，受托人有可能利用其地位进行不符合信托宗旨及目的的行为，受益人利益有可能不能实现，由此必然引发对受托人的约束和规范等等问题。

---

[1] 周小明：《信托制度的比较法研究》，法律出版社1996年版，第30—35页。

从上述对信托制度历史发展进程的简短描述中,我们发现,信托制度的发展,经历了从消极避法到积极管理、商业化运用的过程,最终完成了管理权力和利益享有的分离,从而引发出本书中所要探讨的受托人法律地位、义务约束等相关课题来。

1.1.3 信托制度的现代化发展和运用

信托的商业化运用并非近年来出现的新的现象,Robert Flannigan 曾指出信托作为一种商业组织形式已经被应用了两百多年。① 近年来,证券化信托,包括收入信托、房地产投资信托在内的集合投资信托等等得到了繁荣发展。实际上,基于信托制度的高度灵活性和弹性空间,信托制度得以从早期的信托关于家庭财产的传承和安排,转向信托的现代化发展,主要归功于将这一制度应用于各种商业活动。

关于商业信托的定义,实际上无论是在英美法系还是在大陆法系,都有着相当的争议。② 如 Timothy Youdan 认为:对于信托并没有技术性的定义,这一术语包含了相当广泛类型的信托,如共同基金信托、养老金信托以及其他为职工提供福利的信托,证券化过程当中应用的信托、房地产投资信托(REITS),一般而言,指的是应用于交易或商业活动中的信托。该种信托指具有私益性质、由具有商业受托人身份的主体担任受托人的信托,典型的商业信托是指依法只能由商业受托人担任受托人的私益信托,包括了有价证券信托、投资信托、贷款信托、带抵押公司债信托与养老金信托等。③

各个国家和地区由于历史发展、立法背景以及政策导向等各方面条件不一样,因此,商业信托的发展也呈现出千姿百态。

1.1.3.1 英美法系

虽然英国是信托业的发源地,但现在的信托业务不如美、日等国发达。从经营业务来看,英国信托业仍偏重于传统性业务——个人受托(或称民事

---

① See R. Flannigan, "Business Trusts—Past and Present", (1984) 6 *E. T. Q.*, pp.380—381.
② 将于第三章商业信托典型形态法律构架中详述,本段仅作一简单的介绍。
③ 张淳:《信托法原论》,南京大学出版社 1984 年版,第 239—241 页。

信托)和公益信托。这源于信托制度的雏形——用益制度最初的功能,即用于家庭财产的传承,信托制度更多的目的是用于规避当时封建法律制度对财产转移所施加的种种限制和负担。所以信托的本质只不过是一种"赠与",其以时间为主要构成因素,并受制于一定的管理制度。① 个人信托以承办遗嘱信托为主,其业务内容涉及财产管理、执行遗嘱、管理遗产、财务咨询等方面。信托制度亦应用于公益目的,主要指人们将捐赠或募集的款项交给受托人,指定受托人用受托资金或财物兴办学校、医院等公益事业。

除上述个人信托与公益信托之外,英国的证券投资信托也正逐步盛行,信托作为一种很有活力的储蓄与投资形式,已广为人们所欢迎和使用。

为了方便商人在海外投资并维护其利益,英国政府财政部于 1863 年成立了历史上第一家信托投资公司——国际财政公司,从此英国便出现了专营商业信托的行业,商业信托也借此得到极大的发展,并逐渐成为一种国际性的制度。英国较常采用的是"养老金基金信托"、"投资信托"和"单位信托"。为保护参加者利益,英国所有的职业养老金计划都通过"养老金基金信托"建立并进行管理。创设这种信托时,首先由雇主出资建立基金,再由受托人以受益人的利益为目的对基金进行管理和运用。现在养老基金已成为英国证券市场上的主要投资者,到 1993 年,养老金基金的资产达 4600 亿英镑,拥有伦敦证券交易所 30% 左右的股票,到 1994 年为止英国已有 1300 万人参加职业养老金计划。投资信托公司则为小额投资者分散投资提供了可能。投资信托公司的自律性组织是 1932 年成立的"投资信托公司协会"(the Association of Investment Trust Companies),到 1994 年 8 月,这个联合会已有 292 个成员,管理着价值 380 亿英镑的资产,而在 1963 年,还不到 30 亿英镑。单位信托是一种开放式的共同投资工具,这种业务发展迅猛,到 1993 年已有 1500 个单位信托,到 1994 年 5 月总资产达 950 亿英镑,而在 1959 年,仅有 50 个单位信托,总资产也仅为 1.2 亿英镑。单位信托的行业性自律组织是 1959 年创立的"单位信托和投资基金协会"(the Association of Unit

---

① Bernard Rudden, "John P. Dawson Gifts and Promises", 44 *Mod. L. Rev.* (1981), p.610.

Trusts and Investment Founds）。[①]

虽然商业信托最先源自英国，然而，自从独立战争之后美国引入商业信托，获得了飞速的发展，可以说，美国最早完成了从民事信托向商事信托的功能转变。在美国，商业信托的概念有广义和狭义之分，狭义的商业信托仅指发端于麻州并为其他州如特拉华州所采纳的商业信托。这种商业信托，一定意义上已经具有浓厚的组织性色彩，与完整形态的公司组织几乎可以相提并论。然而，在美国，更为发达和得到普遍接受和发展的是以共同基金和退休基金为代表的商业信托制度。根据美国《投资公司法》的分类，投资公司业务可以分为面额证书型、单位投资信托型及经理公司型，而经理公司型依其是否得为买回而分为开放式及封闭式。而所谓开放式经理公司即通称之共同基金。[②] 我国学者亦有指出，在美国，投资基金特指共同基金，又称互助基金或开放式基金和单位投资信托，共同基金和单位投资信托是美国现实中最常见的两种基本形态。[③] 商业信托的应用是如此的广泛，以至于包括了不动产投资信托（REITS）、金融资产证券化（FASITS）、特殊目的信托（Special Purpose Trust, SPT）、信托型共同基金等类型，除此之外，还包括各种信托契据（Trust Indentures、Deeds of Trust）等等都包含在这一概念的范畴之内。

1.1.3.2 大陆法系

日本的信托制度可以说从开始就与投资业务、商业化运作紧密相连。日本法制意义上的"信托"始自1900年的《兴业银行法》，当时日本为支持本国产业的发展，缓解资金不足的瓶颈，在新颁布的该法中首次正式允许兴业银行经营"地方债券、公司债券及股票等信托业务"。日本政府于1922年制定了信托企业须遵守的《信托法》和监督信托经营的《信托业法》，并实现了信托业和银行业的分离。日本的信托业除了有《信托法》、《信托业法》、《兼营法》等这些基本的法律对行业内的公司从全局加以规范和约束外，还

---

① 马亚明：《发达国家信托业发展及其对我国的借鉴和启示》，载《财经论坛》2003年第7期。
② 陈春山：《证券投资信托专论》，台湾五南图书出版公司1997年版，第214页。
③ 盖永光：《信托业比较研究》，山东人民出版社2004年版，第77页。

根据不同信托业务种类而设立的信托特别法,如《贷款信托法》、《证券投资信托法》及《抵押公司债券信托法》等。从结构上而言,我国台湾地区有学者认为,日本证券投资信托法的法制构造,显沿袭契约型之形态及立法前实务运作之情况而成,整体机构以证券投资信托契约为核心,以此契约结合受益人(投资人)、委托人(证券投资委托公司)及受托人(信托会社),而形成三位一体之关系。①

　　商业信托在我国台湾地区的发展亦不可小觑。在我国台湾地区,目前取得许可的信托业务项目,以金钱信托、不动产信托、有价证券信托、金钱债权以及担保物权信托等项目数量最多。到2000年第二季度信托业务之总金额为新台币19222亿元,其中金钱信托占信托主要业务之业务量的94%。我国台湾地区在其"信托法"出台以前,有关信托的基本内容主要是通过司法判例、判决以及零星的法令构成,1970年,台湾地区开放信托投资公司的设立,相继成立华侨、国泰、中联等五家信托投资公司,次年又成立了台湾土地开发和亚洲两家信托投资公司。与已经存在的台湾银行信托部,共同构成了台湾信托业的经营体系。台湾"财政部"于1973年制定了"信托投资公司管理规则",又于1975年在《银行法》中增列"信托投资公司"一章。1983年,台湾"财政部"颁布了"证券投资信托基金管理办法",台湾"行政院"又颁布了"证券投资信托事业管理规则",台湾"最高法院"在"信托法"颁布之前以法官造法的形式创设了"信托行为"、"信托关系"、"信托契约"等法律概念。台湾"财政部"于1985年成立了信托法研究小组,历时近十年,台湾"立法院"才于1994年12月29日三读通过"信托法"。之后,又于2000年7月19日制定了"信托业法",以期有效监控信托业的经营,到2002年又通过了"金融资产证券化条例"和"不动产证券化条例",使得信托环境日臻健全,信托业务量大幅度增长。②

---

① 陈春山:《证券投资信托专论》,台湾五南图书出版公司1997年版,第257页。
② 赖源河:《台湾信托业的现况与发展》,2004年中国(长沙)信托国际论坛论文。

1.1.4 民事信托和商业信托之比较

首先值得注意的是，尽管对商业信托缺乏统一和精确的定义，但商业信托亦是信托的一种形式，从英美法系的角度而言，商业信托也必须满足有效信托设立的三个确定性要求，首先，是委托人设立信托的明确意思表示，其次，是信托财产的确定性，最后，是受益人的确定性。

虽然有学者认为，与传统私益信托相比较，商业信托尚具有组织化的特征。商业信托以信托方式向投资人募集投资资金，并赋予信托受益人的地位。依相关规定，受益人的受益权利得自由转让，且有权选举董事；此外，美国有些州（如特拉华州）立法明确规定：商业信托受益人得如公司股东一般，主张有限责任。因此，这种信托组织实质上与公司组织并无重大差异。①

然而，亦有相当的学者认为，对信托概念基本性质的错误理解将导致对商业信托相关义务和责任的误解。而信托从本质上而言，并非法人实体而是"受托人和受益人之间关于信托财产的一种法律关系"②。而关于商业信托："同任何信托一样，并非法人实体，除非立法如此或为特定目的进行规定。信托是一种法律关系或义务。而信托本身无法成为享有权利承担义务的法人实体地位。相反，受托人才是信托财产或运作的本人。信托本身仅单纯是一种施加于受托人为其他人利益处理特定财产的一种义务或责任。"③

商业信托的一大特点，就是在信托的结构设计中，受益人人数众多，而区分于民事信托中为家庭成员或个人利益而设置信托的目的。商业信托将信托制度应用于商业活动，以投资、融资、增值为目的。如商业信托的典型形态，证券投资基金，无不是集合多人的财产，委托于专家，进行谨慎投资，除收取一定报酬以外，所获取收益均归于投资人，而投资人的数量则是多数

---

① 王文宇：《新公司与企业法》，中国政法大学出版社 2003 年版，第 452 页。
② David A. Steele, "Business Trusts: Some Key Issues for the Trust and Estate Lawyer", *Second Annual Estates & Trusts Forum*, November 24th & 25th, 1999, p. 3.
③ Ibid., p. 4.

的,此即为所谓的受益权的大众化。这也是学者所谓证券投资信托具有集体信托的特征:以同一目的募集大众资金形成合同运用之财产,受托人依此同一目的而合同运用,并将运用所得按个别受托财产之原本,比例分配与受益人。①

此外,区别于民事信托以个人承担受托人身份的特征,商业信托大多由专门的商业信托机构来担任受托人进行专门的经营。所以,应用于商业目的的商业信托,和民事信托相比,具有受益权之大众化、受托人专业化和机构化等特征,从而在制度设计管理上亦呈现出区别于传统信托的特征来。

1.2 信托制度的基本框架——以成熟的英美法系为背景

本章第一节对信托的概念、基本特征、起源及发展、从民事信托向商业信托的发展进程、各国及地区商业信托的具体形态及发展现状作了简略的介绍。而本节则在成熟的英美法系背景下,研究信托制度的基本框架,这包括信托的基本分类,最终聚焦于本书所关注的私益信托、商业信托等形态并对有效信托之要素作最基本的剖析。

1.2.1 信托的基本分类及本书所关注的商业信托性质

1.2.1.1 信托基本分类

根据不同的区分标准,信托可以分为不同的种类。虽然由于各国及地区对信托定义以及内容、立法取向以及实务运作各不相同,但从学理上而言,大致亦有如下分类:

1. 任意信托与法定信托

根据信托成立的原因,可以区分为任意信托与法定信托。任意信托又称为意定信托,是根据当事人的意思表示而成立的信托,包括契约信托以及

---

① 陈春山:《证券投资信托专论》,台湾五南图书出版公司1997年版,第259页。

遗嘱信托。而法定信托则是指依法律的规定而成立的信托。

2. 契约信托与遗嘱信托

根据信托的设立方式，信托可以分为契约信托与遗嘱信托。如上所述，这一分类，属于任意信托下的进一步的分类。契约信托是指信托依委托人与受托人之间的合意而设定的信托；而遗嘱信托则是委托人以遗嘱的方式而设定。

3. 自益信托与他益信托

根据信托利益是否归属于委托人本身，可以分为自益信托和他益信托。自益信托是委托人为自己的利益而设定，信托利益归属于委托人本身的信托种类；他益信托是委托人为第三人的利益设定，信托利益归属于第三人的信托种类。他益信托是信托的传统形态，但随着信托制度的现代发展，信托越来越多地作为一种投资理财工具，自益信托更多地在商业以及投资活动中得到应用。自益信托同他益信托相比，委托人与受益人的主体身份的重合，在设立方式、终止程序、变更方式等等方面，各有不同，这些不同均是本书其后将要研究的重心。

4. 私益信托和公益信托

根据信托目的是为特定受益人的利益还是为了不特定社会公众的利益，信托可以区分为私益信托与公益信托。私益信托是为特定个人的利益而设立的信托，私益信托又进一步区分为自益信托和他益信托。公益信托则是为一定公共利益目的的信托。

5. 商事信托和民事信托

商事信托和民事信托是根据受托人是否专门经营信托业务所作的分类。又称为"营业信托"和"非营业信托"。① 简单言之，商事信托为委托人为自己和他人的利益，委托专门经营信托业务的商业机构为受托人从事商

---

① 赖源河、王志诚：《现代信托法论》，中国政法大学出版社2002年版，第39页。也有学者认为商业信托并不等于营业信托，营业信托为某种营利事业的信托，而是一种特别形态的信托，适合应用于商业投资活动，而因其最早为马塞诸塞州所采用，因而又称之为麻州信托。谢哲胜：《财产法专题研究》（三），中国人民大学出版社2004年版，第222页。

业活动而设立的信托,亦称为营业信托、商业信托。而民事信托是指委托人为自己和他人的利益,委托普通的自然人为受托人从事一般民事活动而设立的信托,亦称为非营业信托。民事信托与营业信托的区分,主要是根据受托人是否专门从事信托业务而定,而与委托人、信托目的等因素均无直接关系。

对于商业信托、商事信托、营业信托的概念,有学者作出如下区分:商业信托是以信托的方式从事企业经营的目的,是一个为了就信托财产享有受益权的凭证持有人利益,以契约成立的非公司的企业经营组织,其财产由受托人持有并管理。而商事信托并不等同于商业信托,商业信托是一种企业经营组织,所谓的商事信托应是指受托人是以信托为业的信托,即营业信托。那么就本书所指的商业信托,界定在仅能由专门经营信托业务的主体担任受托人的信托范围之内。传统意义上的民事信托,由普通的民事自然人担任受托人,但也可以由专门的商业受托人担任受托人,在由信托经营机构担任受托人的情形下,虽亦属于广义的商业信托范畴之内,但其法律关系、运作过程同普通的民事信托并无不同,这类商业信托并不是带有固定性质的商业信托,与民事信托之间并不存在截然分明的界限。[①] 本书并不致力于研究这一部分的商业信托,而将商业信托界定于较为狭窄的范围,即仅能由商业受托人担任受托人的私益信托,那么最为狭义的商业信托,即上述以麻州信托为典型的商业信托,也包括在本书所称的商业信托范围之内,同时也包括了有价证券信托、投资信托、贷款信托、公司债信托以及养老金信托等信托类型。

6. 个别信托与集团信托

根据信托是否集合社会大众的财产,可以区分为个别信托与集团信托。个别信托是指单个委托人委托受托人就特定财产进行管理的信托。集团信托,是指受托人受多数委托人的委托,集合多数人的资金,统一加以管理和运用的信托种类。集团信托在信托的成立、信托财产的管理方法、受益人的

---

① 张淳:《信托法原论》,南京大学出版社1984年版,第241页。

权责、受益人的保护及受益权的行使等方面,均基于其特性及制度设计的目的,而有别于个别信托的规定。① 这正是区分个别信托与集团信托对于包括证券投资信托等设计在内的商业信托的意义所在。

1.2.1.2 商业信托的性质

1. 任意信托

本书所研究的商业信托,如上所述,指的是仅能由专门的信托经营机构担任受托人的信托种类。那么此种范围内的商业信托,依照当事人之间有关资产转移以及管理的意思表示而成立,而非依法律的规定而成立,所以属于任意信托的范围。至于在商业信托的具体运作过程中,通常由受托人拟定相关信托文件,而由出资人购买受益凭证的方式获得受益人的身份,受领信托财产收益的分配,这种区分于传统信托设立的运作方式,本书认为,仅仅是操作方式的不同,并不影响对商业信托经由当事人之间意思表示而成立的特性,亦不影响对其任意性质的认定。

2. 契约信托

在英美法系,信托法产生于合同法之前,所以,信托制度的发展,同合同制度的发展相比,自成体系。尤其是,信托的成立并不以委托人与委托人指定的受托人的合意为要件,信托的成立仅需委托人的单方意思,与受托人的意思无涉。委托人指定的受托人可以拒绝接受受托人职位,其拒绝不影响委托人设立的信托的效力,信托的成立与存续与被委托人指定的受托人是否接受受托人职位无关,基于此,学者多认为,英美法信托法律制度不能用合同法原理来解释。② 然而,近年来,在美国亦有学者主张信托的契约性质。主张信托法是契约法的一部分的学者认为,信托一般起源于一项协议,该协议即委托人与受托人之间的协议,与第三人利益契约功能上无法区别,因为信托法所规定受托人权限、权利和义务,其效力如同典型契约,也类似定型

---

① 赖源河、王志诚:《现代信托法论》,中国政法大学出版社2002年版,第40页。
② 刘正峰:《信托制度基础之比较与受托人义务立法》,载《比较法研究》2004年第3期,第61页。

化契约条款，规定了委托人同受托人的契约效力，因此，信托是契约的一种。①

契约说很难圆满地解释典型、传统的生前信托和遗嘱信托等民事信托，然而在商业信托的设计中，通过信托协议设定当事人的权利义务，尤其是对受托人的忠实谨慎义务进行约束和控制，似乎较为可行。然而，受托人法的合同基础这一主题在英美法系一直未受到正确评价，主要基于两个原因：其一，传统受信任人法浓厚的道德基础；其二，以合同为基础的受托人义务的规则隐含于信托法的规则中，阻碍了对受托人义务合同基础的认识。②

3. 自益信托

各种商业信托，如果由委托人本人享有信托利益，那么自然属于自益信托的范畴。目前广泛存在于世界各国及地区的各种商业信托，其中有相当一部分，在事实上属于自益信托。③ 自益信托具有委托人和受益人主体重合的特征，由此对当事人之间的法律关系带来相当的影响。

4. 私益信托

私益信托是出于私益目的而设立的信托，那么毫无疑问，商业信托作为一种投资理财的工具，以资产增值获益为目的，满足特定人获取利益的要求，所以归于私益信托一类。

5. 集团信托

商业信托的运作，尤其是证券投资信托，通常采取集合众多人的财产，由受托人统一进行投资管理的方式，信托财产的形成方式、受益人的权利实现及保护，与传统的民事信托均具有相当大的区别。如上所述，基于集团信托与个别信托在特性以及制度设计上的区别，二者在信托的设立、信托财产的管理方法、受益人权利实现以及保护等各个方面，均有所不同，商业信托基于其集团信托的特性，同样具有上述集团信托与个别信托在诸多方面的区别。

---

① 赖源河、王志诚：《现代信托法论》，中国政法大学出版社2002年版，第51页。
② 张天民：《失去衡平法的信托》，中信出版社2004年版，第87页。
③ 张淳：《信托法原论》，南京大学出版社1984年版，第58页。

1.2.2 信托的基本要素及基本法律特征

1.2.2.1 信托的基本要素概述

作为财产移转及管理的手段①,任何一项信托的成立,都需具备基本的法律要素。最通常的观点认为,一项明示私人信托的设立,首先,要求委托人具有设立信托或持有财产的资格和能力;其次,必须满足三个确定性的要求,这包括设立信托意图的确定性、信托包含的财产的确定性以及信托受益人的确定性;最后,还必须按照法律规定的适当方法,将信托标的物转移给受托人。② 亦有学者总结为信托在构造上的五个基本要素:信托设立的依据、信托财产、受托人、受益人和信托目的。③

而关于一项有效设立的信托所体现的基本法律特征,即据以区别其他法律制度的特性,亦有不同的学理归纳。如有学说认为最能凸现信托特色的基本法观念有四个:所有权与利益相分离、信托财产独立性、有限责任和信托管理的连续性。④ 亦有学说认为信托应当具有如下特征:信托由三方法律关系构成,从而区别于买卖、赠与、借贷等;信托关系的成立须以有效的转移信托财产为要件;而信托目的亦是必备要素。⑤

大陆法系在借鉴英美法系信托制度的过程中,对于信托制度中双重所有权问题、财产权移转问题等亦有不同的理解和不同的处理方式(参见第一节中信托概念辨析中有关英美法系和大陆法系有关信托概念和特征的具体阐述)。

英美法系下信托制度最为突出的特征可谓双重所有权的设计:信托整个的精髓就在它移转并分割所有权之设计。⑥ 这种所有权的分割实际上体现为责任和利益相分离的设计:享有名义上所有权的受托人担负了随着该

---

① 方嘉麟:《信托法之理论与实务》,中国政法大学出版社2004年版,第26页。
② 何宝玉:《英国信托法原理与判例》,法律出版社2001年版,第54页。
③ 周小明:《信托制度的比较法研究》,法律出版社1996年版,第4页。
④ 同上书,第12页。
⑤ 施天涛、余文然:《信托法》,人民法院出版社1999年版,第8—11页。
⑥ 方嘉麟:《信托法之理论与实务》,中国政法大学出版社2004年版,第2页。

所有权而产生的责任和风险,受益人则享有信托利益,而这种责任和利益的分离是建立在信赖关系的基础之上的,正是这种信赖关系对受托人施加了相应的信赖义务,从而确保了受益人受益权的实现,那么信托关系的实际运作则体现为信托财产的独立性。可以说,责任和利益相分离是信托关系的基本制度设计特征,而信赖关系则是这种制度设计的坚实基础,那么信托财产的独立则是整个信托制度的运作方式。无论大陆法系采取何种方式对待英美法系信托制度中的双重所有权的设计,就信托制度的基本设计中,亦基本保持了英美法系中信托制度有关责任与利益分离的设计、信赖关系的特性以及信托财产独立的制度特征。

1.2.2.2 信托的基本要素各析

1. 责任与利益相分离

英美法系中受托人名义所有权和受益人实质所有权的区分实际上源于信托制度发展过程中普通法和衡平法的区分。信托制度的前身即用益制度的设计并未得到普通法院的承认,用益只是用益的受让人(即受托人)的道德上义务,受益人因此在普通法上得不到救济。在用益诞生时衡平法院也处于萌芽阶段,一直到 15 世纪初,衡平法院命令违背承诺的用益的受让人(受托人)应负责任,用益的受益人才开始得到救济。[①] 普通法有关受托人所有权以及衡平法上对受益人权利进行救济的这一区分实际上在现代社会已经发展成为责任与利益的区分。信托一经设立,受托人享有信托财产的所有权,这种所有人身份体现为信托财产登记在受托人名下、受托人以自己名义对信托财产进行管理和处分、第三人与受托人就信托财产发生交易和其他法律关系。无论是对信托财产的管理还是处分、与第三人进行的各种交易活动,受托人的这种所有人身份本质上体现的是义务和责任的负担:受托人对信托财产的管理和处分并非为了自己的利益而是为了受益人的利益,信托利益归于受益人而非受托人。这种责任和利益的分割实际上在现

---

① 谢哲胜:《信托法总论》,台湾元照出版公司 2003 年版,第 9 页。

代社会的资产运用和管理中并不罕见。① 各种商业组织的类似资产分割的设计均属于这种分离现象。最典型为公司制度设计中资产所有者与经营管理者的相分离。那么就信托制度而言,所有权与利益相分离、信托财产的权利主体与利益主体相分离,正是信托区别于类似财产管理制度的根本特质。②

2. 信赖关系

信托制度的设计特征,最核心在于受托人根据委托人和信托文件的指示,为受益人的利益管理和处分信托财产。受托人除收取一定的报酬之外,并不获得管理信托财产的利益。可以说,信托制度设计中所形成的当事人的关系,是一种为他人管理财产和利益的典型形态。这一概念是比较成熟的英美法系制度的产物,对于这种基于信任而进行财产管理的关系,最为简单的描述为:在双方当事人关系中,一方被另一方期待为另一方的利益或者在合作关系的共同利益中,排除了自己的利益而行为的法律关系。其核心是为他人的利益行为,这种法律关系产生了信赖义务,简单而言:被信任者(或受信人、或信赖义务人)(1)不能滥用因这种关系产生的地位、知识或机会,为自己或第三方牟取利益;(2)在其职责范围内,不能产生个人利益或者同第三方有不适当的关联,除非在自主且知情的情况下得到受益人的同意或为法律所认可。③ 关于这种法律关系,我国学者多称之为信赖关系。这种信赖关系是指当一方信赖他方并将自己权利托付他方的情形,双方所产生的法律关系。而信赖义务是指被信赖托付的一方对他方所应尽的忠诚且笃实的义务,是一种以他人利益优先于自己利益而行为的义务。被信赖托付的一方称为信赖义务人,他方可称为托付人。④ 就本书研究的信托制度而言,关于信托关系与信赖关系的概念,国内有学者作出了概念性的区分:信

---

① 王文宇:《新公司与企业法》,中国政法大学出版社 2003 年版,第 10 页。
② 周小明:《信托制度的比较法研究》,法律出版社 1996 年版,第 12 页。
③ Ewan Mackendrick (ed.), *Commercial Aspects of Trusts and Fiduciary Obligations*, Clarendon Press Oxford, 1992, p.9.
④ 其中,将信赖关系以及信赖义务分别称为忠实关系以及忠实义务,参见谢哲胜:《财产法专题研究》(三),中国人民大学出版社 2004 年版,第 81 页。

托关系是一种最为典型的信赖关系,信赖关系的适用范围比信托关系要广泛得多,两组概念之间存在逻辑上的从属关系。①

鉴于信托制度的基本设计,如上所述,为责任和利益的相分离,这种分离无可避免地带来受托人管理及处分信托财产的法律地位,这种设计赋予了受托人非常强大的优势地位和管理权力,那么如何防范受托人不至于滥用其优势地位,如何对受托人进行约束和控制,则是这一制度能否发挥其管理的制度优势并实现这一制度的最终目的,即受益人信托利益的实现的关键问题。可以说,信赖关系正是信托制度设计的坚实基础,在衡平法未对信托关系予以承认之前,受托人对受益人所负担的义务并不受普通法的约束,受托人仅负道德义务,发展至今,信赖关系仍具有相当多的道德色彩。② 虽然如此,信赖关系、信赖义务的法定化,与合同义务的重大关系,都是现代信托法所研究的重大课题。关于信托关系的信赖关系特性、受托人信赖义务的负担,本书将在其后的章节详细论述,于此仅指出信赖关系对于信托设计的基础制度性作用。

3. 信托财产独立性

信托一经设立,即形成信托财产,由受托人对信托财产进行管理和处分。受托人虽享有信托财产名义上的所有权,但受托人并非为自己利益而是为受益人利益管理处分信托财产。那么如何确保信托的这一终极目的实现,除了上述在信赖关系的基础上对受托人施以信赖义务以外,信托财产的独立则是信托制度设计的重大课题。

信托财产独立性指信托财产独立于委托人、受托人和受益人的财产而存在,为委托人、受托人和受益人的债权人追及范围之外。③ 从此种意义上讲,有学者认为,信托财产具有实质上的法律主体性,可以作为享受权利、负担义务的主体,但其主体性不完全。④ 虽然英美法上传统观点仍认为信托并

---

① 王苏生:《证券投资基金管理人的责任》,北京大学出版社2001年版,第2页。
② 谢哲胜:《财产法专题研究》(三),中国人民大学出版社2004年版,第87页。
③ 方嘉麟:《信托法之理论与实务》,中国政法大学出版社2004年版,第44—45页。
④ 谢哲胜:《财产法专题研究》(三),中国人民大学出版社2004年版,第194页。

非法人实体,而是受托人与受益人就信托财产上的一种法律关系。① 不过关于信托本身究竟属于受托人的债务,还是独立的法律实体,美国法上目前倾向于后者。②

这种争议目前并无定论。然而关于信托财产的独立性的判定却是毋庸置疑的。信托财产的独立,一方面是为了信托的终极目的即受益人利益的最终实现,另一方面,亦可认为是信托制度的独特运作方式,只有在信托财产独立的基础上,信托财产才免于因委托人、受托人以及受益人本身的与信托财产无关的债务纠纷发生变动,唯此,受托人才能在稳固的信托财产的基础上,与第三人进行交易活动,实现对信托财产的有效管理和处分,并最终实现信托目的。可以说,信托财产独立性原则,使信托当事人的财产与信托财产分离,提供信托财产不受当事人的债权人追索的屏障。③

在信托财产具有独立性的基础之上,又衍生出信托财产的同一性、追及性等诸多特点来。所谓信托财产的同一性指受托人所有因管理处分信托财产所取得财产均属于信托财产。而追及性指信托制度在受托人违反信托职务擅自处分信托财产时,赋予受益人对信托财产追及权。也有学者认为所谓同一性和追及性不过是信托财产特性于大陆法系和英美法系的不同说法。大陆法系从固有的物上代位概念出发,强调信托财产在不同时间里无论形态发生怎样变化,均不影响其属于信托财产的法律性质。而英美法系则从救济的角度强调只要信托财产处于可辨认的状态,受益人就有权向任何收到信托财产的人追踪信托财产(但不知情且支付了对价而购买信托财产的善意第三人除外)。④

---

① David A. Steele, Andrew G Spence, "Enforcement Against the Assets of a Business Trust by an Unsecured Creditor", *Canadian Business Law Journal*, November 1998, Vol. 31, No. 1, p. 3.
② 谢哲胜:《财产法专题研究》(三),中国人民大学出版社 2004 年版,第 194 页。
③ 谢哲胜:《信托法总论》,台湾元照出版公司 2003 年版,第 134 页。
④ 何宝玉:《信托法原理研究》,中国政法大学出版社 2005 年版,第 149 页。

1.3 受托人地位的基本分析

1.3.1 受托人的概念及界定

从英美法系的角度而言,受托人对信托财产拥有形式上或名义上的所有权,但信托利益或实质上的所有权却归于受益人,受托人的这种形式所有权人的身份,与真正的所有权人身份有所不同,这种所有权的身份是为了管理财产的方便,最终是为了信托目的,受益人信托利益的实现,受托人本身并不能凭借这种所有人的身份享有信托财产利益,相反,反而负担了众多义务和责任,管理财产职责的负担以及根据信托本旨管理或处分信托财产的义务,违反职责及义务所负担的损害赔偿责任等,均是合理界定受托人法律地位的重大课题。无论如何对受托人的法律地位进行界定,在信托法律关系中,受托人处于核心地位,是最重要的当事人,这一点是毋庸置疑的。[①]

1.3.1.1 历史发展的简单回顾

信托从最初的消极避法的功能发展到投资理财的制度设计,受托人的地位也历经了"消极人头"到得以对信托财产进行积极的管理这样一个历史发展过程。

早期的用益,用益的受让人(受托人)如同用益的让与人借用其名义的人头,对财产的管理并无真正的权限和义务。[②] 这种借用人头的用益设计主要用于规避封建制度对土地转让的限制;规避土地变动的税费;以及规避土地的没收。[③]

然而这种用益的设计在英国存在和发展的最初两个世纪里并不具有法律效力,也即,受让人(受托人)为受益人持有土地,在法律上并不能获得执

---

① 张淳:《信托法原论》,南京大学出版社1984年版,第119页;何宝玉:《信托法原理研究》,中国政法大学出版社2005年版,第195页。
② 谢哲胜:《财产法专题研究》(三),中国人民大学出版社2004年版,第150页。
③ 周小明:《信托制度的比较法研究》,法律出版社1996年版,第77—78页。

行,一直到15世纪法院仍然拒绝承认用益。① 所以,用益对于受托人而言,仅仅只是一种道义上的责任,其有效与否完全依赖于对受托人的信用。在这个意义上,受托人在法律上作为土地的所有人出现,这种所有人的身份虽然在实际运作中只是一种消极避法的"人头"设计,然而,受让人(受托人)最后是否依据转让人(委托人)的意思将土地最终转给受益人,完全有赖于受让人(受托人)的道德约束,用益目的的实现有赖于道德而非法律。

虽然用益没有得到普通法的承认,但这一设计仍然得到发展并被广泛应用,这主要得益于衡平法院大法官的干预。衡平法院承认受让人是财产的法定所有人,更进一步,要求受让人为了受益人的利益行事。这样,一方面,受让人取得了财产法定所有人的身份,可以据此占有土地财产,另一方面,受益人也通过衡平法院对受让人衡平义务的施加,获得了用益制度下的衡平法上的受益权利。可以说,正是用益制度通过这种方式的执行,才在实际上使得财产所有权的利益和责任获得了区分。而从本书研究的中心而言,用益制度发展至此,受让人(受托人)获得的是普通法上财产法定所有人的身份,以及与此法律地位伴随而言的占有财产的权利,而更多的是衡平法义务对其的施加,这主要是遵照转让人(委托人)的意思为受益人利益行事——包括最终向受益人转让财产——的义务。

毫无疑问,用益制度的盛行,尤其是在衡平法院的解释和支持下,导致了封建领主以及国王既得利益的丧失,他们由此失去了土地上的各种附带利益。尤其是国王,位于封建土地所有制的顶点,用益对他而言,只会使他失去利益而得不到任何受益,于此情况下,亨利八世最终于1535年通过了著名的《用益法典》,其用意在于重新恢复国王的税收收入。《用益法典》的最终目的是为了取消受让人的法定财产权利,而直接转让给受益人,如此,以前的双重所有权制度被废除,普通法得以避免式微。因为,受益人称为普通法上的所有权人,从而受到与此种所有权相随的责任的约束。通过这样

---

① Robert C. Lawrence, III, "An Historic Overview of the Evolution of Trusts", See Rosalind F. Atherton(ed.), *The International Academy of Estate and Trust Law: Selected Papers 1997—1999*, p.6.

的规定,《用益法典》并没有废除用益制度,甚至许多用益利益通过法典得到了执行,成为法定权利。简单而言,如果A为C的利益转让财产给B,《用益法典》将剥夺B的法定受让财产的权利而将之直接赋予C,C称为普通法上的所有人。可以说,《用益法典》试图将受托人对财产的法定所有权人的身份排除在外,而这种排除对于整个用益设计的发展的打击是致命的,它使得对于财产的安排恢复到之前的普通法时代,而用益中对于财产转让过程责任和利益相分离这种精妙的设计亦被完全忽视。

《用益法典》并不适用所有的交易,正是大法官对这些交易或设计的保留最终发展成为现代的信托制度。根据大法官的解释,《用益法典》并不适用于以下三种类型的用益,这包括动产和除土地之外的其他不动产用益、积极用益以及双层用益。[①] 与现代信托发展最为密切的当数积极信托。积极信托与消极信托最大的区别在于受让人或受托人不仅仅拥有信托财产的法定所有权,而且还对信托财产负有积极的义务。例如,在积极用益(信托)中,受托人收取土地租金将之支付给受益人,而在消极用益中,租金直接支付给受益人。而积极信托可以说正是现代信托的雏形。现代信托不过是在信托财产之上建立了一种信赖关系,受托人拥有信托财产的法定所有权并负有为受益人利益持有和管理财产的衡平义务。受托人必须履行信赖义务而受益人必须被指定或可确定。

从上述对信托制度以及受托人法律地位的演进的简单描述中,可以得出的基本结论包括:信托制度以及信托制度中双重所有权的设计是历史发展的产物,可以说是衡平法院所代表的良心、公正等概念同传统的封建利益、特权等进行抗争的结果,而这种发展一开始不可避免地带有消极避法的色彩,或许正是这种避法的最开始和最直接的目的为其以后的发展带来了诸多的弹性以及灵活空间;现代信托制度是在衡平法院剔除了消极信托避法色彩而保留其灵活设计的基础上发展起来的,那么最杰出的贡献包括双

---

① Robert C. Lawrence, III, "An Historic Overview of the Evolution of Trusts", See Rosalind F. Atherton(ed.), *The International Academy of Estate and Trust Law: Selected Papers 1997—1999*, p. 10.

重所有权制度的表面形式下所包含的责任与利益相分离的本质,以及受托人法定或名义上所有权人身份下所体现信托财产积极管理人的实质。正如有学者指出的:用益以及信托发展体现出两方面特征,首先,信托形式经常作为一种规避法律的工具;其次,数百年来衡平法院一直致力于如何对信托加以合法运用而不至于造成对法律的规避行为。①

1.3.1.2 形式所有权人的界定

信托制度的基本设计在于由委托人或其他人移转特定的财产于受托人,由受托人对信托财产进行管理和处分,所生收益归属于受益人。但在英美法系国家,对信托财产所有权归属于受托人这一点是肯定的,受托人享有的这种权利被称为普通法上的所有权或者形式上的所有权,对应于受益人的衡平法上的所有权或实质上的所有权。然而对于信托制度中受托人的法律地位的研究,应不仅仅止于受托人对于信托财产普通法上的所有权人这一点,本书认为,受托人的法律地位,包括了受托人对于信托财产的特殊法律地位、受托人与委托人的法律关系、受托人对受益人所负有的法律责任以及受托人在处理信托事务管理信托财产过程中与第三人所发生的权利义务关系责任归属等相关问题。当然,受托人管理或处分信托财产的具体权限、对信托财产以及受益人享有的权利以及负有的义务、违反义务对于受益人和第三人负有的责任性质及具体含义,亦是本书研究的要点,留待具体章节进行探讨。

1. 受托人与信托财产

如前所述,受托人对信托财产拥有形式所有权,这种形式所有权与真正的所有权有所不同,赋予其所有权的目的在于管理信托财产、实现信托目的的方便,受托人并不能够基于其形式所有权的地位而享有信托财产利益。对于受托人所有权这一性质,实质上体现了信托制度移转并分割所有权的设计:伴随所有权而生之负担责任与风险均归属于名义上之所有权人,而美

---

① Robert C. Lawrence, III, "An Historic Overview of the Evolution of Trusts", See Rosalind F. Atherton(ed.), *The International Academy of Estate and Trust Law: Selected Papers 1997—1999*, p.11.

好享受之部分则归属于受益人①;亦有学者称之为所有权与利益相分离②。

于信托制度的设计中,对于受托人的法律地位的研究,最终可以归结于受托人对于信托财产的工具性价值,这种工具性价值简单概括而言,有三方面的体现:其一,体现于上述的受托人对于信托财产的管理责任以及风险的承担;其二,信托财产对于受托人的独立性;其三,单个具体受托人对于信托的设立以及存续并不存在影响。

其一,受托人的所有权地位,归根结底是信托财产管理人的地位,基于该身份,受托人对信托财产具有管理处分权,而关于管理处分权的具体内容,受托人违反职责应承担何种范围的责任,亦是基于此身份下所应当考虑的内容。

其二,信托财产虽然居于受托人的管理处分之下,但于信托制度的设计和运作中,信托财产具有独立性的特点,而这一特点,对受托人的法律地位,带来相当的影响。信托财产可谓信托制度的核心,信托的设立、制度的运作、当事人之间的法律关系以及信托利益的分配等等都可谓是围绕着信托财产而展开的。正如有学者指出的,就信托行为之法律效果而言,信托财产独立于受托人自有财产之外,非受托人之一般债权人所能追及。信托财产的独立性可自其独立于委托人、受托人及受益人三方债权人追及范围之外充分体现。③ 对于此特性,亦有认为信托财产具有不完全主体性,亦即,信托财产虽然非形式上的法律主体,但就法律效果来看,具有实体法律的主体性。就民法观点来看,财产权仅得为权利之客体,而不得为权利主体,权利主体仅限于自然人、法人和其他法律规定作为权利主体。这种实质法律主体性,体现在信托财产的同一性和独立性上。④ 那么,信托财产的同一性或物上代位性,是指受托人因信托财产的管理、处分、灭失、毁损或其他事由取得财产权,仍属于信托财产。而信托财产的独立性则主要体现在虽然受托

---

① 方嘉麟:《信托法之理论与实务》,中国政法大学出版社 2004 年版,第 2—3 页。
② 周小明:《信托制度的比较法研究》,法律出版社 1996 年版,第 12 页。
③ 方嘉麟:《信托法之理论与实务》,中国政法大学出版社 2004 年版,第 30—31 页。
④ 陈春山:《证券投资信托专论》,台湾五南图书出版公司 1997 年版,第 375 页。

人为形式上的所有人,但信托财产应当同受托人的自有财产区分开来,独立于委托人、受托人以及受益人的财产加以区别管理。具体而言,包括信托财产不得列为受托人遗产或破产财产、受托人的债权人不得对信托财产进行强制执行、信托财产上并不得适用民法关于抵消、混同以及添附的一般性规定。以上关于信托财产同一性以及独立性的相关规定,实际上是受托人作为信托财产管理人的工具性价值的直接体现:对于受托人普通法上所有权人的法律地位的赋予,只不过是管理信托财产、实现信托利益、保护受托人权利的一种制度性选择或设计;信托制度中信托财产独立的特性或者说实质上法律主体地位的运作方式从制度上保证了受托人作为信托财产所有人的身份,仅限于对信托财产管理责任以及风险的负担,而不得从信托财产的管理中获得信托利益;亦确保了受托人作为管理信托财产中的法律地位与受托人于信托制度之外的独立民事主体法律地位的相互独立和界限分明。

其三,受托人对于信托的设立以及存续的意义。英美法系中关于信托成立与否的标准,主要是关于三个确定性的要求:设立信托的意图的确定性、信托包含的财产的确定性以及信托受益人的确定性。关于这三个标准的确立,源于 Lord Langdale 在 Knight v. Knight 中的表述:"一项信托的成立,应当满足以下条件:授予人的用语应被解释为强制性的;受益的人必须是确定的;标的物必须是确定的……"[①]这三个确定性的标准中并不包括受托人的确定。通常,信托的初始受托人由委托人或立遗嘱人在设立信托的文件中指定,但如果信托文件未指定受托人,遗嘱指定的受托人弃权或没有行为能力,都不会因此使信托失效,即使信托文件或遗嘱中并不包含有任命受托人的条款,此种情况下,将由法院指定受托人。[②] 对于已经成立的信托而言,并不因受托人的变化而影响信托的存续。信托设立后,受托人即便死亡、解散(受托人为法人时)、破产、丧失行为能力、辞职、解职或其他不得已事由而终止其处理信托事务的职务,信托关系也不因此而消灭。此时,可由

[①] 转引自 Philip H. Pettit, *Equity and the Law of Trusts* (Fifth edition), London: Butterworths, 1984, p.38.

[②] Ibid., p.277.

信托文件指定的任命人任命新受托人或者由利害关系人申请法院选任新受托人,继续执行信托事务,直至发生终止信托的法定事由。[①] 由此可见,信托并不会因为受托人的缺失或更迭而影响其成立或存续,从此点而言,信托设立后,受托人虽然居于对信托财产的管理和处分的重要位置,但受托人具体由谁担任并非信托的重点,信托制度的重点在于,能够借助于受托人对于信托财产的管理和处分,实现信托的目的:这包括信托财产的增值、信托利益的实现、受益人权利的实现等等,那么对于受托人而言,只要信托文件对其相应的职责进行了规定,并且法律亦经过多年的发展,形成一整套约束受托人职责、义务、责任等的规范,就可以满足信托制度设计本身的目的。

1.3.2 受托人与相关当事人的法律关系

1.3.2.1 受托人与委托人

根据英美法系对于信托制度的设计,信托一经成立,即重点保护受益人的利益,而委托人则退出信托关系,所以,除非委托人保留或信托文件另有规定,英美法系并未授予委托人任何权利。但信托毕竟经由委托人的意愿而设立(在意定民事信托的情形)、由委托人拟定的信托文件或遗嘱中对受托人进行指定,并具体规定受托人的各项权利,所以,虽然委托人在信托成立之后退出了信托关系,但其毕竟是整个信托设计运作的源泉,而且,委托人于设定信托时,对于信托财产是否享有合法的权利,信托财产上是否另设负担,均会影响到信托是否有效成立,从而影响到受托人法律地位是否合法取得,以及对于信托财产原有瑕疵是否承受等问题,所以,研究委托人与受托人的法律关系,亦是研究受托人法律地位的前提性重大课题。

根据信托设立的方式,可将信托分为不同的种类:依法律直接规定而成立的法定信托;依法院推定或拟制而设立的默示信托(归复信托和拟制信托);以及经由委托人的意思表示设立的信托的意定信托或明示信托。其中明示信托又区分为生前信托和遗嘱信托;而生前信托又包括两种:一是委托

---

① 周小明:《信托制度的比较法研究》,法律出版社1996年版,第17页。

人单方的意思表示加上财产权转移的行为,称之为单方要物行为;二是宣言信托,即委托人为他人利益而决定以自己为受托人的宣示,这种信托只需要单方的意思表示,而不需要财产权的移转就可成立。所以,就英美法系而言,生前信托行为实质上是委托人的单方行为,而并非委托人和受托人的双方行为,只要委托人基于信托的意思而将财产权有效移转于受托人信托即告成立。[①] 那么受托人是否接受或是否具有相应的主体资格并不影响信托的成立。而大陆法系,多将信托等同于一般契约处理,信托契约一经订定即于契约当事人之间(委托人与受托人)产生债权债务关系。委托人负依约移转信托财产,受托人则负接受该财产并为受益人利益管理处分的义务,此仅构成民法下契约行为(原因行为),至于信托关系则俟信托财产完成移转(物权行为或处分行为)的刹那形成。[②] 可以说,正是上述英美法系和大陆法系对于信托性质认识的基本差异,导致了对信托关系中委托人地位的不同认识。英美法系的通常观点是,委托人意图设立信托的,在信托有效成立后,委托人基本上脱离了信托关系,除非信托文件明示的为委托人保留了一定的权利,否则,委托人不再享有任何权利、职责,通常也不承担其他义务。[③] 当然,委托人可以在信托文件中,为自己保留某些权力。[④] 而大陆法系国家均普遍授予委托人相当的权利,这种做法在使得信托成立后,受托人的法律地位权利义务仍在相当程度上受到委托人的控制和影响。大陆法系中委托人地位的突出从某个侧面反应了代理制度对借鉴信托制度的影响,本书于第二章代理制度与信托制度的区分中将会提及,大陆法系混淆代理制度与信托制度的本质性特征,正是导致信托制度于大陆法系应用过程中弹性以及制度魅力削弱的关键性因素。

委托人对于受托人法律地位的另一方面的影响是在委托人对于其设立

---

① 周小明:《信托制度的比较法研究》,法律出版社1996年版,第113页。
② 方嘉麟:《信托法之理论与实务》,中国政法大学出版社2004年版,第246页。
③ 张淳:《信托法原论》,南京大学出版社1984年版,第172页;何宝玉:《信托法原理研究》,中国政法大学出版社2005年版,第128页。
④ 〔英〕D.J.海顿:《信托法》,周翼、王昊译,法律出版社2004年版,第138页。

信托的财产并没有相应的处分权,或财产之上具有负担的情形,受托人管理处分信托财产的权能方面是否会受到限制的问题,通常被称之为信托财产占有瑕疵的承继的问题。

大陆法系中对于占有瑕疵的问题,明确规定了在信托情形下,委托人对于信托财产的占有瑕疵由受托人承受,如日本《信托法》第13条规定:"(1)受托人就信托财产的占有,承受信托人占有的瑕疵;(2)前款规定,准用于以金钱、其他物品或以有价证券的给付为标的的有价证券"。韩国、我国台湾地区"信托法"亦有相关的规定。理由在于,一方面,虽然受托人基于信托行为而完全取得信托财产,但是其既非因该财产享有利益,故无使其较委托人享有更佳保护的必要。① 另一方面,也是为了防止委托人滥用信托制度,将非法占有的财产或有其他占有瑕疵的财产设立信托,来逃避该财产的真正权利人的追索,损害他人利益。②

1.3.2.2 受托人与受益人

英美法系关于信托制度的双重所有权设计中,将受益人视为信托财产的衡平法所有者,受益人享有信托财产的受益权,通常包括取得信托利益的权利、强制实施信托的权利、获得信托有关信息的权利、要求行为不当的受托人赔偿信托财产损失的权利、追踪被受托人不当处分的信托财产的权利,等等。受益人对于信托财产所享有利益的追及性和优先性,在英美法系表现为衡平法追踪规则对于受益人的财产性救济:即在受托人无力赔偿的情况下,受益人能够从持有信托财产的人手中,取回信托财产或者代表信托财产的其他财产。在受托人违反信托造成信托财产损失时,除了受托人的损害赔偿之外,衡平法的追踪规则实际上提供了另外的救济方式,使得受益人不至于因为受托人破产或没有赔偿能力而失去救济。不过受益人必须在损害赔偿和恢复特定财产之间进行选择,而不能获得两项救济。③

---

① 赖源河、王志诚:《现代信托法论》,中国政法大学出版社2002年版,第92页。
② 何宝玉:《信托法原理研究》,中国政法大学出版社2005年版,第146页。
③ George Cleason Bogert, *Cases and Text on the Law of Trusts*, 7th ed., New York: Foundation Press, 2001, p.614.

那么在大陆法系,因严格区分物权、债权,关于受益权的性质,主要有物权说和债权说两种性质认定的争议。① 不过就受益权的性质乃至信托的性质争议以及相关研究的结果来看,本书认为传统的大陆法系有关物权、债权的划分已经难以准确地界定受益权具体内涵,单纯地解释为物权或债权都会遭遇与信托制度本身目的相背离的难题:一方面受益人对受托人违反信托本旨的处分行为,可以行使撤销权,从而可认为受益权具有物权的性质,但是另一方面,受益人并没有直接支配信托财产、直接享有信托利益的权利,而仅是静态的等待受托人履行信托职责,从而得以实现信托利益。正是基于此,我国台湾地区有学者认为,如果将受益权解释为债权,理论上,不宜赋予受益人过多的保障,以免过度破坏债权平等原则;相对的,如将受益权解释为物权,虽较符合保障受益人的立法政策,但却与传统物权法的法制体系,略有扞格。② 更有学者最终得出结论:信托构造无法纳入大陆法系民法的传统财产权关系中。这种构造既具有物权关系的内容,又具有债权关系的内容,还具有物权关系和债权关系所不能涵盖的内容(如信托财产独立性、委托人和受益人的监督权及查阅知情权等),因此必须承认信托是一种独立形态的权利组合。③

澄清上述有关受益权的权利性质的争议对于本书研究受托人法律地位实际上仅仅具有相当的理论背景意义。首先,关于受益权的物权或债权的性质的争议实际上都并不影响对受益人享有信托利益而受托人负有履行信托职责依信托本旨为受益人利益行事的这一根本特性。其次,信托的设计中,由受托人取得信托财产所有权,为受益人利益或特定目的管理处分信托财产,而受益人享有信托利益,这一安排可以说使得受托人居于主动或优势或控制信托财产的地位,而就受益人一方来说,则具有被动以及静态的特征,为使受益人具有适当的诱因与资格能力来监控受托人④,在信托关系中,

---

① 参见周小明:《信托制度的比较法研究》,法律出版社1996年版,第30—36页。
② 赖源河、王志诚:《现代信托法论》,中国政法大学出版社2002年版,第99页。
③ 周小明:《信托制度的比较法研究》,法律出版社1996年版,第36页。
④ 王文宇:《新公司与企业法》,中国政法大学出版社2003年版,第411页。

受益人有直接请求受托人履行其信托义务的权利。① 所以,在受托人违背信托本旨处分信托财产时,受益人不仅享有请求受托人损害赔偿的权利,亦有向非善意受让人追及的权利,这种权利的特性体现为受益人于信托财产上享有利益的追及性和优先性,也更进一步体现为信托制度中受托人管理人地位的工具性:信托制度的诸多设计大多考虑了受益人利益的如何实现。

1.3.2.3 受托人与第三人

信托一经设立,受托人即须按照信托本旨,为受益人利益,管理处分信托财产,于此过程中,必然与第三人发生交易关系,而这种交易情形又可区分为受托人依信托本旨管理处分信托财产以及违反信托本旨管理处分信托财产的情形,受托人分别应对第三人负担何种责任;此外,受托人与第三人的法律关系应当属于信托外部关系的一种,即信托关系之三方,委托人、受托人及受益人分别与其债权人(含交易相对人)或其他第三人之关系。② 前文述及信托财产具有独立性,不受委托人、受托人及受益人各自债权人的追索,此即对信托财产不得强制执行的原则,但这一原则并非没有例外,那么在何种情形下委托人的债权人得以申请撤销信托行为,从而影响到受托人所管理的信托财产的范围,也被纳入到本段中对受托人与第三人关系的研究当中来。

1. 受托人管理处分信托财产的一般情形

信托设定后,根据英美信托制度双重所有权设计的原理,受托人成为信托财产名义上或形式上的所有权人,行使对信托财产的管理处分权,然而,毕竟信托制度的设计是为受益人的利益起见,所以,一方面如何避免受托人滥用其掌控财产的优势地位,是信托法中所要考虑的重点问题;而从另一方面,亦应在受托人依信托文件行事时,避免其承担超出信托财产责任的情形。换言之,受托人以信托财产与第三人交易时,其身份或法律地位或权限仅以信托财产为限:受托人根据信托本旨管理处分信托财产,将不会承担信

---

① U. S. Restatement (Second) of Trusts §§197—199(1959).
② 方嘉麟:《信托法之理论与实务》,中国政法大学出版社 2004 年版,第 185 页。

托财产以外的个人责任,即所谓责任财产仅以信托财产为限。① 如何使与受托人就信托财产进行交易的第三人知晓受托人的此种有限责任,是信托制度必须要考虑的问题。就此,英美法系和大陆法系采取了几乎相近的处理办法。

英美法系有关信托财产的公示问题,通过对受托人标示义务的施加得以解决:历史上,受托人负有立即标示信托财产的义务,其方式是通过表明自己作为受托人持有财产,或者其他类似的表明信托财产性质的方式。该规则的目的在于减少信托财产因受托人不当行为、受托人债权人或继承人追索或采取其他法律措施而遭受损失的风险。标示规则有利于受益人对信托财产的追索。而大陆法系则采取了信托财产的公示制度,可以说是在借鉴信托制度过程中与大陆法系既有物权公示制度相契合的体现:大陆法系原有的有关物权公示制度的相关规定应用于信托制度中,以期有效解决受托人就信托财产与第三人交易的责任范围问题。

日本、韩国以及我国台湾地区信托法中都对公示制度作出了相关的规定。公示制度的目的在于保护交易安全。② 因为信托制度的设计在于将受托人的责任范围限制于信托财产之内,所以必须以一定的方式使交易的相对人或第三方知晓,从受托人方面而言,实际上也是区分受托人作为信托财产管理人身份以及普通民事主体身份的方式。就此而言,信托的公示主要针对与第三人的交易安全,所以并非信托的生效要件。③ 正如有学者指出的,交易安全和真正权利的保护,是财产法上的两大议题,并无必要在保护交易安全的必要范围外剥夺真正的权利,因此,未能公示的结果,应只是不能对抗非明知或可得而知的第三人。④

2. 受托人违反信托本旨处分信托财产

英美法系的标示规则以及大陆法系的公示制度能够起到将受托人与交

---

① 周小明:《信托制度的比较法研究》,法律出版社1996年版,第16页。
② 谢哲胜:《信托法总论》,台湾元照出版公司2003年版,第110页。
③ 周小明:《信托制度的比较法研究》,法律出版社1996年版,第151页。
④ 谢哲胜:《信托法总论》,台湾元照出版公司2003年版,第110页。

易的相对方的财产范围限制在信托财产的范围内,体现了信托制度的有限责任的一面。然而,受托人一方面未必能够遵从标示或公示的规则,严格区分信托财产和自有财产、作为受托人的交易和自己的个人交易行为。另一方面,在受托人遵从了标示以及公示规则的情况下,受托人就信托财产与第三人进行交易时,如出现违反信托文件或信托本旨管理以及处分信托财产的情形,一方面需要界定对受益人承担责任的范围,另一方面,在保护受益人合法权益的同时,又如何考虑交易相对方的权利救济,亦是信托制度所不得不解决的问题。

早期英美法系有关对信托财产标示的规则是,如果受托人违反了标示义务,没有合理地标示信托财产,应当对未标示信托财产的所有损失承担责任,包括那些即使在信托财产已经标示的情况下仍然会发生的损失。这一规则显然加重了受托人的责任,过于严厉。那么目前有关标示以及损失的规则是:受托人仅仅对因为没有标示而造成的损失承担责任,而排除了那些因为经济不景气、银行破产或者其他同标示无关而造成的损失。[①] 那么,标示义务的承担对于受托人的责任范围来说是必要的,在就没有标示的信托财产与受托人交易时,会产生如同与受托人本人交易一样的效果,因此对信托财产进而对受益人造成的损失则应当由受托人承担。

受托人管理信托财产的过程中,不可避免涉及对信托财产的交易行为,传统的规则是受托人对其就信托财产签订的任何合同承担个人责任,除非在合同中明确的排除该种责任,并且这种责任的承担与受托人是否有权签订合同无关,以受托人(代理)身份签署文件的事实本身亦不足以解除受托人的上述责任。受托人的侵权责任传统上也遵从了同样的规则:受托人的侵权责任范围等同于信托财产受益人的责任范围。不过传统的规则因为在受托人没有过错或者信托财产不足以赔偿损失时对其施加了不公平的责任而受到诸多批评。许多州已经开始立法改变这一规则,受托人仅仅在其作

---

① George Cleason Bogert, *Cases and Text on the Law of Trusts*, 7th ed., New York: Foundation Press, 2001, p.320.

为受任人身份的范围承担责任。① 《统一遗嘱法》(1990) §7-306 进行了以下的规定:"(a) 除非合同另有规定,受托人对于其作为受托人管理信托财产的过程中以受托人身份适当签署的合同并不承担个人责任,除非他在合同中对受托人身份以及信托财产进行披露;(b) 受托人仅仅在过错的情况下对其持有或管理信托财产或者在管理信托财产过程中的侵权行为承担个人责任。"

信托关系形成后,委托人即从表面上退出信托关系(当然,委托人的影响实际上通过信托文件以及对相关权利的保留获得实现),而受益人则处于纯享受信托利益的地位,只有受托人居于信托关系的中心,具体对信托财产进行管理实现信托利益。如何界定受托人的法律地位、英美法系对受托人的界定以及大陆法系对受托人概念的继受,随着商业信托的发展而带来的对营业信托人、信托业的调整等问题,均是本书所研究的重大课题。本节仅在此对受托人的概念及其界定作简单的描述,并粗略涉及受托人与其他当事人的法律关系问题。

---

① Jesse Dukeminier, Stanley M. Johanson, *Wills Trusts, and Estates*, 6th ed., Citic Publishing House, p. 975.

第 2 章 信托制度的衡平法运行基础

信托制度的运行,最终集中于受托人的功能实现上。受托人职能发挥的最终目的,仍然是受益人信托利益的实现。由此,受托人与受益人的法律关系,受托人所承担义务的法律性质及特征,成为信托制度关注的重点。受托人与受益人之间所存在的法律关系以及受托人对受益人所负义务,在英美法系,通常同"fiduciary,fiduciary duty,fiduciary relationship"等词语相连。从而,对"fiduciary"如何理解构成理解受托人法律地位的关键。

《布莱克法律词典》对 fiduciary 进行了两种含义的概括:其一,是要求某人完全为他人利益行事,对他人负有善意、信赖、信任以及诚实义务(good faith, trust, confidence and candor);其二,某人在管理他人金钱或财产时必须适用高度的注意义务。① 这一源于英美衡平法的特有概念随着大陆法系与英美法系公司法制度的相互交融,尤其是随着信托制度的引入,在大陆法系也被广泛引用,然而由于既有法律概念的缺失以及法律术语理解乃至翻译技术上的种种因素,产生了诸多歧义。

---

① *Black's Law Dictionary*, 8th ed., Thomson West, 2004, p.658.

就我国学者研究而言,对于 fiduciary 及其相关概念,有如下典型的理解。

其一,是将其理解为受信人,与此同时,则将受信人所负义务称为信义义务,较为经典的描述是认为信义义务(fiduciary duty)这一术语源于英国衡平法,它是指当事人之间基于信义关系而产生的义务,信义关系从本质上看,是指特定当事人之间的一种不对等(non-arm's length)的法律关系,即受信人处于一种优势地位,而受益人(beneficiary)或委托人(the principle)则处于弱势地位,受信人作为权力拥有者(the power holder)具有以自己的行为改变他人法律地位的能力,而受益人或委托人则必须承受这种被改变的法律地位且无法对受信人实施直接控制。法律为了保护受益人或委托人的利益,防止受信人滥用其权力,以确保双方的信任关系,就要求受信人对受益人或委托人负有信义义务。[①] 与此相类似的是将此概念称为"信赖义务",与此相关联或相派生的概念诸如受信义务、信托义务、信赖关系等等。[②]

其二,是援引"被信任者法"的统一概念。英美法系各国及地区法律在不同程度上发展或正在发展管制当事人们自愿建立的关系中的行为所使用的三层次标准,即"显失公平标准"、"善意标准"和"被信任者标准"。而被信任者标准责成一方为另一方的利益行事,无私地并凭专一的忠诚行事。[③] 构成被信任者关系有两种大致上的判断标准:一是作为法律现象的被信任者关系。把信托项下的受托人与受益人,各合伙人,本人与代理人,公司与董事之间的关系定性为被信任者关系,很容易为人们所接受。而这些关系往往是以一方对另一方的信任和信托为依据。[④] 一是作为"事实现象"的被信任者关系。被信任者关系可能是某种关系中的实际情况产生的,即一方取得的优势、对方给予他的信任以及一方取得的保密信息,如律师、医师、银

---

① 张开平:《英美公司董事法律制度研究》,法律出版社 1998 年版,第 151—152 页。
② 王苏生:《证券投资基金管理人的责任》,北京大学出版社 2001 年版,第 1 页。
③ 沈达明:《衡平法初论》,对外经济贸易出版社 1997 年版,第 191 页。亦参见下文。
④ 同上书,第 200 页。

行之于客户。①

其三,是我国台湾地区学者提出的忠实关系以及忠实义务的概念。认为忠实关系是指当一方信赖他方并将自己权利托付给他方的情形,双方所产生的法律关系,而忠实义务是指被信赖托付的一方对他方所应尽的忠诚且笃实的义务,是一种以他人利益优先于自己利益而行为的义务。②

不难发现,上述有关信义义务、信赖义务以及忠实义务的种种描述中,都能够大致概括信托制度中受托人与受益人法律关系以及受托人所负担义务的本质特征:受托人为受益人利益管理并处分财产,并承担特定的法律义务。除了受托人对受益人所负担法律义务能够被纳入到上述法律体系中,我们所熟知的诸如代理人对本人所负义务,公司董事/职员对公司所负义务、合伙人之间所负义务都在某种程度上具有相类似的特征,概言之,相关义务人对忠诚以及注意义务的承担。可见,英美法系中的这种信义义务(或信赖义务、忠实义务、受信人义务)并非是一个封闭的法律体系,它包括的范畴远远超过上述所列举的种类。不仅仅包括上述技术性的被信任者法律关系种类,也包括了那些任何某人信任并依赖他人的非正式的信任关系。③ 而受信人的种类,如同疏忽的标准一样,不应被认为是一个封闭的范畴。④

从以上的分析我们发现,在大陆法系引起众多争执的概念,因为术语表达的不尽一致而导致人们对概念所包含的具体含义莫衷一是。然而,当我们置身于英美法系的法律环境中去考察,发现无论是上述当事人之间的信义关系、信赖关系、忠实关系还是据此对受信人、被信任者所施加的信义义务、信赖义务、忠实义务实际上在很大程度上具有含义的一致性,都是围绕着"fiduciary"这一核心术语所产生的衍生性术语。而论及特定当事人之间

---

① 沈达明:《衡平法初论》,对外经济贸易出版社 1997 年版,第 203 页。
② 谢哲胜:《财产法专题研究》(三),中国人民大学出版社 2004 年版,第 81 页。
③ Mobil Oil Corp. v. Rubenfeld, 72 Misc. 2d 392, 399—400, 339 N. Y. S. 2d 623, 632 (1973).
④ Guerin v. Canada, 13 D. L. R. 4th 321, 341(Can. 1984).

的此种信义关系或信赖关系,从本质而言也符合大陆法系关于法律关系的基本理解。大陆法系关于法律关系的最为基本的理解是认为法律关系是法律规范在调整人们之间的社会关系过程中所形成的一种特殊的社会关系,即法律上的权利义务关系。而由于调整各种社会关系的法律不同,所形成的法律关系也就不同。① 英美法系围绕着一方信赖他方之间所形成的社会关系,已经形成较为清晰的一套法律规范来进行调整,也即所谓的"fiduciary law",这一法律概念显然是处于较为上位的概括性的概念,在一定程度上对代理关系、信托关系都能进行调整,然而在大陆法系并无对等的法律概念,类似的法律规范则分别归于委托制度、代理制度以及新近发展而来的信托制度等法律规范当中。正如我国台湾学者所言,此种处理方式有时也能妥善地解决当事人间的法律关系,但其结果也造成挂万漏一的缺点。②

上述既定法律规范所调整对象的开放性以及国内学者对既有概念如何表达未能达成共识却并不影响我们对其基本法律特征的研究,并以此作为构建信托制度运行的基础。而为行文方便起见,本书将源于英美衡平法的此种特有的法律规范(fiduciary law)称之为被信任者法,以体现此种法律制度对于被信任者约束与规范的关注,所形成的法律关系称之为信赖关系,以体现一方信赖另一方的本质特征,而随之被信任者所负担的法律义务则称之为信赖义务,在后文的探讨中将述及此种信赖义务主要包含了忠诚义务和注意义务。

2.1 衡平法下的信赖关系

作为英美法系两大法律渊源之一的衡平法,以其独特的原则和调整方法与普通法相得益彰,并显现出普通法系灵活的特点,随着社会的发展,普

---

① 王利明:《民法总则研究》,中国人民大学出版社2003年版,第172页。
② 谢哲胜:《财产法专题研究》(三),中国人民大学出版社2004年版,第81页。

通法与衡平法呈现出日益融合的趋势,然而,衡平法所集中体现的衡平的观点,仍然形成对现有的社会法律关系有效的调整。衡平法所体现的"公平"、"正义"等理念,仍然构成对当事人进行救济、平衡社会利益的有效手段。以信托法律关系为典型的信赖关系,在很大程度上,正是基于衡平法的发展而发展的,也集中体现了衡平的理念对当事人所实现的保障和救济。由此,有必要在衡平法发展的历史背景下,来探讨信赖关系法律制度的特征以及法律调整规则,以此构建信托制度尤其是受托人约束机制的理论基石。

2.1.1 衡平法以及信赖关系

2.1.1.1 衡平法简述

从广义上言,衡平①的概念下,包含了平等和公正、道德和道义等含义,然而衡平的法律意义颇为狭窄:在 1873 年 Judicature Act 实施之前,衡平法指的是由枢密大臣适用和管理的法律分支。② 到 13 世纪末期,英国通行的普通法已经成为相当僵硬的法律体系,不能适应新的法律关系和案件的要求。诉讼当事人开始直接向国王申诉。国王把这些申诉交给枢密大臣处理。1473 年枢密大臣开始以自己的名义作出判决,称之为 decree。此种判决只约束当事人。即所谓衡平法为对人的法律。③ 可以说,枢密大臣是代表国王来行使自由裁量权,以使当事人在得不到普通法救济的时候对其进行公正的判决。衡平法是一整套逐步发展的规则,用于解决普通法制度过于严格而造成的不公正的问题。所以说,衡平法是建立在普通法的基础之上的,是在普通法无法实现当事人的公正时的补充性救济手段。公平和良心是衡平法建立的基础。但这并不意味着普通法是对正义的放弃。而是因为

---

① 沈宗灵教授曾就"衡平"的概念作出解释,指出西方国家,衡平主要有三方面的意义:第一,它的基本含义是公正、公平、公道、正义;第二,指严格遵守法律的一种例外,即在特定情况下,要求机械地遵守某一法律规定反而导致不合理、不公正的结果,因而就必须使用另一种合理的、公正的标准……第三,指英国中世纪中期开始兴起的与普通法或普通法法院并列的衡平法或衡平法院。当然,衡平法或衡平法院这两个名称所讲的衡平也导源于以上第一种,特别是第二种意义上的衡平。参见沈宗灵:《比较法研究》,北京大学出版社 1987 年版,第 172—173 页。
② Jill E. Martin, *Modern Equity*, London: Sweet & Maxwell Ltd., 1997, p.3.
③ 沈达明:《衡平法初论》,对外经济贸易出版社 1997 年版,第 4 页。

程序和形式的原因(如固定的诉状),使得普通法无法对当事人进行救济,此时借助于枢密大臣所代表的国王的自由裁量权,最终发展成为一整套法律规则体系。经过多年的发展,衡平法如同普通法一样也具备一整套适用其原则的严格规则。①

1. 中世纪的枢密大臣

这个时期的枢密大臣是除了国王之外的最重要的人物。他的一项非常重要的职能就是签发用于向法院提起诉讼的令状(royal writs)。通过对现有的令状进行更改或签发新的令状,枢密大臣对法律的发展起到一定的影响,当然,这种影响是有限的,因为新的令状的签发并没有创造新的诉讼形式。原告离开令状无法进行诉讼,但是普通法院仍可以判决令状并不包含法律所支持的权利。②

2. 向枢密大臣进行申诉

仅在请求属于现有的令状范围之内时,原告才得以向普通法院提起诉讼。而在13世纪,可资利用的令状范围非常少,即使有令状,也可能因为被告的权力或影响的原因,原告并不能在普通法院得到救济。那么,可以向国王和议会提起申诉,请求救济,这些申诉是通过向枢密大臣提起而得以实现的。其后,申诉也被用于解决普通法缺乏灵活性而不能提供救济的问题。

3. 枢密大臣的自由裁量权

在13以及14世纪,枢密大臣并非执行一整套新的法律,而仅仅是针对一些疑难案件解决问题。提供或者不提供救济,并不是根据任何先例,而是根据呈于其前的个别案例的具体情况,基于自己个人对于对错的理解进行裁决。

4. 执行

执行的问题实际上关乎衡平法的效力问题。如果申诉是成功的,那么枢密大臣所作出的判断与普通法院的判决是不相同的,否则直接在普通法

---

① Jill E. Martin, *Modern Equity*, London: Sweet & Maxwell Ltd., 1997, p.4.
② Ibid., p.5.

院提起诉讼就可以了。

举例而言,如果枢密大臣发现 A 为土地的普通法上的所有人,而通过良心的判断,土地的利益应当为 B 所享有,那么,可以判决 A 转让土地给 B,或完全为 B 的利益持有该土地,而不能判决 B 是所有者。所以,枢密大臣的司法权力是针对个人的。

衡平法的发展实际上同英国早期的用益以及信托制度的发展分不开。普通法上的财产权利和衡平法上的受益权这种双重所有权的区分,信托制度中的受益人权利的保护问题,无一不与衡平法的发展息息相关,衡平法可谓是信托制度构建的制度基础。

5. 现代衡平法的发展

从 16、17 世纪开始,衡平法从枢密大臣对司法的个人影响发展成为一系列规则和原则。而在 18 世纪,由于立法的停滞不前,衡平法成为法律发展的推动力量。在这一时期,信托法得到发展。19 世纪更是衡平法得到重大发展的阶段,这一时期英国的工业、国际以及帝国发展都需要衡平法的发展以处理新的问题。商业财富的积累需要规制公司和合伙的规则,从土地财富向股票、证券财富的转化也需要有关财产的新的规则的发展。很明显,旧的枢密大臣法院的组织结构,满足不了商业的迅速发展。虽然衡平法院由于人数的问题,不堪重负,但至少法官能够行使他们的权力而不用担心遭到普通法院的反对。他们之间已经从敌对的关系转化成为司法工作的合作者:已经到了法院进行组织结构的合并的时候。

在 19 世纪中期法院进行合并之前,进行了一系列的步骤。首先,是 1854 年普通程序法授予普通法院进行衡平救济的权力。其次,是 1858 年的《大法官修订法案》(Chancery Amendment Act),即 Lord Cairns Act,授予大法官除了特定履行和禁令之外,还可以进行损害赔偿的救济。不过最为重要的变革是 1873 年和 1875 年的《法院组织法》。这些法案废除了旧的分立的法院体系结构,而创建了最高法院并有具体的法院分支,每个法院都行使普通法和衡平法的权力。由于已经预见到同一法院,既适用普通法又适用衡平法,将会面临适用普通法会产生一种结果而适用衡平法又产生另一种结果的冲突的可能。1873年《最高法院组织机构法》第25条规定了在规则冲突之下诸多问题的解决办法:"一般而言,两套规则对同一事项有冲突或差异时,衡平法规则居上。"

通过法院组织机构的改革,虽然实现了普通法院和衡平法院的合并,但对于衡平法和普通法是否合并,却不无争议。传统的观点认为,上述改革以及随后的发展仅仅是法院机构的合并,但并非法律本身的合并。正如Ashburner所言,"审判权的河流汇入同一渠道,并驾齐驱,但河水本身并未混合"。所以尽管在同一法院进行审理,普通法上的权利仍然是普通法上的权利,衡平法上的权利仍然是衡平法上的权利,二者并不相同。而最高法院的法官的相关言论表明他们认为两种法律本身已经开始合并。如法官Diplock所言,法律本身也已经由1873年的《法院组织法》所合并。

不乏学者认为普通法和衡平法并未合并。在信托法上,分为受托人的普通法上的所有权和受益人的衡平法上的所有权;财产法上分普通法上的权利和衡平法上的权利,其效力是不同的,尤其是对第三人的效力,又例如衡平法上的权利只能援用衡平法上的救济予以强制执行,而不能援用普通法上的损害赔偿救济。①

当然,亦有学者认为在判断是否合并之前,应当首先界定合并的具体含义,如果指的是普通法权利、救济和衡平法权利、救济之间没有任何区别和冲突,那么,显然二者已经合并的论断并不成立。如上所述,很明显,普通法上的所有权不同于衡平法上的所有权。最明显的例子不过信托制度。

然而,同样值得注意的是,衡平法和普通法自从1873年以来已经得到不断的发展,普通法上的法律规则的发展时常受到既有的衡平法则的影响,普通法和衡平法曾经区别对待的情形现在有可能受到相同的对待。

2.1.1.2 衡平法的主要内容

从衡平法发展的初始以及主要目的而言,衡平法与包罗一切的普通法相比,内容相对集中,主要是在普通法难以充分发挥效力或根本未曾涉及的

---

① 沈达明:《衡平法初论》,对外经济贸易出版社1997年版,第5页。

领域发挥作用。一般认为,衡平法制度的主要贡献在于:信托制、衡平法上赎回权、特别履行和戒令等救济方法、债权转让、对契约的改正和撤销等制度。虽然衡平法的内容远不止于此,但前四项是衡平法中最重要的部分,并在17世纪以前就有了相当的发展。①

1. 衡平法的体系

（1）信托制度

14世纪到16世纪迅速发展的用益制度所形成的新型财产关系,缺乏普通法全面和完整的调整。衡平法对受益人的权利进行承认和保护,通过衡平法的规则形成对用益制度中各方当事人权利关系的规范,逐渐于15世纪下半叶形成用益衡平规则。1635年以后,用益制度逐渐发展为信托制度,包括受益人权利、追踪权以及受托人所承担的义务等规范都成为衡平法规则的内容之一。受益人对于信托财产所享有的权利,更是被称之为"衡平法上的所有权"。

（2）衡平法上的赎回权

普通法极为注重形式,这就有可能忽视当事人的实际权益。根据普通法上的抵押规定,抵押权人在债务被确定得不到履行前,只有扣留或看管权,债务人仍是其不动产所有人。抵押权人在债务人不履行后有取得标的物所有权的权利。抵押人保留对其物的所有权。这一权利是不准转让的。这就意味着抵押人如果不能转让土地上的利益,而且如果不按期付清债务,就要丧失土地,付出比未清偿的债务更大的代价。例如,如果抵押权过期不赎,根据普通法的规则,抵押人就永久失去对抵押物的所有权,而不管抵押人是否遇到不可抗力或者抵押权人是否有欺诈行为。但在16世纪后,衡平法院运用衡平法予以救济,抵押人由于不履行债务,根据普通法已经丧失所有土地的权利,但他可在衡平法院提出申诉,请求赎回。②

---

① 高桐:《论英国衡平法的产生及其早期的发展》,载《比较法研究》1987年第2辑,第49页。
② 许明月:《抵押权制度比较研究》,法律出版社1998年版,第51页。

(3)"特别履行"和"法院禁令"

"特别履行"和"法院禁令"是衡平法上两种最主要的救济方法,它们是为了弥补单一的损害赔偿方法的不足而创设的。当受害人不能依照普通法取得赔偿,或虽能取得赔偿但仍显"不公"时,就可以援引这两种方法得到衡平法上的救济。特别履行的使用范围主要限于契约关系,目的是保证契约当事人根据契约规定履行各自的应作为义务。法院禁令是大法官根据原告的请求而颁发的要求被告作为或不作为的强制性司法命令,在普通法无能为力制止侵权行为方面尤其有用。

(4)诉讼程序方面的灵活性内容

为了克服普通法诉讼程序中所存在的严重形式主义弊端,衡平法作了重大创新。它完全摒弃了令状制度,原告可以直接以"控诉状"、"请求书"甚至口头申请的方式向大法官提起诉讼。大法官还专门制作了一种被称为"传票"的召集令以传唤被告出庭应诉,如果被告无正当理由拒不到庭,则以蔑视法庭论,判处监禁。在审判制度方面,大法官取消了陪审制,也不援引普通法判例,而是通过询问当事人和质询证人认定案件事实,然后根据"公平"、"正义"原则作出判决。另外,衡平法法院审理案件没有开庭期的限制,开庭地点也很灵活,不拘旧例。衡平法灵活、简便、快捷、经济的诉讼程序和结案方式是与商业活动中迅速解决争端的要求相吻合的。

2. 衡平法的主要原则

英国衡平法院在"公平"、"正义"、"平等"等原则的指导下,形成了一系列体现衡平法原则的格言,这些格言并非要在每个案例中被严格遵守,却成为如何行使衡平司法权的指导思想。

(1)衡平不允许有不法行为而无补救

在英国(特别是中世纪),有些不法行为普通法不予承认,受害人的权益得不到保护;或者虽有保护但该保护不适当,依衡平法应予适当救济。即衡平法在理论上不受管辖权的限制,只要是公民民事权利受到侵害并在普通法上得不到救济,或虽有救济但当事人仍感到不公正时,衡平法院就应该给予救济。最为典型的莫过于衡平法对信托受益人权利的救济。

(2) 衡平遵循法律

衡平法一般并不背离或者推翻普通法和制定法,而是尽量追随普通法的原则,是仅仅对其加以补充和修改。这种补充和修改仅仅针对普通法和衡平法规则适用冲突的情形。[①] 衡平法对普通的补充和修改实际上又引申出衡平法优先于普通法适用的原则。

(3) 请求衡平救济者必须自己公平行事

请求衡平救济的原告自己必须要对被告公平行事。对于不能或者不愿意履行其未来的义务的原告,则不能成功地获得衡平法院的救济禁令。[②]

(4) 请求衡平救济者须为衡平行为并须自己清白(clean hands)

按照衡平法的公平原则享有衡平权利的人,在请求法院保护这一权利时,他自己的言行也应合乎公平、正义的要求。这一原则同上述请求衡平救济者必须自己公平行事的原则密切相关。但前者针对的是原告将来的行为,而后者"清白"的要求则针对其以前的行为。例如,承租人不能获得特定履行合同的救济,如果他已经违反了自己的义务。[③]

(5) 有两个衡平行为发生时,先发生者优先

这一原则主要解决利益冲突情形下何者优先的问题。这一原则提供了注意原则的基础。由此针对土地的衡平优先权利仅能让位于不知情的善意第三人。

(6) 衡平法寻究履行义务的原意

如债务人将其遗产全部或者部分留给债权人,便应推定该财产系用于偿还其债务。

(7) 衡平法将应完成的行为视作已完成的行为

对可特别履行的行为,衡平法认为该当事人处于该行为完成后的地

---

① 英国1981年的《最高法院法案》第49条仍然有相关的规定。
② See Chappell v. Times Newspapers Ltd. (1975) 1 W. L. R. 482,雇员由于拒绝承诺将来不会参加罢工运动,而没有得到对他们被解雇的救济。
③ Coatsworth v. Johnson (1886) 54 L. T. 520.

位。按照合法有效的契约，当事人将需做而尚未做的行为，衡平法推定它已经完成。其目的在于强调订立的契约必须得到履行，以维护契约的神圣性。例如，一项可特别履行的土地买卖契约一旦成立，该土地的衡平利益便由卖方转移到买方。

(8) 衡平即平等

即对同一类人应给予相同的待遇。

(9) 衡平重意思轻形式

这是衡平法的基本原则之一。强调衡平法应探求案件的实质内容，而后再顾及形式，不像普通法那样仅顾及形式而不顾及案件的实质。

(10) 衡平法不帮助怠于行使权利者

如果请求衡平法救济的当事人不能及时起诉或采取其他救济手段，衡平法院就不予受理，否则就损害了他人的利益，有失公平。当事人也就不能获得衡平法上的救济。

(11) 衡平法对人为一定行为

衡平法代表了对人的诉讼程序，可以通过强制手段迫使当事人为一定行为，如依衡平法可对被告个人发出禁令。这一格言在于与普通法的对物程序相区别，体现了衡平法的特色。正是衡平法的这一特征使得长期以来，人们在受益权的物权性还是债权性上争执不休。

3. 衡平权利的主要特征及救济方式

多年以来一直存在有关衡平权利的性质的争议，尤其是关于信托下受益人权益的性质。最简单的做法，基于对受益人补救的历史和实践经验，是对受托人提起诉讼，从而认为受益人权利为一种对人的权利；而另一方面，信托下的衡平权利为衡平的财产利益，同法定财产相关，受益人也能够被视为受益权益的所有权人，所有权则是一种对物权。

普通法最经常的救济方式为损害赔偿。而衡平法最为重大的贡献就是通过一系列广泛的衡平救济手段对普通法有限的救济范围进行补充。衡平法救济方式的共同特点是具有自由裁量性，并且仅在普通法不足以救济时才得以提供。但在完全属于衡平法上的权利性质的情形下，则不可能提供普通法的救济。当然,衡平法的救济受到对人诉讼原则的约束。

衡平法最为重要的救济方式包括:特定履行,即法院判决合同的一方履行其合同义务;禁令,即法院判决一人为,或者更为常见的,不为某种特定行为;另外,还包括合同的撤销和变更;以及其他:移交财产、报账交款、撤销文件、破产管理人、推定信托以及追索等等。① 衡平法的救济方式具有以下特点:首先,欺诈、不当代理以及错误等都是法院会否判决特定履行的相关因素。此时的问题仅在于既存的普通法或衡平法权利的履行方式,但是权利本身并未受到影响。如果衡平法院拒绝判决被告特定履行,原告仍然享有起诉损害赔偿的权利,只不过原告失去了衡平法补充性的救济方式。其次,其他衡平法的救济方式的效力更为广泛。如果衡平法撤销了某种行为或合同,那么,将失去根据该行为或合同进行起诉的权利。最后,衡平法上的救济方式更能够产生恢复原状的效果。

由此,笔者得出的初步结论是,在公平、正义等理念的指导之下发展起来的衡平法律制度,无论从权利内容还是从救济方式而言,都包含了极为丰富而灵活的内容,由最初对个案的救济已经演变为复杂的法律体系,并随着普通法与衡平法的融合,相应的法律规则都已经深刻地嵌入到普通法的整个体系中。然而其浓厚的道德基础、公平和正义的理念以及区别于普通法的救济方式等特征,却成为我们研究与衡平法发展密不可分的被信任者法、信托法不可回避的历史以及现实基础。

2.1.1.3 衡平法下的信赖关系调整

信赖关系被认为完全受到衡平法的调整,因此也受到衡平法全面的救济。虽然可能由于其他的因素,某种特定的信赖关系可能受到普通法义务的规范并得到合同法或侵权法的救济,但这些因素可能很少存在或者微不足道,如在受托人和受益人、董事和公司等典型的信赖关系中。这种关系起源于衡平法,包括善意原则、披露以及注意义务等。② 被信任者法以及信赖

---

① Jill E. Martin, *Modern Equity*, London: Sweet & Maxwell Ltd., 1997, p.30.
② A. J. Oakley, *Trends in Contemporary Trust Law*, Oxford: Clarendon Press, 1996, p.157.

关系制度的发展与信托制度的发展密不可分,而后者正是衡平法规则与体系赖以建立的基础。这正是法律制度发展的深刻的历史背景。所以,脱离衡平法的基本规范以及原理来探讨信赖法律关系是不现实的。而信赖法律关系制度中对信赖义务人忠诚、善意等等要求,无不需要借助于衡平法的道德与良心的考量基础才能得以清晰阐释。

2.1.2 信赖关系以及信赖义务的构建

在人们自愿建立的法律关系中,因为当事人之间的紧密程度,利益关注的不同程度而对当事人之间的行为方式以及注意义务确立了不同程度的标准。通常认为,英美法系各国及地区的法律在不同程度上已经发展了或正在发展管制当事人自愿建立的行为所使用的三层次标准:显失公平标准、善意标准和被信任者标准。[①] 这三个标准所确立的标准对于当事人的行为以及注意义务的要求程度呈现出一种递进关系,不同标准的确立是为了判断处于某种关系中的一方当事人,在何种程度上承认并尊重另一方当事人的利益。按照显失公平标准,一方理应有权在他对对方的行动中为自身利益行事。但为尊重另一方的利益起见,法律禁止他过度凭自身利益行事。按照善意标准,虽允许一方为其自身利益行事,但对此加以限制,即要求该当事人在他作出决定或行动时考虑另一方的合法利益。而被信任者标准责成一方为另一方的利益行事,无私地并凭专一的忠诚行事。

显然,在本书所探讨的有关信托制度中,按照上述的三种行事标准的划分,受托人应当承担被信任者的行事标准。本书于第一章对信托制度的基础性探讨中述及受托人地位的工具性作用,这种工具性作用集中体现在受托人完全为受益人的利益来管理信托财产,不得利用其管理财产的便利地位作出违背受益人利益甚至牟取自身利益的行为。可以说处于典型的被信任者的地位。

关于上述被信任者的行事标准,与之相对应的当事人,以及他们所建立

---

① 沈达明:《衡平法初论》,对外经济贸易出版社1997年版,第191页。

的法律关系,应当说可以统一纳入到英美法系中 fiduciary, fiduciary duty, fiduciary relationship 等概念所具体包含的含义之中来。如上文所述,这一概念的中文表达和翻译,却不乏种类,如信义义务、信任义务、诚信义务等。更有我国台湾学者有关忠实关系以及忠实义务的提法,认为这一概念下能够比较准确和完整体现该种法律关系中,一方当事人忠诚不二为另一方当事人利益行事,因此而对其施加较之其他法律关系中当事人注意义务更高的标准。① 大陆法系缺乏相对应的统一的法律体系的客观现状正是造成这种概念表述不一致的根本原因。而学者们过分关注概念表述的此种或彼种方式似乎又使得学理研究限于较浅的一个层次,而未能及于衡平法律制度的本质。本书对衡平法下的信赖关系的研究正希望能够起到对构建大陆法系信托制度的借鉴作用。

2.1.2.1 信赖关系的概念

关于信赖关系的概念的界定,实际上包含了要对两个问题进行解决的目的。其一,在何种情形下双方当事人之间的法律关系可以称之为信赖关系,或者说据以判定该种法律关系为信赖关系而非他种法律关系的法律特征是什么;其二,信赖关系中,一方当事人承担的信赖义务的具体的含义,或进一步而言,此种信赖义务同他种法律关系中当事人所承担的法律义务又有何种区别和不同。

信赖关系作为英美法系及其理论的重要组成部分,已经有了超过250年的历史②,但长期以来,关于信赖关系的性质,何种情形下存在这种关系,何种情形下又构成了对这种关系的违反,以及这种违反带来何种法律后果,都是法学理论和实践争执不休的问题。③

尽管在概念界定以及适用上存在广泛的争议,但这并不妨碍对于信赖关系适用所引起的法律效力的某种程度上的一致性,即被法律界定为被信

---

① 谢哲胜:《信托法总论》,台湾元照出版公司2003年版,第65页。
② Robert Cooter, Bradley J. Freedman, "The Fiduciary Relationship: Its Economic Character and Legal Consequences", 66 *NYUL Rev*, 1045(1991).
③ Ibid.

任者(或信赖义务人)在处理与受益人关系(或事务)时,其信赖义务水平应当适用一种高于普通商业环境下的行为标准。正如 Cardozo 法官在 Meinhard v. Salmon 一案中所言:

> 许多在公平交易中允许当事人的行为方式,对于受到信赖关系约束的当事人来说,却是绝对禁止的。对受托人的要求比市场环境下的道德准则要求要高。不仅仅诚实,对于荣誉(honor)的最严格要求,是这种行为的标准。对于这一点,已经形成绝对的和根深蒂固的传统。面临申诉人以特例来破坏不可分割的忠实原则时,衡平法院持以不容妥协的严格标准,唯此,信赖义务人的行为准则才能维持在高于普通人的水平线上。①

鉴于对于信赖义务人这种非常高的行为准则的要求,那么,对于这种关系赖以确立的方式,适用的法律关系范围等问题的不同回答,将会为当事人带来不同的法律规则的约束,从而引起当事人不同的权利义务范围问题。法院在这一问题上采取了一种很宽泛而具有个案适用的方式。信赖关系的适用随处可见,这种信赖义务不仅仅约束对于受托人管理权的授予,公司董事和经理,管理的合伙人,而且存在于特许人和特许经营人、医生与患者、药剂师和顾客之间。②

由于在界定信赖关系上存在的这种不确定性,那么对于信赖关系的概念的描述以及据以概念本身所依赖的理论基础,也难以逃脱理论和实践应用上的不同观点和学说构建。而至少在理论界,关于信赖关系最为显著的不同意见,是信赖关系的各方当事人是否受到合同关系的约束的问题。③ 对于这一问题的不同回答产生有关信赖关系的两大理论流派,即合同论者和非合同论者。本章其后部分有关信赖关系与其他法律制度的关系中,将详细讨论比较信赖关系与合同关系的异同,并对信赖关系是否具有合同关系的基础,试图给出笔者自己的初步答案。在此,本书仅简单给出有关信赖关

---

① 164 N. E. 545(N. Y. 1928).
② 转引自 Larry E. Ribstein, "The Structure of the Fiduciary Relationship", *Illinois Law and Economics Working Papers Series Working Paper* No. LE03-003, January, 2003, p. 4.
③ Ibid., p. 5.

系概念的不同界定及据以支持这种概念的理论基础。

关于信赖关系最为通常的定义是指当一方信赖他方并将自己权利托付他方的情形,双方所产生的法律关系。在信赖关系中应负的义务称之为信赖义务,是指被信赖托付的一方对他方所应尽的忠实以及注意义务,是一种以他人利益优先于自己利益而行为的义务。被信赖托付的一方称为信赖义务人或被信任者,他方可称为托付人。[1]

2.1.2.2 信赖关系的特征

信赖关系的权利义务构架中,同其他的法律关系不同,并不讲究当事人之间对等的权利义务,很大程度上,一方当事人所享有的权利和另一方当事人所承担的义务极为不对等。被信任者完全是为托付人的利益行事,这一点,可以说是信赖关系的最大的特性。

为托付人的利益这一特征至少包含了以下的含义:

其一,被信任者是托付人利益的代表。信赖关系中,必然涉及信赖义务人代为处理事务,无论此种代为处理是否为第三人知晓,但在信赖关系的当事人之间,这种一人对另一人利益的代表或代理的关系是明确的。

其二,在信赖法律关系中,托付人的利益是优先或者说是至上的。这种优先性或至上性表明了对托付人利益的全面保护,也就是说,信赖义务人在行使其职权时不能有任何的利益冲突行为,例如,为自己利益或为第三人利益。

其三,信赖义务获得授权。信赖义务能够作为托付人的代表完全为其利益起见,处理事务,其前提是信赖义务人依据法律或者当事人之间的意思表示获得授权。有学者将获得此种授权的方式分为如下几种情形:(1)法律,例如,无因管理人;(2)法律规定,例如,法定监护人;(3)法院选任,例如,重整监督人;(4)法律授权关系人选任,例如,遗产管理人;(5)契约,例如,受任人。[2] 上述分类基本罗列信赖关系的授权产生的方

---

[1] 本书指称的这种信赖关系以及信赖义务也被称为忠实关系以及忠实义务,参见谢哲胜:《信托法总论》,台湾元照出版公司2003年版,第66页。

[2] 同上。

式。本书为简洁起见,将信赖关系的授权产生方式分为意定和法定两种方式。信赖关系经当事人意思表示行为而产生称为意定的信赖关系,而无论单方意思表示行为或双方意思表示行为。委任、意定信托、遗嘱等均可包含于此概念之下;而非经当事人意思表示行为而产生称之为法定的信赖关系,如法律规定、法院指定等。比较复杂的是类似于董事对公司承担的义务和责任,董事行使职权过程中,为公司利益考虑,不得存有利益冲突的行为,应当说是符合信赖关系的基本特征的。由于董事的法律地位的取得并非由法律直接规定或法院直接指定,而是经由股东会的决议,可以说是股东的一致意思表示(尽管以多数决的方式体现出来),所以,其授权的取得可归属于意定一类。当然,由于现代公司法的发展,公司董事所承担的义务,尤其是对公司的信赖义务,更多的具有法律强制性的色彩,而非简单董事与公司之间的约定。但信赖关系形成之后,法律对其所包含的具体内容,信赖义务的具体含义,具有更多的法律强制性的特点,这其实是信赖关系本身的特性。

以上关于信赖关系的三个特性的归纳,完成了对第一个问题的解答,即何种情形下能够构成信赖关系。那么紧接的第二个问题应当是信赖关系确定之后对于信赖义务人施加了何种性质的义务,这种义务又包括了哪些具体内容?

信赖关系的核心可谓为他人的利益所提供的一种服务。信赖关系下的信赖义务的相关规范则应当围绕着如何确保信赖义务人的行为不偏离托付人的利益来设定。信赖义务人虽于信赖关系中,为托付人利益行事,但作为独立的个体,亦有自身的利益,同时由于信赖义务人有可能与其他的第三人建立法律关系,从而可能出现与其信赖义务人的地位利益相冲突的情形。为防范其利用为他人管理利益的地位牟取个人利益或偏离托付人的利益为他人谋求利益,信赖关系中对信赖义务人的义务责任规范和约束主要围绕如下两点展开:

其一,信赖义务人不得利用因其信赖义务人的身份所带来的地位、知识或机会为自己或第三人谋求利益。

其二，信赖义务人在其履行职责范围内，不能同第三方有任何关联利益或关联关系，除非得到受益人知情的同意或法律的授权。

第一点主要针对信赖义务人的地位，目的在于防止信赖义务人利用其地位谋求托付人以外的利益；第二点针对利益之间或义务之间的冲突，目的在于防止信赖义务人因为其个人或第三人的利益而难以履行其职责。[1]

2.2 信赖关系的理论基础和诠释

信赖法律关系是如此的复杂，其适用又是如此的广泛，以至于学者们从不同的角度出发，试图构建对信赖法律关系全面的阐述。尤其是随着信赖法律关系在现代商业组织中亦逐渐得到应用，学理探讨中更是将现代经济学的基础理论引入到对信赖法律关系的构建以及诠释上来，尤其是对信赖义务人的成本约束和控制更是诸多理论关注的焦点。虽然提出了诸多的理论，然而却都集中于对何种情形下适用信赖法律关系乃至信赖义务以及如何界定信赖义务的具体内容这两大问题的回答。

2.2.1 委托代理理论对于信赖关系的阐述

2.2.1.1 委托代理理论的基本分析模型

委托代理理论被广泛地用来解释信赖关系。[2] 委托代理理论源自于经济学的理论范畴，在委托代理模型中面临的通常性问题是如何设计激励结构使得自利的本性能够促使一方当事人为另一方的最大利益行事。[3] 以委

---

[1] Paul Finn, "Fiduciary Law and the Modern Commercial World", in Ewan Mackendrick(ed.), *Commercial Aspects of Trusts and Fiduciary Obligations*, Clarendon Press Oxford, p.9.

[2] Tarmar Frankel, "Fiduciary Law", May, 1983 *Calif L Rev*; Deborah, A. DeMott, "Beyond Metaphor: An Analysis of Fiduciary Obligations", November, 1988 *Duke L. J.*

[3] 代理问题引发了众多经济学家的广泛的关注，如，S. Grossman and O. D. Hart, "An Analysis of the Principal-Agent Problem", 51 *Econometrica*, 7—46(1983); O. Hart and B. Holmstrom, "The Theory of Contract", in T. Bewley (ed.), *Advances in Economic Theory Fifth World Congress* (1987).

托代理理论来解释信赖关系,本人指的是受益人,而代理人指的是受托人或信赖义务人。在这种模型下,信赖关系中的有关信赖义务诸多规则的设立都被看做对解决激励问题的方式。

委托代理模型中的"侵占—激励"结构一方面说明了委托代理关系中的"本人两难"问题,另一方面也是以此来阐述信赖关系的中心问题。

首先,正是委托代理模型的基本机构设计决定了代理人有可能对本人的财产进行侵占或为其他机会利用行为。

这一模型亦建立在合意基础之上:本人授予代理人控制和管理财产的权利财产的范围包括:现金、股票、土地、专利、有价值的信息、商业机会或商业的营业(business enterprise),这一范畴在关键资源理论中被称之为关键资源(参见下文关键资源理论的论述)。而所有权和控制管理权的相互分离为代理人创建了侵占财产或其部分价值的机会,利用这些机会构成代理人的不忠。① 相较于委托代理关系中所要求的利他行为,代理人的利用机会行为都可称之为利己行为。这些不忠的机会主义行为包括侵占、偷窃、转移、转化或者侵权等。这些风险内在于委托代理关系之中。全部消除这些风险意味着通过本人向代理人出售财产的方式解散委托代理关系,如此代理人承担所有与滥用相关的风险。这种解决方式对于委托代理问题来说,不现实也不可行。

其次,在信息对称的情形下,不忠的问题可以通过合同得以解决。然而在信赖关系中,当事人并不能够预测到何种特定的行为能够比其他行为产生更好的结果。在这样的情形下,与其规定特定的行为和确定的结果,不如最好对代理人义务进行一般和宽泛的规定。代理人可能明确承诺"尽其所能"或"审慎",法律也许要求"善意",但这些术语的确切含义是不确定的。

由本人对信赖义务人进行直接的监控可能成本太大或需要本人所不

---

① Robert Cooter, Bradley J. Freedman,"An Economic Model of the Fiduciary' Duty of Loyalty", 10 *Tel Aviv University Studies in Law*(1991), p.300.

具备的专业知识。由于本人难以对信赖义务人进行直接的监控,而必须从结果中进行推断,然而由于结果不仅仅依赖于信赖义务人的行为,也有机会的因素。机会的因素属于自然选择的问题,对于财产的增值来说,为或好或坏的机会情形。所以财产的最终收益取决于代理人的行为选择和机会情形的自然选择。行为和机会的互动使得本人难以对代理人的行为进行准确的推定。相反,本人只能对代理人的行为是利他还是利己进行猜测。①

2.2.1.2 委托代理模型下信赖法律关系的基本特征

在这种分析模型下,信赖关系具有三个显著的特征,其一,所有权与控制管理权的分离;其二,宽泛的授权(或责任);其三,有关行为和结果的信息不对称。这三个因素交互作用:所有权和控制管理权的分离使得代理人从不正当行为中能够实质性获利;而由于信息不对称的原因,又使得发现和证明违背义务行为的可能性降低。上述因素造成了防止不正当行为的严重问题。②

在通常的法律手段难以提供对上述不正当行为的解决办法时,信赖关系法提供了信赖义务的约束和控制办法。信赖义务的特定责任要求针对本人和信赖义务人之间的利益冲突关系。涉及利益冲突的交易行为包括如下三种:其一,信赖义务人可能在未经本人知情同意的情形下同本人进行交易。对于此种情形,信赖义务有关自我交易的规则是直接认定信赖义务人的不正当行为或要求其承担其行为正当的举证责任。其二,信赖义务人可能在本人或法院同意的情形下同本人进行交易。此种情形下,当争议发生时,由信赖义务人承担其已经对所有重大信息进行完整和坦诚的披露的举证责任。其三,信赖义务人同第三人的交易可能影响到本人的利益,例如,信赖义务人可能侵占本人的机会,与本人相竞争,利用本人财产同他人进行交易或利用其地位同他人进行交易。这其中的有些行为是绝对禁止的,如

---

① Robert Cooter, Bradley J. Freedman, "An Economic Model of the Fiduciary' Duty of Loyalty", 10 *Tel Aviv University Studies in Law* (1991), p.301.

② Ibid., p.303.

秘密牟利行为(secret profit),另一些第三人交易行为则仅在取得本人知情同意后才能进行。如此,信赖义务可被理解为解决防止不正当行为的一系列特定的规则。

2.2.2 交易成本理论

2.2.2.1 交易成本的基本理论

交易成本一词最早出现在科斯的《企业的性质》中。科斯认为,市场和企业是两种可以相互替代的制度安排,市场运用价格机制配置资源,但市场是有摩擦的,所以,存在交易成本;而企业将若干要素所有者组成一个整体参加市场交易,通过减少市场交易者数目,减少交易摩擦,从而降低交易成本。

科斯定理的一个重要引申是,如果所有的交易成本都为零,则不论生产和交换活动怎样安排,资源的使用都相同。这意味着,在没有交易成本的情况下,各种制度的或组织的安排提供不了选择的根据,因此,也不能用经济理论来解释。

但是组织或各种制度的安排确实存在,而且为了解释它们的存在和变化,必须把它们视为在交易成本的约束下选择的结果。在最广泛的意义上,交易成本包括所有那些不可能存在于没有产权、没有交易、没有任何一种经济组织的鲁宾逊·克鲁索(Robinson Crusoe)经济中的成本。交易成本的定义这么宽广很有必要,因为各种类型的成本经常无法区分。这样定义,交易成本就可以看做是一系列制度成本,包括信息成本、谈判成本、拟定和实施契约的成本、界定和控制产权的成本、监督管理的成本和制度结构变化的成本。简言之,包括一切不直接发生在物质生产过程中的成本。[①]

企业是用一个契约替代了一系列契约,因而实现了交易成本的节约,这是企业存在的原因,但是企业在内化市场交易,减少交易成本的同时,也增

---

① 张五常:《经济组织与交易成本》,参见 http://www.stevenxue.com/ref_02.htm,最后访问时间 2006 年 5 月 30 日。

加了组织成本(内部交易成本)。当组织成本的增加量与交易成本的减少量相等时,企业的边界趋于平衡,不再扩张。

交易成本论者认为信赖义务产生于信赖关系的关键性难题。一方面,从信赖关系中所能获取的利益产生于所有者对控制者的监督需花费极大成本或实际上难以进行的情形下,授权于控制者。另一方面,授权和监督的难题二者相结合使得控制者有机会也有动机以牺牲所有者利益为代价谋求私利。这里的难题在于所有者不可能在降低授权成本的同时避免降低获利。而信赖义务的目的则在于处理产生这一难题的特定情形:即,一方享有重大的授权且有可能滥用,而这种授权很难通过信赖义务以外的其他机制在不损害所有者目的的情形下进行消除。①

2.2.2.2 交易成本模型应用于信赖法律关系

我们可以用交易成本的普通模型来对信赖关系进行分析。在这种分析模型下,信赖关系实际上被看成一种制度性安排,这种制度性安排在达到节约单个交易成本效果的同时,也会带来制度内部的成本控制问题。这种成本节约与成本控制的互动与平衡在信赖关系中集中体现为广泛授权下受托人宽泛的自由裁量权所带来的效率以及在此种宽泛授权下如何对受托人进行控制的难题,也即,现代企业制度中所广泛存在的所有与经营相分离所带来的监控成本。首先,托付人(授权人)可以通过对受托人管理的产出进行衡量来减少这种宽泛授权所带来的成本,这种管理产出体现为一定的获利或者收益。当产出下降到一定数量时,可以采取的控制手段包括解雇或者降低报酬。但是这种控制手段的问题在于授权人很难判断受托人(管理人)没有达到预定的管理产出效果是基于其不当的管理行为还是由于受托人难以控制的客观情形。

其次,也可以对受托人(管理人)的行为进行监督,以此检验其是否足够勤勉或忠诚,或者在计划执行之前进行检查,只有充分满意之后才对计划进

---

① Larry E. Ribstein, "The Structure of the Fiduciary Relationship", *Illinois Law and Economics Working Papers Series Working Paper*, No. LE03-003 January, 2003, p. 8.

行批准。但是,同样,由于对受托人的授权,托付人实际上缺乏必要的技能和信息来作出准确的判断。

当然,托付人还可能依赖于受托人(管理人)对其不当行为提供担保的形式来获得对其勤勉谨慎行事的保障。这种担保的提供通常关乎受托人的声誉。然而,这种监控手段的有效性的前提仍然在于受托人不履行义务行为能够被发现,而这同样会引发内在于信赖关系的信息不对称的难题。

在交易成本理论下,信赖法律关系已经被看做一种组织化的制度安排,这种安排试图以宽泛的授权、受托人所能提供的合乎专业以及职业道德标准的服务来达到单个交易成本的效果。然而,如同任何制度化的组织安排在节约单个交易成本的同时,亦不可避免产生制度化本身所带来的成本一样,信赖法律关系制度安排亦难免内生交易成本问题,而此时交易成本集中体现为受托人偏离授权而进行的种种不当行为所带来的成本。由此,信赖法律制度安排必须对此种内生的交易成本作出回应。

在我们尚未论及信赖义务对受托人的约束和控制时,上文实际上提供了三种可供选择的控制方式:对受托人管理行为效果的监督;对受托人行为本身的约束和监督;以及从受托人方面要求其提供一定形式的担保。而因为信赖法律关系内在信息不对称问题,上述控制机制都难以达到有效监控的效果,除此之外,上述三种监督方式或多或少都具有事后监督的特点,难以实现授权的根本目的,信赖关系建立的根本目的在于授权目的、管理事项的实现和完成,而不在于对受托人(管理人)事后责任的追究。所以,如果信赖法律制度除了上述三种组织制度中所能提供的监控方式,不能再提供任何之外的约束和监控方式,难以解决信赖法律关系制度中由于宽泛授权所带来的信息不对称、难以进行有效监控的问题。

信赖义务使得受托人的行为受制于事后(ex post)司法审查并要求受托人返还除明确允许的报酬之外的所有源自于信赖关系的收入,以此来评价并控制受托人的行为。这至少减少了受托人利己而非利他行为的诱因(即追求受托人自身的利益而非托付人或授权人的利益)。

在交易成本理论下来对信赖法律关系以及信赖义务进行分析,我们发现信赖义务至少具有以下特征：

首先,信赖义务本质上应当为默示的规则。因为,尽管信赖义务产生于特定的合同安排,但最终受制于此种合同中相反的规定。这源于任何人都可以选择不担当信赖义务人,尤其是担当信赖义务人的成本超过收益时。信赖法律关系的这种自愿性的特征也决定了信赖义务的功能。即信赖义务人自愿地使自己承担放弃从信赖义务关系中获利的法律义务,因为任何人都不会雇佣可以自由欺诈的受托人(管理人)。但是信赖义务并不能够要求信赖义务人完全放弃自己的所有权利,因为并没有对信赖义务人提出类似于殉道士的要求。因此,信赖义务人完全可以要求一定的报酬,并且,不太可能同意承担额外的注意义务。

其次,信赖义务产生于特定的法律关系。所以,在确定是否承担信赖义务之前,必然要求对一定的法律关系进行是否符合信赖法律义务关系的标准的认定。同时,即使某种关系符合了信赖法律关系的认定标准,仍然要受到相反约定的制约。

所以,在交易成本理论下,信赖义务实际上致力于解决其他机制所难以解决的组织(或法律关系)所内生的监控难题,然而基于信赖义务关系本身的合同性安排的特性,信赖义务从本质上也就具有当事人默示义务的特性。

2.2.3 合同理论

2.2.3.1 合同论的提起以及质疑

信赖关系的合同论者认为信赖义务是一种特殊的合同条款类型,也即无私的义务,适用于缺乏相反协议的特定情形:以控制或获取财产剩余利益的方式拥有财产的所有者授予另一人(控制者)广泛的管理权利。[①] 在司法实践中,也在很大程度上将信赖义务视同合同义务:"信赖义务并非特殊的义务,并不存在所谓的道德的基础,它们只不过是如同合同义务一样的义

---

① Tarmar Frankel, "Fiduciary Law", 71 *CAL. L. REV.* 795(1983).

务,在产生和执行上都具有相同性。"①实际上在上述委托代理理论以及交易成本理论对信赖法律关系的解析中,并不排斥对信赖法律关系合同性质的认定。

信赖义务必然是合同性质的,因为没有人被迫成为信赖义务人。② 而当事人或者通过签约形成特定的关系并适用默认的信赖义务,或者于非信赖关系中明确的订立有关信赖义务的合同。③ 这种合同论的好处在于允许当事人调整义务使之适宜于他们之间的特定关系。

但是,合同论者也不得不承认信赖关系与普通的合同关系所存在的区别。他们认为,尽管信赖义务在本质上是合同性质的,但当事人并没有完全的自由改变这些义务。④ 对于信赖义务关系合同的这些法律限制可能部分地因为当事人的信息不对称。由于信赖义务人通常比雇佣他们的所有人具有更多的专业能力,他们可能处于最好的位置来调整信赖关系的条款以适应特定的情形。同时,他们也可能为了满足自我利益而选择最有利于自己的条款。那么对于法院而言,通常情形会适用约定的条款,但也警告信赖义务人改变或取消默示的信赖义务应当是有限制的。在这种情况下,信赖义务人通常会选择适用默示的合同条款。

就典型的信赖法律制度信托而言,关于信托是合同还是非合同的争论直到现在还是争执不休的话题。不过这种争执到现在已经较为缓和,因为合同论者还是非合同论者都无法完全说服对方,但这种争执在较早一些时候曾经是那么的激烈。信托与合同的相似性是19世纪末所讨论的话题,并且一直延续到20世纪。⑤ 而处于这场对话的中心人物为普通法的著名学者Federic W. Maitland 和 Austin W. Scott。前者认可信托权利的合同法基础,而

---

① Frank H. Easterbrook & Daniel R. Fischel, "Contract and Fiduciary Duty", 36(1) *J. L. & Econ.* 1993, pp. 425, 427.

② Larry E. Ribstein, "The Structure of the Fiduciary Relationship", *Illinois Law and Economics Working Papers Series Working Paper* No. LE03-003 January, 2003, p. 12.

③ Ibid., p. 2.

④ Larry E. Ribstein, "Limited Liability Unlimited", 24 *DEL. J. CORP. L.* 407(1999).

⑤ John H. Langbein, "The Contractarian Basis of the Law of Trusts", 105 *YALE L. J.* 34(1995), p. 644.

后者则否认这一点,并将这一观点在《信托法重述》中得到表达。①

  Maitland 有关衡平法的演说致力于信托为大法官(Chancellor)会执行的"契约(Bargain)"这一主题,"一种义务,实际上为合同,尽管事实上没有如此称呼"。尽管信托产生于向受托人转移财产,信托亦源于协议……尽管承诺人(受托人)没有任何利益可言,而对要约人(信托人)而言,因其与法定利益、财产以及对财产的拥有相分离,完全是利益的损害。人们应当兑现承诺,履行协议。并且他们应当被强制性地要求如此行为……大法官开始执行这一对人的权利,a jus in personam,而非对物权,a jus in rem。大法官开始执行的权利确为一种合同权利,由承诺所确定的权利。事实上,Maitland 认为我们对于现代信托法的合同基础的不敏感,并不能从功能上寻求解释,而只能从以转移财产(conveyancing)为目的的信托的历史发展印记中找到合理的解释。他发现"很明显对我们而言不可能在对合同进行定义而这一定义不包括 99% 比例的信托行为,除非我们有办法给合同加上一条注释,使得建立信托的行为被排除在外"②。

  而非合同论者则认为尽管"在用益或信托建立时,具备了所有合同建立时所具有的因素,但用益或信托的建立,作为一种法定的交易,同合同的建立仍然具有相当的不同"③。

  Scott 认为信托并不属于合同的范畴之内,主要基于三点考虑:首先,合同论并不能解释双方当事人的信托,即由信托人担任受托人的宣言信托。其次,Scott 指出英国合同法并不承认为第三人利益的合同,而这种类型的合同又是执行信托类型的交易所必须的。并且,Scott 认为用合同解释信托并不能解释对于非信托方的第三人的衡平追踪权。最后,而到 19 世纪 30 年代 Scott 起草《信托法重述》时,更是基于以下的考虑:担心对信托进行合同

---

  ① Frederic W. Maitland, *Equity: A Course of Lectures*, John Brunyate rev. ed., 2d ed., Cambridge: Cambridge University Press, 1936, p.29; Austin W. Scott, "The Nature of the Rights of the Cestui Que Trust", 17 *Colum. L. Rev.* (1917).

  ② Frederic W. Maitland, *Equity: A Course of Lectures*, John Brunyate rev. ed., 2d ed., Cambridge: Cambridge University Press, 1936, p.111.

  ③ Austin W. Scott, "The Nature of the Rights of the Cestui Que Trust", 17 *Colum. L. Rev.* (1917), p.269.

的解释会影响信托在程序法上的统一性,而程序法正处于普通法和衡平法相融合的开始阶段。

2.2.3.2 合同论者的解答

关于 Scott 的上述论证,合同论者一一作了反驳。关于合同论并不能够解释宣言信托的问题,合同论者对此是作了排除,指出合同论假定独立的受托人的存在,合同论对信托的解释并不包含宣言信托在内,因为仅有双方当事人的宣言信托缺乏独立的受托人,而信托人不可能同自己签订合同。

而由于执行第三人利益合同已经深植于美国法律中,关于英国合同法不承认第三人利益合同的疑问,在合同论者看来,也已经毫无根据。

关于衡平法上追踪权的问题,合同论者也认为,"第三人承担责任的真正原因(即受到受益人的追踪)是对受益人对受托人享有的对人权利的无意识的干涉"[①]。这并不代表在信托财产上的对物的权利。

合同论者更认为合同的解释学说源自于信托的两个本质性特征:首先,信托人和受托人建立信托的行为是自愿的,这就使得信托和合同一样是一种合意的法律关系;另一合同性质的特征在于从本质上而言,所有的信托法都是默示性质的,即当事人可以选择不适用的法律规则。信托法规则仅仅在信托文件没有规定相反条款的情况下才得以适用。而这两种特征,合意和当事人自治,正是合同法的决定性特征。

另外,合同法的现代发展也使其能够更容易在合同法的范畴之下解释信托。这些发展包括:(1) 实际履行责任的常规化;(2) 长期关系型合同(Relational Contract)的逐渐认可;(3) 善意要求的扩展。

从补救措施的角度而言,英美合同法经历了泾渭分明的普通法/衡平法历史发展。合同上的请求权得到普通法的救济,但特定的补救手段,尤其是实际履行和禁令的救济,仅得到衡平法的承认。特定的救济被认为是特别的救济,通常需要表明普通法的救济措施(通常为损害赔偿),是不足够的。

---

① Harlan F. Stone, "The Nature of the Rights of the Cestui Que Trust", 17 *Colum. L. Rev.* (1917), p.477.

如此,合同法格外强调损害作为救济的假定前提。相反,信托则完全受大法官调整。实际履行成为对受托人(如需要,对转得人)执行信托交易的常规性救济措施。

然而,现代美国合同法已经对特定履行的态度进行了再定位。法院放宽了对请求特定履行救济的要求。特定履行作为信托的传统救济方式不再成为区分信托和合同的重要特征。

美国合同法另一重大的发展是对关系型合同尤其是长期合同特征的强调,如"普通代理关系,包括供销关系、特许关系、合资关系以及雇佣合同等"。交易的长期性和多重的复杂性都使得当事人难以订立重要的条款进行确定的责任安排。难以确定条款从而建立彼此的关系这一点促使当事人将重要的步骤留待将来再行决定,但这又引发机会行为的危险。

许多信托都被理解为关系型的合同。通常信托都会考虑到长期性和可能的情势变更。这也是现代合同法和信徒法相互融合的另一见证点。[①]

合同法中善意规则的引进也进一步为信托制度的合同法诠释提供了支持。《合同法重述》(第二版)规定:"合同施加给每一当事人履行和执行合同中善意和公平交易的义务。"法院用善意规则来调整对于一方当事人进行了重大授权的合同或情形。这一原则限制利用授权来重新寻求签订合同时已经放弃的机会。

善意义务加强了关系型的合同关系,因为它限制了长期或者多元的合同中对授权的机会性滥用,在这些合同中,宽泛的授权是不可避免的。那么合同法中的善意标准回应了信托信赖关系中的标准,这些标准对受托人履行信托行为所内含的授权进行调整。

在信赖关系被广泛应用于商业活动的情形下,信赖关系的合同性质似乎显得更为明显。合同束理论对公司等企业组织的解释层出不穷,成为公司法理乃至企业法理的主要流派。[②] 就商业信托而言,其组织内部的契约安

---

① Harlan F. Stone, "The Nature of the Rights of the Cestui Que Trust", 17 *Colum. L. Rev.* (1917), p. 477.

② 〔美〕R. W. 汉密尔顿:《公司法》(影印注释本),中国人民大学出版社 2001 年版,第 6 页。

排是非常明显的,信托契约被视为具有组织章程的地位。但其本质仍是一种契约,是当事人之间达成的一致意思表示。

合同论者对信赖关系最为重要的影响在于信赖义务被视作默示的条款,当事人没有相反约定情况下则自动适用。这也意味着赋予当事人予以相反约定的自由或权利。信赖义务作为默示规则来适用于当事人,这种观点得到相当程度上的认可。① 在统一信托法中,许多条款也体现了这种观点。

2.2.3.3 合同理论的局限性及其补充——聚焦于信赖法律关系的道德基础

合同论者主要从当事人意思表示的一致以及信赖关系形成的自愿性这两大特征出发,认为信赖法律关系具备合同关系的本质。然而这种推论并非完全无懈可击。在非合同论者看来,仅凭这两点并不足以将信赖关系纳入到合同法律关系当中来。在他们看来,合同法和信赖关系法同属于关系法的范畴。信赖关系法的管辖范畴包括律师、受托人、保管人、公司董事、合伙人等。信赖关系法的作用在于确定这种关系如何产生,并明确信赖义务人必须遵守的行为规范,包括忠诚、热心以及自我牺牲等具体的要求。② 如果按照在合同法的统一概念下来界定信赖法律关系的思路,那么包括婚姻关系等都可以纳入到合同法的范畴中,而这种做法显然太过于概括,而忽略了类别法律关系的独有的特征。信赖法律关系具有区别于贷款合同、交易等法律关系的重要的法律特征。最重要的两点,信赖法律关系的结构以及功能显然有别于合同关系,而信赖法律关系所推崇的价值目标亦非合同法的范畴所能包含。尤为重要的是,信赖法律关系更关注公正、提倡美德;在促进自由方面也显然有别于合同关系。在非合同论看来,信赖法律制度的

---

① See John H. Langbein, "The Contractarian Basis of the Law of Trusts", 105 *YALE L. J.* 34 (1995), pp. 625, 628; Henry Hansmann & Ugo Mattei, "The Functions of Trust Law: A Comparative Legal and Economic Analysis", 73 *N. Y. U. L. REV.*, pp. 434, 447—449.

② Scott FitzGibbon, "Fiduciary Relationships Are not Contracts", Winter, 1999, 82 *Marq. L. Rev.*, p. 303.

合同性质解释是法律的经济分析的产物,从而必然受到"律师"的狭隘经济思想的影响,在这一领域的经济分析是福利经济学的分支,难以脱离"经济学家道德"的狭隘面。①

信赖法律关系中对信赖义务人所提出的要求显然要比合同关系中对当事人的行为标准要高。信赖义务人必须是善意的(beneficent)。他必须要热衷于为受益人的利益服务。对其所施加的披露义务也是非常高的,除了不得为欺诈以及错误陈述,必须对受益人的有关事项尽到高度的保密义务。其"善意"义务也是非常高的,远高于通常的商业交易安排中的注意义务的要求。这包括我们于信赖法律关系中所熟知的不得同受益人竞争、不得夺取受益人的机会,不得从与受益人的交易中获利。信赖法律关系中对信赖义务人所施加的此种严格义务经由法院的司法判决得以确立:信赖义务人对受益人负有不可分割以及纯粹的忠诚义务,这是最为基本的一点。这实际上是严格以及不容变更的善意的规则,要求信赖义务人避免其个人利益同受益人利益可能冲突的情形。要求信赖义务人仅以追求受益人利益为唯一的行为根据,信赖义务人对受益人负有忠诚义务。②

信赖法律关系的合同论者以及非合同论者的争论最终都聚焦于对于信赖义务性质的认定上。合同论者的核心观点是将信赖义务看做填补双方当事人空白的默示条款,这就意味着当事人可以通过约定的方式使得受托人所承担的信赖义务,实现托付人的目标。然而,在非合同论者看来,当事人可以对权利义务进行某种程度上的约定,但单凭这一点还远不能得出信赖义务为填补空白的默示条款的结论来。甚至合同论者也不得不承认,不是所有的信赖义务都能够通过约定的方式进行免除,法律对当事人免除信赖义务的自由确有一定的限制。③ 例如,任何法院都不会认定免除受托人忠诚

---

① Scott FitzGibbon, "Fiduciary Relationships Are not Contracts", Winter, 1999, 82 *Marq. L. Rev.*, p. 305.
② Birnbaum v. Birnbaum, 539 N. E. 2d. 574, 576 (N. Y. 1989).
③ See John H. Langbein, "Mandatory Rules in the Law of Trusts", 98 *NW. U. L. REV.* 1105, (2004).

义务的信托有效。而且重大过失责任是不得免除的。这表明将信赖义务简单地视为默示条款并不妥当：如果立法机构以及法院将信赖义务仅仅视作默示条款，那么信赖义务人所负担的注意义务以及忠诚义务仅仅为选择性的条款，而法院则完全可以如同对待合同纠纷一样，法院的职能不过是执行合同罢了。除此之外，合同论者并不能够解释信赖义务所具有的强烈的道德要求的色彩。

脱离道德规范的要求，我们很难对信赖义务作出全面的评价，信赖义务所提出的忠诚、信念以及荣誉等要求，无不具有强烈的道德色彩。对信赖义务赋予道德色彩，有学者对其理由作出了总结：第一，信赖义务人的最早的类型——受托人的早期管辖权属于教会法庭和衡平法庭，这两种法院制裁的手段不仅是强制力，也包括宗教和道德。第二，预防信赖义务人滥用权限也会产生严重问题，例如破坏和谐信赖气氛，一旦信赖义务人同意成立信赖关系，信赖义务的道德色彩对其履行债务即构成压力，道德作为法律的辅助也是有效的，而诉诸信赖义务人良心事实上也会具有假装的威胁效果。第三，强调信赖义务的道德性，使授权的目的提升到优于其他足以影响信赖义务人行为的因素，能够鼓励信赖义务人自愿履行其债务。第四，将信赖义务人视同有道德的人，有别于自私自利的人，也能提醒托付人只授权给值得信赖的人。第五，信赖义务人的道德色彩是和托付人的易受伤害性相关，伤害他人是不对的，伤害无法保护自己的人更是应受谴责，而托付人在信赖关系中正是无法保护自己的人。第六，信赖义务的道德色彩强调处理事务的利他目标，诱导信赖义务人为社会整体的利益而工作，有助于塑造利人利己的社会趋势。[①]

信赖义务所具有的强烈的道德色彩并非偶然，这一方面归功于信赖法律制度发展的历史渊源，另一方面则源自于信赖法律关系的本质特征，信赖法律关系中托付人与受托人力量对比的悬殊、宽泛的授权以及信息不对称的难以回避，诸多缘由都使得难以以单纯的合同制度中当事人的约定以及

---

① 谢哲胜：《财产法专题研究》（三），中国人民大学出版社2004年版，第88页。

在当事人没有约定以默示条款来填补空白的方式来实现对当事人(尤其是处于弱势——无论是从能力还是从实际的控制力而言——的托付人一方)权利的保护,合同的调整方式显然只会加剧这种地位的悬殊、对托付人难以提供周全的保护,而当这种制度无法实现对这一制度所指向的保护对象的保护时,我们很难想象这一制度会得到广泛的应用。由此,信赖义务所具有的强烈的道德色彩,以及其内容中所包含的强制性因素,固有历史发展的必然,亦是对特定的法律关系予以特定的法律调整方式的必然,而这显然已经超出了单纯合同法的范畴。

2.2.4 关键资源理论[①]

关键资源理论(critical resource theory)认为信赖关系形成于一方当事人(信赖义务人 fiduciary)代表另一方当事人(受益人 beneficiary)行为并且对属于受益人的关键资源实施自由裁量权(discretion)的情形。那么代表行为、自由裁量权以及关键资源是信赖关系的三项核心要求,并各自在区分信赖关系和非信赖关系中发挥关键作用,而相结合考虑,这些要求体现出忠诚义务作为信赖义务的核心,保护受益人免受信赖义务人的机会主义行为的侵害。

"代表行为"的要求指出一方为另一方利益行为的关系。尽管信赖义务人有可能获得报酬,但其为受益人利益起见,并选择符合受益人利益的行为,代表受益人行为,即使上述行为给信赖义务人带来成本亦不例外。

而自由裁量权则意味着信赖义务人对如何履行义务具有选择的权利。信赖义务人就归属于受益人的关键资源行使自由裁量权,正是这一点使信赖义务人同其他合同当事人区分开来,大多数合同当事人就合同下自己的行为行使自由裁量权。此外,信赖义务人行使自由裁量权也意味着不仅仅单纯的接近关键资源。这一细微的差别使得信赖义务人同其他服务提供者

[①] 关键资源理论的阐述参见 D. Gordon Smith, "The Critical Resource Theory of Fiduciary Duty", *Vanderbilt Law Review*, Vol. 55。

相区别,如电工和机械工。

关键资源理论中的"关键资源"要求是这一理论最为创新之处。尽管在最为经典的信托关系中,受托人为受益人的利益处理财产并受到信赖义务的约束。但很多信赖关系并不依赖于特定财产而存在。基于秘密信息(confidential information)建立的信赖关系以及有关对由于特定关系所获得的"机会"进行利用的案例都表明以财产为基础建立的理论太过狭窄。所以,这一理论使用"关键资源"这一术语以避免利用"财产"这一法律概念所带来的缺陷。

那么,在关键资源理论下,信赖义务意味着信赖义务人对受益人的关键资源行使自由裁量权时承担不得进行侵犯受益人权益的自利行为的义务。

信赖义务人所承担的具有独特性的义务源自于对信赖义务人可能乘机对受益人进行利用。此种关于信赖义务的概念将其范围局限于与注意义务相对应的忠诚义务。这种界定的原因在于:尽管一般而言信赖义务人亦承担注意义务,但注意义务并不是信赖义务人所特有的。而信赖义务人所承担的忠诚义务则具有特殊性。在信赖关系的背景下,忠诚义务要求信赖义务人在一种经常性的基础上不时地调整其行为,避免侵犯受益人的自利行为。

2.3 信赖法律关系的应用

以上我们对信赖法律关系的相关理论进行了阐释。各种理论的提出致力于两个目的:其一,界定信赖关系的法律特征,为其提供一定的理论基础。这又分为两个方面:一是何种情形下构成信赖法律关系的适用;一是信赖关系中所存在的难题,也即赖以信赖义务规则调整的必要性。其二,为具体法律规则的确定提供一定的理论基础。这也可分为两个方面:一是信赖法律制度中的具体规则与其他法律制度中的具体规则存在何种区别;二是这种特定的法律规则的功能,如何能够实现他种法律规则调整所不能实现的功能。本书对信赖法律关系的关注并不仅仅局限于对其对理论分析与探讨，而是更为关注信赖法律关系的应用问题，而其应用问题，最终集中于信赖法律关系与其他法律关系的互动关系上来。

2.3.1 信赖关系与合同关系

信赖关系中极为强调托付人利益的优先性，以至于信赖关系中对于信赖义务人地位、职能的设定以及信赖义务的构架都围绕着如何确保托付人利益能够得到最大程度上的保障来进行，可以说，信赖关系中并不存在利益相对的双方，相反，它是一种利益极不对称的法律关系，这种关系的核心是托付人的利益的实现和保证。合同关系则不同，具有利益相对的双方，双方各为自己的利益行事，而非为他方利益。似乎从表面上看，合同关系和信赖关系是格格不入、绝无交汇的两种法律关系。

从历史发展而看，合同法以及信赖关系法具有各自独立的历史。以信托制度为典型的信赖关系法律制度早在13世纪就已经开始发展。[1] 主要是土地所有人通过"用益"制度的安排，来达到将土地上的利益传承给受益人的目的。受托人于"用益"制度的安排中，更多的起到了规避法律的作用。基于这样的制度设计，受益人的权利很难得到普通法上的保护，衡平法的发展最终确立了受益人具有衡平法上的所有人的地位，从而能够对受托人请求相应的受益权，并在不得实现的情况下得请求强制执行。与此相对应，信赖义务实际上也是作为衡平法的规则发展而来。而随着信托制度从保管、传承财产的功能逐渐向资产管理工具发展，信赖义务的具体内容就更为复杂。忠诚义务以及注意义务都有具体的规范性的要求，包括利益冲突交易的禁止乃至现代组合投资理论对投资人谨慎义务所提出的具体行为标准。

其实无论在大陆法系还是在英美法系，信托与合同的产生都是迥然不同的。在英美法系中，信托是衡平法的产物，而合同则是由普通法发展而来。而在大陆法系，信托则是在合同法已经发展到相当完备和成熟的阶段

---

[1] Austin Wakeman Scott, *The Law of Trusts*, § 1.3 (1939).

从英美法系借鉴和引进过来的制度。信赖关系尚难作为独立的法律制度占有一席之地。大陆法系的立法以及学理常常应用固有的善良管理人、诚信义务等概念来诠释英美法系信赖义务所包含的具体内容。但是有一点却是明确的,即我们往往还是在合同法的范畴之外来对信托法律制度进行探讨,并没有将合同与信托混为一谈。似乎二者分属于不同的领域。

然而事实并非如此,合同关系和信赖关系可能共同存在于相同的当事人之间,这一点从来未被怀疑过。基础合同关系的存在在很多种情形下都可能提供信赖关系的建立基础。① 尤其在商业极为发达的现代社会,当事人之间的合同亦受到多种法定义务的约束,缔结合同过程当中的信息披露、商业秘密保护以及合同本身有可能约定一种信赖关系等等,都为合同关系和信赖关系的交叉和重合提供了良好的背景。

但毫无疑问,合同关系中双方当事人关注各自的利益,这同信赖关系中托付人的利益至上的理念基本上背道而驰,合同关系中能够适用信赖关系的情形还是颇为罕见的。区别两种关系的最为显著的标准应该为利益的倚重问题。而究竟一种法律关系倚重于一方还是双方的利益可以通过该种法律关系中权利义务的分配方式等多方面因素体现出来,从而进一步判断其是否能够适用于信赖关系。

具体而言,合同关系是否能够成为信赖关系的建立基础,可以通过考评以下的因素进行判断:(1) 合同中权利、权力、义务、自由裁量权的分配方式以及其分配的明显的目的;(2) 合同的特定的背景;(3) 合同下各方当事人的行为通常都能够表明该当事人于合同关系中究竟是为自身利益、双方共同利益或者第三方的利益。②

如果某种合同关系涉及宽泛的授权以及一方当事人完全为另一方当事人利益考虑而行事的情形,那么即使这种法律关系被当事人明确地冠以合同而非其他法律关系的名称,我们仍然可以认定在双方当事人之间存在信

---

① Paul Finn, "Fiduciary Law and the Modern Commercial World", in Ewan Mackendrick(ed.), *Commercial Aspects of Trusts and Fiduciary Obligations*, Clarendon Press Oxford, p.13.

② Ibid., p.14.

赖法律关系,而对其中一方施加以信赖法律义务的要求。其中我们并不考虑是否存在当事人合意的基础,而是观察最终所形成法律关系的本质,是否涉及当事人之间力量的悬殊对比、利他性的要求、信息不对称所造成的监控不能或成本过大,必须借助于信赖义务的法律规范,而这已然超出了合同制度的范畴。然而,由于每一种特定信赖法律关系的具体内容不同,那么对当事人所适用的信赖义务的具体规则亦有所不同。[①] 这正如每种具体的合同交易之中当事人所承担的义务的具体内容有所不同一样。从交易成本理论出发,这种不同源自于缔约以及监督成本的不同。

2.3.2 信赖关系与公司制度

2.3.2.1 公司制度的理论阐释

对于公司制度的结构以及法律关系,理论及实践不乏委托代理关系说、契约(合同)关系说、信托关系说、法律强制说等相关学说,而又以上述学说解释公司董事法律地位并进而剖析公司治理结构问题,包括董事与公司关系、所有权与经营管理权区分及控制机制等相关问题。其中委托代理说亦可看做当事人于公司企业组织结构中的合意化的安排,可归入契约化的安排之中;而现代合同法亦大量充斥强制性法律规范。上文曾集中探讨了信赖义务关系中的合同论与非合同论。实际上我们在公司制度之下来探讨信赖法律关系的适用时,对公司治理结构的法理判断,也尤以契约以及信托的法理观点更具有启发作用。

1. 委托代理理论

根据 Brousseau & Glachant(2002)的观点,关于企业(公司)的现代契约理论主要包括:完全契约条件下的委托代理理论(或称激励理论)以及不完全契约条件下的(财)产权理论和交易成本理论三个分支。[②]

---

① Frank H. Easterbrook & Daniel R. Fischel, "Contract and Fiduciary Duty", 36 *J. L. & ECON.* (1993), p.432.

② Brousseau, E& Glachant, J. M, *The Economics of Contracts: Theories and Applications*, New York: Cambridge University Press, 2002, p.11.

信息不对称是完全契约理论中的核心概念,也是交易契约设计的最基本原因。委托代理理论就是研究在信息不对称情况下当事人如何设计契约,以及如何规范当事人的行为问题。非对称信息可以分为两类:一类是外生的非对称信息,它是指自然状态所具有的一种特征、性质和分布状况。这不是由交易人所造成的,而是客观事物本来所具有的;另一类是内生的非对称信息,它是指契约签订以后,其他人无法观察到的,事后也无法推测的行为。这类信息不对称划分为两类:隐蔽信息和隐蔽行动。[①] 委托代理理论把企业看做委托人和代理人之间围绕风险分配所作的一种契约安排,企业所有者是委托人,经营管理者是代理人,由于利己的动机和信息不对称,必然出现道德风险和逆向选择,所以,企业问题的关键在于委托人如何设计有激励和监督意义的机制以及合约,以控制代理人的道德风险和逆向选择,从而增大代理效果和减少代理费用。[②] 委托代理理论非但不排斥合同(契约)理论,反而将公司治理结构看做为解决委托代理问题所作出的一种契约安排,借此对公司内部的所有权与控制权进行分配,在此基础上划分所有者与经营者权限,尤其致力于处理委托代理安排所带来的监督、激励以及风险分配等问题,归根结底还是希望在经营者与所有者利益达成一致的基础上来实现所有者的利益,这也是企业存在的最终目标。

2. 交易成本理论

简而言之,交易成本经济学主张在契约不完全的情况下,通过比较不同治理结构来选择一种最能节约交易成本的制度。每一次交易都看做为一种契约的缔结,由于人的有限理性和未来的不确定性,又由于具有交易专用性的各种资产投资很难从交易的锁定效应中解脱出来,事后的机会主义会损害签约方的专用性投资,因此,必须引进治理结构来解决矛盾冲突,避免事后机会主义给交易双方带来可能的损害,治理结构就是能够最大程度节约交易成本的制度。出资者一旦与企业签约,他们的投资就会被沉淀和专用

---

① 〔美〕阿罗:《信息经济学》,何宝玉等译,北京经济学院出版社1980年版,第88—89页。
② Jensen, M & Meckling, W, "Theory of the Firm: Managerial Behavior, Agency Cost and Ownership Structure", *The Journal of Financial Economics*, 1976(3), pp. 305—360.

化,在企业中他们的投资就会被全部置于潜在的险境当中,容易受到机会主义的侵害。如此,投资者就会避免这类风险的产生而不愿投资于企业。古典的融资方式以企业家的信誉吸引亲戚、朋友甚至投入自己的资金。这使得企业的规模受到局限,而另一种方法就是设计出一种良好的公司治理结构,使股权投资者能将其看做抵制侵蚀、防止低下的经营管理的一种手段,从而保护出资人的利益。

3. 新产权理论

沿袭交易成本经济学关于契约不完全性的观点,Hart、Grossman 以及 Moore(简称 GHM)提出了剩余控制权的理论。由于现实世界的不确定性和契约的第三方的不可证实性,交易双方不可能在事前缔结一个能够覆盖全部交易情况的完全合约。在双方各自的关系专用性投资完成后,出现缔约时未预见的事件,需要签约双方重新谈判,就有可能在事后谈判中出现一方侵占另一方的机会主义行为,从而造成专用性投资的激励不足,形成效率损失。剩余控制权的理论认为,在不完全契约的条件下,由于无法详细描述未来偶然状态的情况,除了契约已规定的特定控制权外,剩余控制权的事先配置是必需的。企业家/经营者与投资者之间的关键问题并不在于信息不对称,因为即便当事人信息对称也无法签订一份完全的合同来避免再谈判和克服交易对方的机会主义行为,而能够有效解决该问题的方法就是事先恰当的(剩余)控制权配置。控制权的事前安排决定着谈判地位,而控制权是通过财产的所有权实现配置的,最优的产权安排应该是那些具有重要的非人力资本专用性投资的人掌握企业的所有权或控制权。这种观点又被称为不完全契约的新产权观点。[①] Hart 在 GHM 模型基础上提出了公司治理理论的分析框架。他认为,只要以下两个条件存在,公司治理问题就必然在企业中产生:第一个条件是代理问题,确切地说是企业成员之间存在利益冲突;第二个条件是,交易成本之大使代理问题不可能通过契约解决。在没有

[①] Grossman, S & Hart, O, "The Costs and Benefits of Ownership: A Theory of Vertical and Lateral Integration", *Journal of Political Economy*, Vol. 94, 1986, pp.691—719.

代理问题的情况下,公司中所有的个人都可以被指挥去追求利润或企业净市场价值的最大化,或者去追求最小成本。个人因为对公司活动的结果毫不关心而只管执行命令。每个人的努力和其他各种成本都可以直接得到补偿,因此,不需要激励机制调动人们的积极性,也不需要治理结构来解决争端,因为没有争端可言。如果出现代理问题并且契约不完全,那么公司治理结构就至关重要,标准的委托代理人模型,假定签订一份完全契约是没有成本的,然而,实际签订契约的成本可能很大,以至于所有的当事人不能签订完全的契约,而只能签订不完全契约,当新的情况发生,契约就必须被重新谈判,否则就引起法律争端。因此,Hart 指出,在契约不完全的情况下(代理问题也将出现),治理结构确实有它的作用。治理结构被看做一个决策机制,而这些决策在初始契约下没有明确地设定。所以,Hart 是将代理问题和契约的不完全性作为公司治理存在的条件和理论基础。公司治理结构体现了剩余控制权的配置,控制权是公司治理的基础,公司治理机构是控制权的实现形式。①

如果说委托代理理论尚寄托于完全契约安排的形式,试图达到所有者对经营管理者的控制;而交易成本理论则已经看到单纯的契约安排难以解决现实生活中复杂的问题,亦难解决公司制度中复杂的交易成本问题,转而寻求通过治理结构的机制来解决大量涌现的交易成本问题。而新产权理论则以剩余控制权的形式来实现公司治理结构的安排。但是我们不难发现,上述理论仍存有共同之处:因为这些理论毫无例外的将投资人看做是公司利益的最终享有者,而完全的契约安排也好,借助于剩余控制权的公司治理结构安排也好,在很大程度上都是对经营管理者的控制方式。这种思路与信赖法律关系中的利益保障以及权力控制模式是一致的:信赖关系中的托付人与受托人之间同样存在利益的最终归属以及对受托人的控制机制问题,具有浓烈道德色彩的信赖关系中对托付人的利益保障是不言而喻的,而

---

① Hart, O, "Corporate Governance: Some Theory and Implications", *The Economic Journal*, Vol. 105, 1995, pp. 678—680.

信赖法律关系中托付人与受托人悬殊的力量对比关系又使得受托人控制与约束机制的地位更为突出。所以,尽管公司治理结构的诸多理论解释不一而足,而公司制度与信赖法律关系制度似乎分属于完全不同的领域,然而我们发现,二者实际上具有共同之处:首先,两种制度中都存在利益享有与控制的分离,在公司的情形,主要体现为所有权与经营权的分离,在信赖关系的情形,则主要体现为托付人对受托人宽泛的授权;其次,这种利益享有与控制的分离带来享有控制权力的一方侵占利益享有一方权利的可能性,契约的局限性、信息不对称乃至人的有限理性都为这种机会主义的利益侵占行为大开方便之门;最后,利益侵占问题不能够仅仅通过事前完备的契约安排来实现,对当事人之间复杂的关系进行事无巨细的合同安排无疑会带来难以估量和不可控制的成本。上述共同性的存在并不意味着公司治理机构的调整与信赖关系中的控制约束机制是完全一致的,只能说在二者之间具有某种相似性。实际上公司作为一种企业制度更为偏重治理机构的适用,而一般意义上所言的信赖义务关系中,更借助于信赖义务对受托人的约束和控制,这又在很大程度上,借助于道德和良心的自我约束。前者可谓体现了组织制度安排的特点,而后者更多带有衡平法发展的历史烙印。而当商业信托将企业组织制度与信赖法律关系有效结合的时候,我们会发现,治理结构以及对受托人的信赖义务的施加都是必须的;从公司制度的发展来看,对公司经营管理者信赖义务人法律地位的施加,信赖以及信托理论对公司经营管理者法律地位的诠释,也在一定程度上体现了公司制度与信赖法律关系制度在某种程度上的互动。

4. 信赖理论以及信托理论

信赖理论是所有关于董事义务理论基础中最为基本的理论。根据信赖理论,当一个人对另一个人表现出信任、信赖或依赖时,则彼此之间存在着受信托关系:"当一方当事人对另一方当事人产生支配或影响,而该种支配或影响是由于另一方当事人对他表现出来的信任而产生时,则彼此之间产生了受信托关系。"信赖关系常常被法官加以援引作为强加董事民事义务的理论根据。①

在英美法系的理论和实践中,亦不乏以信托关系的原理,来对公司经营管理层的法律地位作出诠释。信托理论认为董事是公司的受托人,而公司股东则是公司财产的委托人和受益人。董事按照公司章程的规定管理并使用公司财产。而且董事必须为公司利益使用上述权利,不得容许其个人利益与公司利益发生冲突。不过亦有学者指出,虽然董事义务有时被认为类似于信托关系中受托人之义务,但公司董事并非严格意义上的受托人,其义务和责任亦不完全等同于受托人的义务和责任,人们常常期望甚至鼓励董事从事风险投资行为,以期实现股东回报的最大化;而对于受托人,则通常要求他们维护及保持受托财产价值而不允许从事投机性行为。董事和公司的关系是一种独特的关系而非其他种类的诚信关系。②

公司信托说与委任说对于董事与公司间法律关系的解释说殊途同归,即都建立在对公司独立、实在法人主体的认识之上,即公司作为独立的实体,本身具有独立的权利能力和行为能力,从而和董事产生委任或信托关系。

现代商业社会以及商业组织结构的复杂化,使得包括公司、商业信托在内的企业组织都难以单一的法律制度来进行调整,而须借助于多种法律制度的综合调整。作为公司经营管理的主要行为人,公司董事亦不止受到一种法律制度规范的调整。公司董事因其重要的法律地位,受到多重法律规范的调整。作为公司的代理人,会受到代理法普遍性规则的调整;同时公司法中的特定规则对董事行为提出相应的规范性要求;公司的所有与控制相分离的结构又使得董事受到信赖法律制度的调整,因为此种分离为董事制造了损人利己的机会,而对机会主义行为进行约束和控制,正是信赖法律制度的擅长。

尽管对于公司制度以及公司治理结构的解释有上述相当多的学说,然

---

① 参见张民安:《现代英美董事法律地位研究》,法律出版社 2000 年版,第 157 页。
② 〔美〕汉密尔顿:《公司法》(影印注释本),中国人民大学出版社 2001 年版,第 378—379 页。

而再论及董事义务时,董事对公司所负有的忠诚义务和注意义务却是任何一种学说都难以否认的,由于信赖义务人亦对托付人(或受益人)负有相似或相等同的忠诚和注意义务,所以,信赖关系与公司制度的关系,在本书探讨信赖关系的应用时,就成为无法回避的一个问题。而对信赖关系与公司制度关系这一课题进行相关研究所得出的初步结论,将对信赖关系应用于商业环境的可能性抑或现实性有所启示,如此将对本书研究的重点即商业信托制度中信赖关系的应用问题有所比较或揭示意义。

2.3.2.2 信赖关系与公司制度的比较

1. 法律关系或法律结构的比较:所有(利益)与管理的分离

信赖关系应用于一方信赖他方并将自己权利托付他方的情形下所产生的法律关系。托付人信赖他方并将自己权利托付与之,受托付人因此项信赖获得授权为托付人利益进行相关管理或处分行为,并因此种管理与利益的分离,受托人地位所提供的便利条件,主要为避免机会主义诱因所导致的受托付人不为托付人利益行事反为自己利益而行为,对受托付人施以信赖义务加以控制和约束。所以说,信赖法律关系及构造中,所有(利益)与管理的分离正是信赖义务设置的前提性因素。

公司制度(在此意义上指股份有限公司,因为有限责任公司制度应用公司制度的目的或意义更多在于对有限责任便利和优越性的应用,并且人合性色彩相当浓厚,较少涉及所有权与经营权相分离问题)的基本机构是由多数出资人出资设立公司,并选任经营管理者(以董事为主),对公司进行经营管理,股东并不直接以股东身份对公司进行直接的控制和管理,此种所有与管理相分离的法律结构是对公司董事及高级管理人员设置忠实及注意义务的直接诱因。

2. 受托付人与董事法律地位上的比较

受托付人与董事法律地位上的类比大多来源于受托人学说对公司董事法律地位的阐释。尽管英美判例法将董事类比为一般信托法中的受信托人,董事和一般的受信托人具有许多相同的地方,诸如他们对公司的财产、金钱予以有效支配、控制,滥用公司钱财要承担赔偿责任,他们的权力行使要遵循善意、为公司利益的原则,但董事和一般受信托人并不相同。"董事和一个受托人之间的区别是建立在事务性质基础上的一个很重要的区别。一个受信托人是其财产的所有权人,他在处理该种财产时是以本人、所有人、主人的身份进行的,并且也仅对某些与他有信托关系的信托受益人承担衡平法上的说明义务……而董事则是为公司提供有偿服务的雇员。董事不得为自己订立契约,而是为他作为其董事的公司和他为其服务的公司订立契约。"①

3. 信赖关系应用于公司制度

信赖关系最初是从衡平法的信托制度中所总结出来的当事人的法律关系,信赖关系中信赖义务的设置主要是约束受托人的机会主义行为。随着公司制度的发展,这种理论逐步用来解释和规范公司制度中董事与公司(甚至董事与股东)的法律关系。信赖关系的理论之所以能够被应用于公司制度中,主要源于公司的制度设计与信赖关系法律构造的相似性,正如前段所述,所有权和经营权的分离,以及广泛的授权而导致的机会主义行为的可能性。如此,对公司法上所施加的对董事、高级管理人员勤勉谨慎的注意义务以及避免利益冲突的忠诚义务的要求,如果应用信赖法律关系来阐释的话,都可以看做是信赖义务的具体内容。当然,由于公司制度本身所具有的营利性以及有限责任对股东所提供的风险隔离功能的保护,对公司董事的要求显然并非如对传统信托制度中对受托人忠诚笃信的要求。甚至于相当情形下,尚允许公司经营管理层进行一定风险性的经营管理活动,而且英美法系判例法确立的独特的"商业判断规则"(Business Judgment Rule)在相当程度上构成董事的"避风港"。信赖法律关系中则更关注对托付人(受益人)方方面面的保护,更关注于财产的保持而非增值。当然,随着商业信托的发展、尤其是组织化程度发展到可以公司制度相比较的地步,对受托人经营管理职能就提出了更高的要求,例如,投资组合理论的引进,对受托人投资行为所提出的一定的要求,从某种程度上来看,似乎更贴近于公司制度对营利

---

① 转引自张民安:《现代英美董事法律地位研究》,法律出版社 2000 年版,第 34 页。

性的要求而远离传统信托对保持财富的保守性要求。

2.3.2.3 信托与代理的比较——对大陆法系的启示

信赖关系除了能够应用于合同关系以及公司制度中,对相关当事人所有与利益相分离、广泛授权等情形进行约束以及控制之外,信赖关系也被广泛应用于代理、监护、合伙、特许经营等法律关系中,用来解释当事人之间的权利义务关系。

英美法系中,代理关系通常也被认为是一种信赖关系,如美国代理法重述(第二版)中将代理界定为"一种信赖关系"。在此种信赖关系中,代理人获得本人的同意,以本人的名义行为,并受到本人的控制(或指示)。那么代理法律关系具有区别于其他法律关系的两个显著特征:其一,第三人能够因代理人的行为向本人提出请求;其二,本人能够因代理人的违反信赖义务行为而向其提出请求。

当代理人的行为侵害到第三人利益人,第三人之所以能够向本人提出请求,即由本人对代理人的行为向第三人承担责任,这通常基于本人能够对代理人施加相当的控制,如代理人依本人的指示并且以本人的名义行事,而行为的结果也都归于本人。但本人对代理人的控制对于信赖关系的界定并无太多实际意义。区分信赖关系和其他非信赖关系的并非本人对代理人所施加的控制,而是信赖义务人从本人那里获得的授权(自由裁量权)。

同信托关系中的受托人一样,代理人在统一的信赖义务的责任下,负有很多具体的义务。根据代理法重述,"代理人在所有与其代理相关的事务中,对本人负有仅为其利益行事的义务"[1]。

大陆法系在借鉴英美信托制度的过程中,常常面临与既有的委托以及代理制度相比较的问题,制度移植的过程中,或多或少会出于方便以及习惯的原因,将既有制度中的制度模式直接应用于移植而来的新的制度,由此使得大陆法系的信托制度可能具有与其起源地极为不同的特色。

---

[1] D. Gordon Smith,"The Critical Resource Theory of Fiduciary Duty", *Vanderbilt Law Review*, Vol. 55, p.1456.

关于委托(或者委任)制度与信托制度,大陆学者通常的看法是,信托与委任主要在于长期与短期财产管理制度的区别;信托制度具备委任制度所无法具备的弹性空间,较适合于多数人委托的设计;委任制度亦无法达到信托财产独立性、追及性、同一性等信托财产特殊保障的效果。①

与之相类似的是代理制度与信托制度,尤其是当本书主要着眼于对受托人法律地位的研究时,两种制度的相似与差异,对于受托人以及代理人的约束方式问题,就更显重要。从行为角度而言,代理是代理人以被代理人名义实施的、其法律效果直接归属于被代理人的行为;从法律关系角度考虑,代理也是一种法律关系。代理的主要法律特征在于:其一,代理涉及三方法律关系,代理必须存在三方主体,即代理人、本人和相对人,缺少任何一方,都不可能形成代理;其二,代理人必须以被代理人的名义行为;其三,代理人在从事代理行为时,独立进行意思表示;其四,代理的法律效果由本人承担。②

信托与代理有很多相似之处。两者都属于信任关系,受托人与代理人都处于受信任者的地位,各自对本人或受益人负信任责任;与信托一样,代理也可能涉及为他人管理财产,而且法律要求代理人履行的义务与受托人也大致相同。③

正是基于代理与信托在很大程度上的相似性,国内有学者认为,无论是代理或信托的产生,都是基于被代理人和委托人的意思表示,而这种意思表示无论是特定的还是法律推定的,都是赋予了代理人和受托人代为管理财产的权利。所不同的只是信托制度的产生以转移信托财产所有权为条件,这一条件从大陆法代理理论来讲,可依意思自治原则加以解释,即如果被代理人自愿将其财产所有权转移于代理人,由代理人对其财产享有更全面的处分权利,亦是完全符合代理之要求的。另外,因为受托人享有较一般代理人更为全面的财产处分权,他因此必须承担更多的责任。从财产利益的归属上看,信托的法律效果,实际上是归属于委托人或第三人的。所有这些可

---

① 参见方嘉麟:《信托法之理论与实务》,中国政法大学出版社2004年版,第42—48页。
② 参见王利明:《民法总则研究》,中国人民大学出版社2003年版,第603—604页。
③ 周玉华:《信托法学》,中国政法大学出版社2001年版,第41页。

以看出，从两种关系建立的目的、条件以及责任的范围来看，关于信托的有关规定实际上是蕴含于大陆法代理制度理论中的。[①]

然而信托与代理仍然具有极为不同的法律运作机制，信托制度作为大陆法系舶来的法律制度，并不能够完全被涵盖于既有的代理制度之中：

(1) 权利归属上的区别。信托关系中，受托人对信托财产为受益人利益享有法律上或名义上的所有权。而代理关系中委托人并不转移财产所有权于代理人，代理人通常并不取得所代理的财产所有权。

(2) 责任划分的区别。信托关系中，受托人因具有信托财产所有权人的外观，因而以自己的名义对外从事信托管理活动，因信托财产的管理处分而发生的契约责任和侵权责任，均由其承担，在受托人没有违反信托的情况下，有权从信托财产中获得补偿，而对于受益人而言，因信托制度的设计以其纯享利益为目的，并不须以个人财产承担责任，由此信托制度具有有限责任的特性。然而在代理制度，代理人所实施的活动只是被代理人民事行为能力的一种延伸，只能以被代理人的名义对外从事代理权限内的活动。所以代理人因代理活动所发生的一切法律后果都由被代理人自己承担。

(3) 权限大小的区别。信托关系中，除了信托文件和法律另有规定外，受托人享有实施信托事务所必须或所适宜的一切权限，委托人或受益人不得随意干涉受托人的行为；而在代理的情形，代理的权限只限于被代理人特别授予者为限。

(4) 终止的方式不同。信托一经设立，除委托人在信托文件中明确保留了撤销权外，委托人不得废止或撤销信托；而且，委托人或受托人的死亡，并不影响信托的存续，如果受托人死亡则由新受托人继任。而代理关系中，代理关系的存续可因被代理人或代理人一方的死亡而消灭。这是基于通常代理行为中人的关系占重要因素，代理行为的成立有赖于双方当事人的意思表示以及人本身的继续存在，代理人更不能由他人随意取代。而被代理

[①] 王萍：《大陆法代理制度与英美法信托制度之比较》，载《甘肃政法学院学报》1998 年第 3 期，第 52 页。

人可以随意撤销代理。这同信托制度迥然不同。①

区分信托与代理对于大陆法系尤其是我国信托制度的构建具有重大意义。从某种意义上正是对于信托与代理的区分不明导致信托制度的构建中对于信托制度的实质性特征尤其是委托人的地位呈现出与英美法系信托制度不同的理解。

英美法系中,除非委托人在信托中保留利益或于信托之外单独订立保留对受托人诉权的合同,委托人在信托中丧失法律地位。② 然而大陆法系国家信托制度立法中,通常赋予了委托人较英美法系信托制度中更为重要的法律地位,这主要体现在委托人可以强制执行信托的地位。如我国《信托法》第20条、第21条、第22条和第23条分别规定了委托人的知情权、变更信托管理权、撤销权和解任受托人权。对此有学者认为这将从根本上变更传统信托法中只有受益人有权强制执行信托这一规则,从而信托的体制将从根本上无法区别于民法中的委托或者代理。③

本书认为,造成大陆法系中对于信托与委托、代理制度难以区分的一个极为重要的原因在于大陆法系对于信托制度的构建缺乏可同英美法系相对等的类似的信赖关系法律制度,而这一制度恰恰构成了英美法中具有信赖关系的当事人之间的衡平法律基础。大陆法系由于类似制度的缺失,从而难以以信赖关系法(或被信任者法)的相应法理来解释信托与代理的相同;反而却在代理制度能否涵盖信托制度上认识不尽一致。

如前所述,信托与代理确实存在一定程度的相似性,主要体现在一方获得另一方宽泛的授权为另一方利益行事,而这种相似性完全可以用信赖关系来进行解释,信托制度中受益人与受托人、本人与代理人在信赖关系的存在上这一点是极为相似的。然而信托制度与代理制度毕竟又有差异,信托制度中的所有与利益相分离、有限责任规则、受托人极为宽泛的处理信托事

---

① 关于代理与信托的区别参见周小明:《信托制度的比较法研究》,法律出版社1996年版,第27—28页。
② 张天民:《失去衡平法的信托》,中信出版社2004年版,第342页。
③ 同上书,第365页。

务的权力以及由上述特征所产生的信托制度的灵活与弹性,均是大陆法系既有的代理制度所难以完全解释的;而大陆法系信托制度构建中委托人地位的突出,从某种意义上言,削减了信托制度应有的弹性和吸引力。

  人们在社会生活中会形成各式各样具体的社会关系,而当我们以法律规则来对这种人与人之间的社会关系进行调整时,由于社会关系的特征各异,于是借以调整的手段和方式不同,在此基础上会形成类型化的社会安排以及法律制度安排。合同、代理、合伙、信托以及公司等法律制度的划分大致可以体现出这种类型化的安排。而立法机构以及法院,根据他们对社会政策的了解,会形成特定的体系化的规则对这些类型化了的社会关系进行调整。最初对这些社会关系的实质性特征的理解或认知由于类型化的方便起见而被体系化了,而后又形成了法律制度的不同。[1] 一旦这种法律制度形成,那么当事人之间具体的安排就自动适用这种法律制度之下的各种规则安排。上述合同、代理、合伙、信托以及公司法律关系就分别适用于各自的法律规则的调整。然而,复杂的法律关系以及法律规则并非如此清晰地进行分门别类。在法律关系的调整过程中,不同种类的法律关系可能受到同一种法律制度的调整,即,这些法律规则在某种程度上具有适用的普遍性,例如,刑法、合同法、侵权法、信赖关系法等法律规则的适用;另一方面,某种特定的法律制度又会受到多种法律规范的综合调整。最明显的不过为现代社会中具有复杂结构的商业组织,例如,公司、商业信托等。信赖法律制度相应规则的适用则属于前种情形。即,信赖法律制度具有适用上的普遍性,它将同样的法律规则适用于不同种类的法律关系。一言以蔽之,信赖法律制度对那些一方对另一方进行授权,使后者能够对前者的财产进行授权范围内或有限的接近,由此所产生的机会主义行为进行调整。信赖法律制度关注的重点是被授权的一方可能利用他们对财产的接近或控制来谋求自身利益。

---

[1] See R. Flannigan, "The Limits of Status Assertion", (1999) 21 *Advocates' Quarterly*, p. 397.

第3章 商业信托典型形态法律构架

3.1 商业信托概述

信托制度从最初发展开始,多用于个人目的,如馈赠、遗产继承等,交由受托人管理的信托财产,虽从信托的雏形"用益"时期以规避法律为主要功能,转向受托人对信托财产的积极管理,例如,对土地、资金等财产上租金、利息的收益,但这种积极管理同现代商业社会对各种投资工具的积极利用仍相差甚远。正是因信托制度发展的此种历史背景,对于将信托法律关系应用于商业交易,甚至商业信托概念的使用本身,都受到一些传统信托学者的否定。如著名的信托学者 Austin Scott 在其信托法专著中,即表明不讨论商业化信托的立场。[①]

但是对于信托制度原有应用背景以及制度发展最初所形成的本质性特征(如转移及管理财产的设计、三方当事人的构架)的固守并没有影响到现实生活中信托制

---

① 转引自王文宇:《新公司与企业法》,中国政法大学出版社2003年版,第450页。

度被广泛应用到各种商业交易中。更由于美国麻州(即马塞诸塞州)所发展之"麻州信托",进而将商业信托运用于各种商业投资活动,从而创设出证券投资信托、共同基金、不动产投资信托、资产证券化等投资信托制度,信托制度应用于企业经营组织上的这种实践操作,一方面引发了对于商业信托与公司等商业组织在结构、功能等方面的比较,另一方面商业信托制度本身是否得以一种商业组织的形态与公司组织在商业市场上以其制度灵活机动性构成竞争抗衡的局面,都足以引发理论和实践中的多重思考。

3.1.1 商业信托的起源及发展现状

3.1.1.1 商业信托的起源

信托的商业化应用这一动态的概念包含了相当广泛的含义,上述所称一切投资信托形态都可纳入到信托制度的商业化应用范畴中来。然而商业信托却有它特定的含义。学界目前多认为,商业信托,亦称普通法信托或麻州信托(Massachusetts Trusts)因其起源于美国麻州而得名。[①] 在此种狭义的商业信托范畴中,商业信托的概念为"一个为了就信托财产享有受益权的凭证持有人的利益,以契约成立的非公司的企业经营组织,其财产由受托人持有并管理"[②]。

最初的商业信托的概念起源于英国,19世纪60年代时的英国尚未形成统一的公司法,投资信托以一种自愿性组织的形式(voluntary association)应运而生。这时的投资信托以一种组织形态存在,并受到专业性的管理,通过持有多样化的资产以分散投资者风险。这种组织在当时并未注册成为公司,具有自愿性,并符合信赖关系的特点,所以,根据当时的习惯被称之为信托。议会通过公司法案以后,这些信托被要求注册成为"公司"但仍然保存

---

① 黄欣怡:《商业信托之研究》,台湾中正大学硕士论文,2004年6月,第14页;谢哲胜:《财产法专题研究》(三)之《从商业信托的概念论投资信托的法律构架》,中国人民大学出版社2004年版,第222页。

② 转引自谢哲胜:《财产法专题研究》(三),中国人民大学出版社2004年版,第223页。

了信托的形式。①

麻州特定的历史法律环境使得商业信托能够作为公司的替代物大行其道。虽然麻州是美国工业发展的先驱者,但在公司成立方面,却一直要求特定的立法批准(Special Legislative Act),即使于1851年通过《统一注册法》(general incorporation statute)以后,商业信托仍然广受欢迎,因为其提供了公司以外的另一种选择,而公司需要依据严格的州公司制定法的要求才能得以成立,而当时的公司法要求则使得商业信托具有独有的优势:其一,当时的公司法严禁公司投资于不动产;其二,公司法有最低和最高公司资本数额的要求;其三,要求公司呈报详尽的资产和负债的年度报告。而商业信托则没有受到法律如此严格的要求。

通常认为法律严禁公司进行不动产交易是商业信托发展的主要原因。②这一法令禁止源自英国永久营业土地禁止法令(English mortmain statutes)的立法政策,这一法令主要用来结束大片土地为教会机构所持有从而无法进行纳税的历史。③ 而在1910年至1925年间,麻州由于土地供给有限,当时议会唯恐公司或其他长期存在组织,不断取得土地所有权,所以,亦禁止公司拥有不动产所有权。又因经营办公大楼或土地等不动产开发计划,所需资本远超过任何个人所能提供,需要募集大众资金。因此,为规避麻州政府禁止公司经营不动产业务的法律规定,同时为便于募集资金的目的,运用信托原理于企业经营组织的商业信托即酝酿而生。商业信托采取由受托人将受益人(投资人)权益均等分割在可转让证券上予以表彰,受益人交付资金取得受益凭证,一方面占有受益凭证行使信托利益分配请求权,另一方面可以免除从属公司或土地上负担,例如,所有权管理、处分所需花费劳力、时间以及专业知识欠缺等,而受托人将上述资金用于不动产开发投资,亦即将

---

① The Massachusetts Business Trust and Registered Investment Companies, p.426.
② J. Sears, *Trust Estates as Business Companies*, 2d ed., Kansas, Mo.: Vernon Law Book Co., 1921, pp.418—439.
③ *Report of the Massachusetts Tax Commissioner on Voluntary Associations*, Mass. House Rep. No. 1646, (1912), p.14.

土地所有权及相关权利归属于受托人,由其为受益人利益,但此种信托在成立上有别于传统民事信托。①

其后在麻州,商业信托为街道、铁路和电气设施公司所广泛采纳,此种情况下,商业信托可以作为用来规避法律对于此种设施能够发行的股份数额的限制的手段,并回避了当时对于公司能否对其他公司(设施)进行控制性持股的不确定性问题。麻州商业信托能够发行不受限制的资金数额。于《麻州税务专员关于自愿性组织的报告》(1912 年报告)中,专员对使用控股信托(Holding Trusts)购买公共服务公司股份的通行做法进行了讨论。他注意到麻州法院认识到这些自愿性组织的法律地位,并总结到:"认为'自愿性组织'应当被禁止的看法将构成对合同权利的无根据的妨害,并且会引发严重的宪法问题。我的意见是由于大量的资金已经被投入到这些组织,并已经得到法律的承认,明智的做法是通过州的法律对这些组织进行进一步的调整,尤其是对那些持有或者控制公共服务公司股票的组织。"②

1912 年报告的结果是,麻州立法机构于 1913 年通过法案规定公司不得持有超过 10% 公用运营公司的股票③,极具重要意义的是,这一禁止性条款并不适用于自愿性组织。

许多早期的投资公司被设计成为麻州商业信托的形式而非公司。麻州投资者信托,这一商业信托成立于 1924 年,被认为是最早的开放型投资公司。投资公司以麻州商业信托的形态出现主要基于如下几点原因:其一,麻州商业信托作为一种法律实体同英国投资信托相类似,而最早的美国投资信托公司正是以此为模型的。其二,投资公司同不动产信托和公用设施控股公司具有相类似性,而后两者通常都被组织成为麻州商业信托的形式。在投资信托的设计中,如同不动产信托和公用设施控股公司一样,股东投资于集合的资产并通过受托人对资产的管理获得收益,而信托本身并没有积

---

① 黄欣怡:《商业信托之研究》,台湾中正大学硕士论文,2004 年 6 月,第 15 页。
② *Report of the Massachusetts Tax Commissioner on Voluntary Associations*, Mass. House Rep. No. 1646, (1912), p.26.
③ Mass. Gen. Laws Ann. ch. 156, (West 1987).

极进行交易和商业活动。

商业信托并非从产生开始就被视为区别于合伙、公司的法律实体。商业信托获得法院的承认是一个通过判例法逐渐发展的过程。

于 1885 年 Ricker v. American Loan & Trust Co. 一案中,麻州最高法院认为现今所谓的商业信托不过是合伙。法院的意见是"在公司和合伙之间,并没有任何中间形态的组织形式"。① 然而,于 1890 年,最高法院于 Mayo v. Moritz 一案中,认为商业信托为区别于合伙的实体。

法院于 1913 年的 Williams v. Inhabitants of Milton 一案中,商业信托被看做独立的实体。在 Williams 一案中,法院面临的问题是波士顿个人财产信托(Boston Personal Property Trust),该信托为 1893 年组建的不动产信托,究竟是以信托还是合伙来纳税。在此案中,法院认为,由于信托声明(trust declaration)使得受托人成为信托财产的"主人",那么所组建的实体就应当被看做商业信托而非合伙。在此案中,法院的意见有别于以往的案例,在以往的哪些案例中,股东被认为是本人而受控制(指示)的受托人仅仅作为代理人而行为。

尽管 Mayo 和 Williams 案向前迈了一大步,但麻州商业信托法令和法院都没有将商业信托看成为法律实体。实际上,于 1933 年,麻州最高法院在 Larson v. Sylvester 一案中对商业信托的性质进行了如下描述:

通常而言,信托并不具有法人主体资格。除非在特殊的情形下,信托并不能够以独立的名义被起诉。信托同公司以及合伙相区别。公司为法人,而合伙,在麻州的法律中,是为个人联合进行商业交易的组织。公司作为独立的主体可以自己的名义进行诉讼,而合伙,通常情况下,只能以合伙人的名义被起诉。

尽管如此,法院仍认定 Larson 一案中的原告能够根据麻州商业信托法的条款起诉商业信托,法院认为:对于因受托人、受托人的代理人、组织或信

---

① Sheldon A. Jones, Laura M. Moret, and James M. Storey, "The Massachusetts Business Trust and Registered Investment Companies", 13 *Del. J. Corp. L.* (1988), p.430.

托的合法授权的职员根据书面文件或信托声明履行其义务时违约或侵权产生的债务或其他责任以及义务,以及由于受托人、代理人或职员在履行义务时因疏忽对他人或财产造成的损失,可以对组织或信托提起诉讼,其财产能够被执行,这同公司一样。①

其他各州也出于税收或其他目的承认商业信托为独立的实体。例如,明尼苏达州规定明尼苏达商业信托为"独立的非公司性质的法律实体,除了商业信托关系以外,不是合伙、合股公司、代理机构或任何其他法律关系",明尼苏达州同时也认为商业信托有起诉和应诉的权利。

从上述商业信托的起源过程描述中,我们发现,商业信托如同传统信托方式的起源一样,是以其灵活性和使用者方便的目的,作为对其他商业投资形式的替代形式而出现的。商业信托的出现是特定时代背景的产物:当时公司制定法的严格规定,对于公司经营不动产的限制,以及随着生产的日益社会化对集合利用社会资金的需求。商业信托正是利用了信托的模式,避免了投资活动严格适用公司法而产生的注册登记、经营范围、税收等方面的繁琐规定所带来的加大的成本。简而言之,商业信托是以信托的运作方式实现公司投资的目的。这种新出现的商业投资形式作为一种独立的法律实体得到确认也经过了一个相当长的过程,从而在组织形式上将商业信托区别于合伙以及公司。

3.1.1.2 商业信托发展现状

信托作为一种商业投资工具,首先在实务层面上体现为各种商业信托的组织形式。

随着各州的立法确认,普通法商业信托呈现法定化的趋势,即商业信托作为一种商业组织形式以州的立法的形式得以确认,那么最早关于商业信托的立法为1909年的麻州商业信托法,最近的则为2003年的弗吉利亚商业信托法的通过。而统一商业信托法已经被提上统一立法的日程。进行统一立法是基于如下理由:

---

① Mass. Gen. Laws Ann. ch. 182.

商业信托模式经常被用于共同基金、ERISA养老金计划以及其他种类的信托形式,商业信托越来越多地被作为公司的替代来使用。商业信托为一种特殊目的工具(special purpose vehicles),与之最为类似的是有限合伙。尽管同其他商业形式相比,商业信托的形式相对较少应用,但是,大量的资产投资于此种商业组织形式。但由于商业信托立法在许多州并不完备,而将近三分之一的州没有任何可适用的立法,所以起草一件可能的统一法案就成为提上议事日程的计划。①

3.1.2 信托的商业化运用

信托制度应用于商业交易等活动是不争的事实,虽然信托到底能在多大程度上被用于商业目的并不确定或者不可得知。② 然而信托的商业化运用这一概念被大量而广泛的引用,其受关注和被研究的程度并不亚于商业信托的概念,而学者在信托的商业化运用这一概念下所进行的研究通常也脱离不了对特定的"商业信托"(此指特定意义上的,尤其是为美国各州以"商业信托法"所确定的商业信托形式)的研究。本书倾向于将前者视为广义上的商业信托,即一切区别于赠与性质的、传统意义上的私益信托而具有商事交易性质的信托形式。而狭义上的商业信托,则应当在一种更为严格意义上来进行研究和探讨,包括立法的确定和规范、特定法律构架等等,都使之区别于泛泛而谈的信托商业化运用或应用这一概念。因此,商业信托的狭义和广义的概念范畴区分就成为本段研究商业信托的具体含义和特征的前置条件。

将信托应用于商业环境并非新生事物。有学者认为信托作为一种商业组织形式已经具有超过200年的历史。③

---

① Press Release, "National Conference of Commissioners on Uniform State Laws", New Drafting Committees to be Appointed (Jan. 24, 2003), http://www.nccusl.org/Update/DesktopModules/NewsDisplay.aspx? ItemID = 94,最后访问时间2006年10月12日。
② Robert Flannigan, "Business Applications of the Express Trust", 36 *Alberta L. Rev.* (July 1998), p.630.
③ Robert D. M. Flannigan, "Business Trusts-Past and Present", (1984), 6 *ETQ*, p.375.

虽然英美法系的传统认为信托为无偿转让法的一个分支。甚至 Austin W. Scott 在撰写《信托法重述》中,将商业化的信托排除在外,理由是信托法的许多规则无法应用于商业环境。① 然而,由于信托设计的便利性,这一制度对于商业交易来说具有极强的吸引力。虽然在对信托进行研究时,通常人们仍然在一种传统意义上对信托进行研究,即赠与性的信托。但正如学者 Langbein 所称,实际上,在美国以信托形式拥有的财富大多以商业交易的方式出现,而同无偿赠与性的转让没有多大关联。粗略估计,在美国以信托形式持有的财富 90% 以上比例为商业信托而非个人信托。②

当 John Langbein 述及商业化信托时,他指的是运用了协商(讨价还价)的信托,而非无偿赠与的转让。如此,在其商业化信托概念下,排除了慈善信托,标记以信托的政府预算方案,对于破产人或死者财产进行管理的信托也被排除在商业化信托之外,在此种情形下,信托或受托人等术语虽得以使用,但并不具备信托的实质③;最后,在转让不动产交易中所使用的信托形式也被排除在商业化信托之外,因为在这种交易中,受托人只不过作为保管者,而非受托财产的管理者。

那么在此种商业化信托的概念下,包含了如下的信托种类:

其一,养老金信托。

其二,投资信托。包括了共同基金,不动产投资信托,油气开采权信托,资产证券化。

其三,根据信托契约法建立的公司型信托。

其四,规范性信托(Regulatory Compliance Trusts),包括了核处理信托,环境保护信托,清算信托,外国保险人信托,律师事务所信托账户。

---

① Restatement (Second) of Trusts 1 cmt. b (1959)。其评论中译文如下:同信托作为一种商业应用方式相关的规则并不在此次《信托法重述》的范围之中。尽管许多适用于信托的规则也适用于商业信托,但是许多其他的规则并不适用,而又有其他的规则仅仅适用于商业信托。商业信托是一种特殊的商业组织,最好同其他的商业组织一起进行调整。

② John H. Langbein, "The Secret Life of the Trust: The Trust as an Instrument of Commerce", October, 1997, 107 *Yale L. J.*, p.167.

③ Ibid., p.168.

其五,赔偿信托(Remedial Trusts)。

对于商业活动采取信托形式的原因,Lanbein 认为主要基于信托如下的特征:其一,在受托人破产的情况下,信托制度对受益人权益的保护;其二,信托享受到的有利的税收政策;其三,信赖关系法的保护;其四,在管理事务以及受益权益架构过程中,信托设计的灵活性。

当人们对信托适用于商业化目的或信托的商业化应用予以关注的时候,不得不面对的问题是,如何来区分商业和非商业的概念。正如有学者所言,似乎信托的商业化应用和信托的其他应用形式之间,并没有严格的区分。在区分商业和非商业活动时,会面临相当的概念性难题,甚至私人的遗嘱信托都具有商业化的特征,如果信托财产为一项营业或者受托人需要同第三人签订合同进行商品或服务的交易。正是从此意义上,商业和非商业的二分法是模糊不清的,这种区分方法,对于信托的应用而言,也是没有多大帮助意义的。①

尽管如此,仍然有相当形式的信托,明显具有商业化的特征,在这种宽泛的概念下,商业化信托的外延相当广泛,利用信托持有财产促进交易也被纳入其中,虽然在这些交易情形下,受托人不过仅仅是名义上的持有人,享有名义所有权,但对财产并没有独立处分的权利。此种类型的信托交易通常要求受托人按照委托人或受益人意愿行事。如此界定的信托概念显然过于宽泛,上例中,受托人的概念莫若于我们通常所称的隐名代理。除此之外,此种宽泛的信托商业化应用的概念下,亦包含了投资信托的类型。信托在商业领域的大量应用,源于信托的制度性特征,这些特征包括双重所有权的分割,宽松的法律调整环境,以及受托人默示的信赖义务人法律地位。②

虽然相较于传统的赠与或无偿转让或继承等目的信托形式,而今信托制度在很大程度上被用作商业目的,然而信托的商业化应用这一概念在相当程度上是被泛化的,就英美法系学理研究而言,这一宽泛的概念通常被称

---

① R. Flannigan, "Contractual Responsibility in Nonprofit Associations" (1998) 18 *O. J. L. S.*
② Robert Flannigan, "Business Applications of the Express Trust", 36 *Alberta L. Rev.* (July 1998), p.631.

作 Commercial Trusts 而区别于各州立法中所特定的 Business Trusts 的概念，就本书写作方便起见，将前者称之为商业化信托，这一概念和信托的商业化应用或将信托应用于商业目的等概念的含义是几近一致的；而将后者称之为商业信托，也即下文将要界定的狭义上的商业信托的概念。

就笔者浅见，虽然英美法系的学理研究对于商业化信托的理解并未一致，外延或宽或窄，但是在概念的辨别上，如下几点，值得重视：

其一，商业化信托的概念是在同传统的无偿转让式的个人信托进行对比和辨别这一大前提下使用的。信托制度多用来无偿转让财产，正是在此意义上，传统的观点认为"信托是一项赠与"，赠与人，即委托人，将财产转让给受托人，而受托人为受益人利益持有信托财产。这种所谓的无偿信托同应用于商业、金融以及其他经营活动的信托（即商业化信托）具有显著的区别。[1] 两者之间最为显著的区别即无偿信托中，委托人从转让中没有获得任何补偿，而商业化信托中的委托人（通常为公司或金融机构）通常在将财产信托时获得报酬。所以，可以将商业化信托视为经协商的交易，而非赠与。二者之间更为细微的区别是，在无偿信托中，委托人是否保留对信托财产的剩余所有权并不确定，而商业化信托中，委托人几乎都保留了对信托财产的剩余所有权，一旦商业交易结束，委托人即行使对信托财产的剩余权利。相较于传统信托以无偿转让为目的，商业化信托不过是利用了信托形式进行经济交易，实现的是特定的商业目的。

其二，商业化信托应用的目的是交易的便利，或者说，信托制度的优越性为商业交易提供了制度上的方便。前已述及，商业化信托的概念是在同无偿赠与信托相区别的前提下提出的，那么信托制度如何应用于商业目的，则是理论探讨或实践运行中紧接着提出的问题，也即商业化的运作运用了信托的哪些优势抑或制度性特征。信托的制度性特征或优势使得信托制度被广泛应用于商业领域，这些制度性特征的总结无外乎信托双重所有权的

---

[1] Steve L. Schwaecz,"Commercial Trusts as Business Organizations Unraveling the Mystery", *The Business Lawyer*, Vol. 58, 2003, p. 4.

分割,受托人信赖义务的设定,法律规制的宽松以及信托制度设计本身的灵活性等。本书认为,商业交易尤为关心交易的安全和交易的效率。信托的独特性制度设计提供的是交易的效率,这包括双重所有权设计、受益人消极地位的设定为专业的受托人对信托财产进行专业高效的管理和处分所提供的便利;而在信托制度漫长发展过程中所形成的信赖关系基础、受托人被信任者法律地位对机会主义行为的调整和控制提供的则是交易的安全价值。

其三,这种商业化信托还不能将之称之为一种足以与有限合伙、公司等主体相抗衡的法律主体,然而无一例外的,狭义上的商业信托的概念均被纳入到商业化信托这一范畴中间来,应当说,商业信托作为商业化信托的典型形态这一判断是具有共识性的。信托作为一种工具被用来积极进行商业活动已有超过两个世纪的历史,其中包括商业投资活动,但同时,信托并未作为一种商业组织被广泛地采用,其中的原因,恐怕引用中国的一句古话"成也萧何,败也萧何"来解释会相当合适。信托的设计缘于对法律、封建制度的规避,由此在制度设计上极为复杂,方能实现规避的目的,这种复杂性以利益和控制的极端分离体现得尤为明显;这种设计最初带来了规避的便利性,其后更多是方便财产持有计划的设计,但另一方面却导致了人们对这一制度不熟悉,由此难以广泛应用;更为重要的是,信托设计中受益人消极的地位与人们进行商业交易,直接控制财产和交易的本能性愿望是有所冲突的,正是在此意义上,从事商业活动进行重大投资的许多人都不愿意仅仅担任一个消极的角色,通常要求控制的权利,而这同受托人必须享有的独立权利是相违背的。尽管如此,在特定情形下,投资者仍然能够接受消极的地位,从而信托能够成为这些投资者所愿意使用的有效工具,最典型的,例如共同基金。通常认为,使用商业信托(狭义)的两大历史原因为税收优惠和宽松的法律规制。

其四,商业信托基本上具有作为一种投资、融资工具与有限公司、公司等分庭抗礼的法律主体形态的实质性特征(后文将详述)。所以,只有在对狭义的商业信托进行法律结构研究的基础上,将之与其他法律主体进行比较研究,才具有实质性意义。

3.1.3 商业信托概念——范围的选择

由商业信托的起源过程(狭义或最为字面意义上的,即投资经营者在进行投资或商业活动时选择的一种组织形式,异于公司的组织形式,而又基本能达到公司的组织功能,如资产分割、集合众人资产等),我们不难发现,在较为狭义的层面上来界定商业信托的概念并非那么困难。这种意义上的信托随着美国各州立法的调整(如前述最早的麻州商业信托,之后的特拉华商业信托等),而对其法律地位、法律构架等都有较为明确的立法上的界定。然而,这种狭义的研究显然不能,至少从法律调整上不能满足我们在商业信托的概念下对于另外一些投资形式的研究和界定。另外,从实务运作而言,目前在美国,"公司型"与"麻州信托型"的共同基金同时存在于金融市场中。① 而美国本土在对商业信托以及投资公司进行研究中,是将麻州商业信托作为投资公司的一种形态,同其他的投资公司主体一样受到1940年《投资公司法》以及其后有关投资公司的立法来进行调整。1940年《投资公司法》承认商业信托为一种组织形式,这和公司作为一种组织形式是一样的。1940年《投资公司法》S2(8)将 company 定义为"公司(corporation)、合伙、协会、股票公司(joint stock company)、信托、基金或任何组织起来的集团或人,无论登记与否",而1940年法案的相关条款也并没有区分信托和公司,例如,受托人包含在"董事"的定义界定内。② 至此,我们可以得出的基本结论是,麻州信托意义上的商业信托形态,作为一种商业投资的组织形式,在美国各州以及联邦的立法上均得到承认,就这两种不同层次上的法律调整而言,各州的商业信托法对其法律关系进行基本的调整,而1940年的《投资公司法》则主要从投资者保护的角度,对于包括商业信托在内的投资公司进行调整。但是我们仍然可以发现大多数受到1940年《投资公司法》调整的共同基金等运作方式,在法律特征上与商业信托极为相似,如对信托运作方式

---

① 王文宇:《新公司与企业法》,中国政法大学出版社2003年版,第452页。
② Sheldon A. Tones, Laura M. Moret, and James M. Storey, "The Massachusetts Business Trust and Registered Investment Companies", 13 *Del. J. Corp. L.* (1988), p.452.

的运用。虽然美国的共同基金采公司运作形态（其后述及公司型与契约型的证券投资基金的区分），但就实际运作方式而言，"公司型"共同基金与一般企业的法律构架并不相同；因此有学者将投资公司的法律构架比喻为一种"公司变体"(corporate anomaly)。[①] 无论从实务运作还是从立法调整而言，狭义的商业信托（其典型为麻州商业信托）显然并不能涵盖公司型的共同基金范畴；从而虽然同契约型的投资信托具有可比较性，但这种比较并不能从完全对等意义上而言。总而言之，在这种狭义的范围内界定商业信托似乎难以满足现实生活中信托作为一种企业组织形态的实际状况，而从大陆法系借鉴信托而言，尤其是文化、法制之间极具相似性和借鉴性的我国大陆、我国台湾地区、日本，多将信托应用于证券投资信托形态，以美国本土生长的狭义的商业信托组织形态全盘借鉴于我国大陆，显然会出现"南辕北辙"的效果。所以，应当在一个更为宽泛的范畴或更为上位的概念上来界定商业信托，而不拘泥于美国各州商业信托法中商业信托这种组织形态的狭义界定。

从学理研究上而言，学者对商业信托有着大同小异的界定。但从范围而言，基本上是在一个较为宽泛的范畴来界定的。如 Timothy Youdan 认为，对于商业信托并没有一个技术性的定义。这一术语被用来适用于各种类型的信托，如共同基金信托，养老金信托以及其他提供雇员福利的信托，在证券化的情景下使用的信托，不动产投资信托，更具一般意义上的，是应用于交易或商业的信托。[②]

而另一位学者 Rorbert Flannigan 则对商业信托作出如下的界定：商业信托可被看做注册的股份公司(unincorporated joint stock company)以及信托的一个联合。它确实是一种真正意义上的信托，但有其内部的独特结构（如受托人机构 board of trustees 拥有绝对的管理权能对资产进行管理，可自由转

[①] 参见 Leland E. Modesitt, "The Mutual Fund—A Corporate Anomaly", 14 *UCLA L Rev* 1252 (1967)，转引自王文宇：《新公司与企业法》，中国政法大学出版社 2003 年版，第 16 页。

[②] See Timothy Youdan, *Business Trusts: Avoiding the Pitfalls*, in Estate Planning Institute (Toronto: The Anadian Institute, 1995), p.1.

让的信托受益权,受益人年度会议),这种结构同股份公司的结构非常类似。同股份公司(以及合伙)一样,商业信托是根据其成员所确定的条款而建立并以此进行规范和约束。由于这种信托的存在,商业信托堪称为负担一种营业或事业的合同,该种营业中所产生的利益与这种营业的管理是相分离的。[①]

至此,我们发现有关商业信托的界定或研究是游走于狭义范畴和广义范畴之间的:从狭义而言,商业信托指的是信托被作为一种法律形式进行某种交易或经营事业的情形;从较为广义而言,商业信托包含了为一系列宽泛的商业目的而使用信托的情形,包括商业和投资信托、养老金信托、雇员福利信托、环境保护信托、证券化信托、不动产投资信托以及共同基金信托。那么从此种意义上言,共同基金不过是商业信托范畴下的一个分支,而这显然是狭义的麻州商业信托所不能涵盖的概念。这种较为广义的商业信托的界定同前文所述的商业化信托(commercial trust)又有了界定上的相通之处,所涵盖的范畴也是基本一致的,如共同基金、证券化信托、不动产投资信托、各种商业和投资信托等均被纳入进来。这些各异的投资信托能够被纳入到一个共同的商业信托的概念之下是基于这些投资工具形式在主要的法律特征上的相同之处:

其一,是一种大众投资工具,商业投资是其目的,更兼具了集合众人资产,由专业机构或组织进行经营的特性。

其二,都利用了信托的形式,实现了风险和收益相分离的效果。正是信托机制(包括双重所有权的划分,受托人信赖义务的约束,信托财产独立性,有限责任等等)的引入,使其区别于传统或典型意义的公司这种商业组织形式,即使在美国共同基金多采公司型的情景下,这种公司形态也被称之为公司的变体。

其三,具有商业经营组织的特性。如受托人机构和受益人年度会议,其本身也作为独立的法律主体受到法律的调整。这种商业经营组织从经营的

---

① Robert Flannigan, "Business Trust—Past and Present", (1984), 6 *E. T. Q.*, p.375.

功能上能够达到公司经营的效果,但信托与公司作为经营方式毕竟在很多方面具有较大区别,所以能够作为区别于公司的独立法律主体而存在,由于各自运作机制的不同,而各自有其擅长的应用领域。正是在这个意义上,我们发现在对公司与信托这两种商业经营组织进行比较研究时,不可能完全否认二者没有任何不同之处,同样,二者也无论如何不能完全统一起来,差异大于相同,可能是对二者的较为客观的评价。

本书在借鉴上述对商业信托的狭义以及广义研究成果基础之上,得出初步的结论,即在对商业信托进行研究时,应当不拘泥于这一字面意义的最初起源,即麻州商业信托的狭义界定,而应在一个较为宽泛的范畴内来研究,从内涵而言,这种界定上的商业信托主要具备商业投资目的、信托经营形式、商业经营组织这三大法律特征;从外延而言,此种界定的商业信托不仅包含了法定商业信托(各州商业信托立法约束),即我们前述的狭义商业信托,而且也包含了各种投资信托形态。正是在这种概念的界定基础上来研究商业信托,才能够对我们研究大陆法系的商业信托形式,如对日本的证券投资基金、我国台湾地区的证券投资信托以及我国大陆的证券投资资金具有更为广泛的借鉴意义。所以,这种较为广义的商业信托的界定,是本书整个研究的前提性基础。而这种认识,同前文述及国内有关商业信托的概念是接近一致的。

3.1.4 国内关于商业化信托、商业信托研究的观点

我国秉承大陆法系,而信托制度源于英美法系独特历史环境下普通法系和衡平法系的分野,更在现代化的商业社会环境中被广泛用作商业目的,出现商业化信托、商业信托等制度运作。于此之下,我国对于商业化信托、商业信托研究,多建立在对既有的英美法系制度实践和理论研究基础之上,当然,随着大陆法系对信托制度的引入,其中必然为适应本土的法律资源,作出相应的制度性修正,这是后文将要费篇幅的部分。在此为本书研究的方便,对于我国研究商业化信托或商业信托的现状,仅作一史料性的总结。

3.1.4.1 关于商业化信托和商业信托的区分

在我国,无论台湾地区还是祖国大陆,商业信托并非作为一个为立法所明确界定的概念而存在。

虽然台湾地区引进信托法制较早,然而并未有专门立法对商业信托进行规范,而讨论商业信托制度的文献亦有限,大都仅在不动产证券化以及证券投资信托相关领域的论文中约略提及美国商业信托运作模式。①

虽然学理的研究集中在商业信托的法律构架和规范建议上,对商业化信托概念鲜有提及,更难提较为确定的概念性界定。然而,亦有学者认识到商业化信托和商业信托是在广义和狭义上应用信托制度而形成的概念。如我国台湾学者谢哲胜博士在对商业信托进行狭义的界定后,对商业信托与相关概念进行了较为清晰的区分,其论述如下:

> 商业信托(business trust),又称为麻州信托(Massachusetts trust),如同土地信托(land trust),又称为伊利诺伊土地信托(Illinois land trust)一样,都是一种变形的信托,有别于典型信托的模式和架构,因此,商业信托并不等于营业信托(此信托为某营利事业的业务),也不等于商业化信托(以信托为工具应用于商业活动),而是一种特别形态的信托,适合应用于商业投资活动,因此,称为商业信托。也因为商业信托广泛应用于投资活动,因而在美国也被视同投资公司和投资信托加以规范,所以,在美国商业信托也是投资信托的一种类型。②

然而,随后,该文又认为"台湾早就引进商业信托,因为证券投资信托是投资信托的一种类型,基本上也是应用商业信托的形态",所以,对于商业信托和证券投资信托的相互关系,在概念上,尚需进一步厘清。

3.1.4.2 关于商业信托较为统一的认识

信托制度由英美法系借鉴而来,于大陆法系的应用过程中,多用于商业交易活动,而非传统的民事活动。对于商业信托的概念,大多借鉴英美法系

---

① 黄欣怡:《商业信托之研究》,台湾中正大学硕士论文,2004 年 6 月,第 3 页。
② 谢哲胜:《从商业信托的概念论投资信托的法律构架》,载谢哲胜:《财产法专题研究》(三),中国人民大学出版社 2004 年版,第 222 页。

有关研究成果作出一定的总结。而在以下几点上,学理所见,大致相同。

其一,多认为商业信托具有特定的含义,起源于美国麻州商业信托,为将信托原理运用于企业所组成美国一种特殊企业形态。[①] 如认为商业信托是出资人不以设立公司的方式经营事业,而以信托的方式,将资金集中于受托人,由受托人负责统筹管理运用,经营特定事业,出资人再以受益人身份受领信托财产收益的分配,该受益权可借由可转让之证券即受益凭证表现其价值。[②]

其二,对于商业信托的性质,多将其与传统的私人信托相区别,认其本质上是一种将信托法理运用于企业组织之组成,而别于独资、合伙、公司的特殊经营组织。[③] 商业信托的概念下包含了共同基金、退休信托、资产证券化等。因信托财产具有独立性及法律关系灵活弹性的特色,适合用于规范各种商业投资。[④] 与传统私益信托相比较,"商业信托"特色在于:(1)由具有专业投资知识的机构担任受托人;(2)具有组织化的特征,但信托组织与公司组织并无重大差异;(3)受益权证券化且大众化。[⑤]

其三,关于商业信托的成立及运作模式,多认为是受托人与受益人(投资人)以订立信托契约的方式成立,受托人取得受益人交付资金后,即以该资金经营企业投资于信托契约所定的投资标的。[⑥]

3.1.4.3　我国关于商业信托的相关研究

我国引进以及研究信托制度起步较晚,然而我国理论及实践对于商业信托的概念和运作并不陌生,但多集中于对信托投资基金进行相关的研究,这也是本书其后要研究的重点。然而就商业信托这一特定的术语,并未有专门的立法进行界定,学理研究中在借鉴英美法系以及我国台湾地区研究相关研究成果下,对之有少量的述及。

---

① 参见杨崇森:《信托与投资》,台湾正中书局1983年版,第87—91页。
② 赖源河、王志诚:《现代信托法论》,中国政法大学出版社2002年版,第33—34页。
③ 黄欣怡:《商业信托之研究》,台湾中正大学硕士论文,2004年6月,第16页。
④ 王文宇:《信托法法原理与信托业法制》,载王文宇:《新金融法》,中国政法大学出版社2003年版。王文宇认为,商业信托以信托方式向投资人募集投资基金,并赋予信托受益人的地位。参见王文宇:《新公司与企业法》,中国政法大学出版社2003年版,第452页。
⑤ 参见同上书,该文第五部分商业信托法制之分析。
⑥ 黄欣怡:《商业信托之研究》,台湾中正大学硕士论文,2004年6月,第16页。

其中广为引用的有关商业信托的论述是张淳《信托法原论》一书中关于商业信托的论述,其中区分了广义和狭义的商业信托,并在广义的商业信托概念下,将商业信托区分为典型和非典型的商业信托。

广义上的商业信托是指具有私益性质、由具有商业受托人身份的主体担任受托人的信托。在这一概念下,商业信托的商业性源于"信托公司这一具有商人身份的主体的介入,使有关的信托具备了商业色彩"①。这种商业信托的界定主要是与民事信托相区别。然而由于信托公司也可以经营相关的民事信托,所以,简单以受托人的商人身份来界定商业信托似乎并不周全,在这种定义下,商业信托又划分为典型的商业信托和非典型的商业信托。典型的商业信托只能由商业受托人担任受托人,这类商业信托是带有固定性质的商业信托,在任何情况下都不能以民事信托的面貌出现,包括了有价证券、投资信托、贷款信托、带抵押公司债信托与养老金信托等。而那些能够作为民事信托而成立的各种私益信托,只要事实上是由商业受托人担任其受托人,则属于"非典型的商业信托"。当然,这种范畴下的商业信托(非典型的商业信托)并非本书所探讨的商业信托的意义。此种广义上的商业信托界定将麻州信托视为商业信托的一种特定类型,认为这种信托在世界上也主要在美国的一些州流行,其中尤以麻州为甚。这种信托已为美国信托法所承认;存在于这部信托法中的狭义的商业信托即特指这种信托。②

不过值得一提的是,由于我国信托制度以及信托业发展的历史性原因,我国理论以及实践经验中,与商业信托相类似或相关联并在很大程度上代替了商业信托的内涵的概念为信托业或营业信托的概念,而论及信托业或营业信托的相关研究,在我国却是相当广泛的。

通说认为,信托业,是指以营利为目的而常业经营信托业务的组织机构。信托业所经营的信托业务因以营利为目的,故称为营业信托,与此相对应,个人受托人从事的信托活动因其以无偿为原则,所以称为非营业信托。③

---

① 张淳:《信托法原论》,南京大学出版社 1984 年版,第 239 页。
② 同上书,第 263 页。
③ 周小明:《信托制度的比较法研究》,法律出版社 1996 年版,第 210 页。

信托业于此的概念,应当等同于专业的受托人含义,而非与商业信托相对应,但由于商业信托以专业的受托人经营为法律特征,所以,研究商业信托,不能避免的即是信托业或信托机构的法律地位和规制问题。至于营业信托则应当与上文所指非典型的商业信托概念几近一致。

本书研究的商业信托,采取狭义的观点,认为商业信托为以信托方式经营商业或获取利益分配所成立的一种非公司型的企业经营组织。其基本运作方式为受益人出资形成信托财产,由受托人进行管理处分,而受益人取得受托人所发行的受益凭证,就受托人管理处分信托财产收益享有请求分配的权利。商业信托可谓集中了信托运作方式与企业组织经营的特点,受益人、受托人的法律构架以及信托财产所有权和利益的分离均体现了信托运作方式的显著特征;而受益权凭证的发行、为保障受益人权益实现的受益人大会、保管人等机构的设置,则无一不体现出企业组织经营运作的法律特征来。在我国的实践中(本书如非特别指出,均不包含我国台湾地区的相关信托的学理研究以及实践经验),主要指的是投资信托基金的运作。

3.2 商业信托的法律特征及基本法律构架

3.2.1 商业信托的基本法律特征

在较为统一的对商业信托狭义的理解基础上,对于商业信托的法律特征,学理研究从各种角度出发,有不同的看法,如有主要从商业信托与一般民事信托的区别出发,认为商业信托的特性包括以下几点:(1)经营企业的工具;(2)商业信托的委托人(兼受益人)与受托人之间成立契约关系;(3)受益权凭证可转让;(4)受益权具追及力。[1]

亦有从商业信托整体架构出发,全面对商业信托的法律特征进行总结,认为包括以下几点:(1)商业信托乃企业经营组织;(2)经营企业追求获利

---

[1] 谢哲胜:《财产法专题研究》(三),中国人民大学出版社2004年版,第225—226页。

为目的;(3)由专业受托人集权化管理;(4)商业信托权利人乃受益凭证持有人;(5)自由转让受益凭证;(6)有限责任;(7)商业信托源自美国普通法上的契约法;(8)商业信托乃法律实体。①

上述学理观点虽对商业信托的法律特征有相当的揭示,但一是这种总结比较零散,并未对其进行系统性的研究和总结;其二这种揭示是较为浅层次上的,并未有深入的探讨。所以本书在前文对商业信托概念界定的基础上,从商业信托集中信托运作方式和企业组织经营方式这一特质出发,从这两方面对商业信托的法律特征进行总结和分析,认为商业信托的法律特征应当包含以下几点,才可清晰地将商业信托与其他法律制度区分开来。

从商业信托运用了信托制度运作方式出发,认为其法律特征应当包括:(1)利益与所有相分离(此特征从信托制度的双重所有权特性而来);(2)商业信托为独立运作的法律实体(此特征从信托财产的独立性派生而来);(3)受益权具有追及力(此特征应当说与信托财产独立性是同一特质的两个方面,前者从制度运作中对信托财产进行保护,后者提供了一种救济方式和手段)。

而从商业信托运用了企业组织运营方式出发,则认为其法律特征包括:(1)商业信托为一种企业经营组织;(2)该种企业经营组织采大众发行的方式,商业信托权利人为受益凭证持有人,该种受益凭证可以自由转让;由专业受托机构进行专门的管理;(3)资产分割与有限责任。

3.2.1.1 信托运作方式的特征

1. 利益与所有相分离

英美法系传统的私人信托,以双重所有权制度设计为基本特征,而商业信托既采信托的运作方式,利益与所有相分离即成为其显著的法律特征。区别于传统的民事信托由委托人直接设立的方式成立,商业信托通常由受托人与委托人(亦为受益人)之间签订信托契约而成立,受托人将受益人(委托人或投资人)出资均等分割表彰于可转让受益权凭证上,受益人通过

---

① 黄欣怡:《商业信托之研究》,台湾中正大学硕士论文,2004年6月,第16—18页。

持有受益权凭证享有信托利益的分配请求权,而受益人出资所形成信托财产的管理和处分均交由专业受托人(在商业信托的运作下,为从事专门从事信托营业的信托机构)进行,受托人就信托财产进行投资和处分时,均以自己名义进行。商业信托运作下,信托财产由多数人投资财产构成,由受托人进行专门的管理,可以克服传统的委任管理方式的繁琐。这正是由于委托人设立信托时,已将信托财产移转于受托人,受托人取得名义上所有权,而享有完全处分权,所以,在实务上信托较单纯委任提供更多弹性便利而适于用在多数人委托管理的场合。①

如同传统信托中受益人免除管理处分等相关风险而纯享信托财产上收益一样,商业信托运作体系下,受益人以出资获得受益权凭证进行收益,而免除与信托财产投资、管理等一切相关风险,此种特征即为信托制度中利益与所有相分离的原则在商业信托中的体现。

2. 商业信托为独立运作的法律实体

本书于第一章第二节信托制度的基本框架,有关信托制度的基本要素中,论及信托财产的独立性(参见本书相关章节论述),并略提及有关信托法律实体地位的争议问题。而对于商业信托是否为独立运作的法律实体,则似乎有较为统一的认识,即认为商业信托是基于信托法理,以信托契约成立有别于公司的企业经营组织,不具有法人格,但系属法律实体。②

商业信托区别于公司等企业经营形式,并不具备法人地位。这一结论主要是在大陆法系的法律背景下得出的。在法律体系中,只有权利主体才能享受权利并承担义务,此种主体地位除自然人当然享有外,具有法律上独立主体地位的"法人",也可享有。理论上对于法人的主体地位本质有不同认识,如拟制说、否认说和实在说等。其中拟制说和实在说承认法人的民事主体地位,享有民事权利能力。从一定意义上讲,民事权利能力就是法律人格的同义语,所以法人具有法律上的人格,为各类团体提供了一个以集体形

---

① 方嘉麟:《信托法之理论与实务》,中国政法大学出版社2004年版,第43页。
② 黄欣怡:《商业信托之研究》,台湾中正大学硕士论文,2004年6月,第20页。

象从事对外交往的平台。① 法人制度通常为大陆法系各国及地区立法所确认,其中1896年制度的《德国民法典》开创了法人立法模式的典范。而英美法系,与大陆法系不同的是并无法人的统一规定,然而一般公司立法中均对包括公司在内的"人"的概念作出明确的规定,而从美国《统一商法典》以及《示范商业公司法》对"人"的界定来看,美国法律上所谓的法人主要指与自然人相对应的实体或组织,无论是 individual(自然人),还是 entity(实体)或者是 organization(组织),都是受宪法所保护之"人"。实体和组织之中,实际已完全包括了大陆法系所区分的公法人、社团、财团以及其他法人的种类。②

鉴于各国及地区立法及理论对法人的认识和确认并不统一,所以不设置任何前提,宽泛地对商业信托是否具有法人地位作出结论并不严谨。而本书作出的商业信托并非具有法人地位的结论是基于,其一,商业信托并未如公司一样经注册由法律创设而成,而由契约当事人约定而成;其二,商业信托的双重所有权设计机构中,亦由受托人作为信托财产的所有人,对外进行交易,而非如公司一般,直接以公司为主体对外进行交易。所以,从商业信托的设立以及对外交易的主体视角,商业信托尚不符合法人主体资格的地位。

虽然商业信托并未法人化,但是美国《统一商法典》第10条第30项规定,"人(person)"包括自然人(individual)与组织(organization);而依同一条文第28项的规定,"组织"是指公司、政府、政府分支或代理机构、商业信托、地产庄园、托拉斯、合伙或联合组织、两个或两个以上拥有联合或共同利益之人或者任何其他法律或商业的实体(entity)。1950年公布、1984年重新修订的美国《示范商业公司法》对于"人(person)"之定义亦同样定位于自然人与实体(entity,但商法典称为 organization)两大类;而"实体"则主要包括公司、外国公司、非盈利公司、盈利以及非盈利之非注册之组织、商业信托、

---

① 马俊驹:《法人制度的基本理论和立法问题之探讨(上)》,载《法学评论》2004年第4期,第4页。
② 虞政平:《法人独立人格质疑》,载《中国法学》2001年第1期,第133页。

地产庄园、合伙、托拉斯、两个或两个以上拥有联合与共同利益之人以及州、美国和外国政府。

由此可见,商业信托作为组织或实体的概念,已经获得上述两部法典的承认,进而通过州的立法形式,获得承认。

而从联邦立法角度而言,美国联邦税法以及内部税法典(Internal Revenue Code)将商业信托定性为协会(association),但将其纳入等同于公司组织视其为纳税主体。①

商业信托作为非法人化的实体,除了上述有关立法以及纳税的考虑以外,另外,亦考虑到商业信托,以契约方式建立,但具有执行机关、代表机关(受托人)、意思机关(受益人),这区别于简单的合同关系,作为一种企业经营组织,与公司、独资、合伙等企业经营组织具有显著区别(其后将详述);尤其是,信托制度中信托财产独立的原则,于商业信托情形下,演变成资产分割的法律特征。所谓资产分割,是指将原本资产需求者持有的金融资产,与资产持有者隔离,资产分割的目的在于分离该资产和资金需求者(资产持有者)的破产风险。② 由此,从信托财产的角度来看,信托财产区分于委托人(受益人)、受托人的个人财产,具有独立运作的特征,所以认为商业信托具有一定法律实体的地位,在这个意义上,可称为信托财产具有一定的实体性。

从判例法的角度而言,美国传统信托法实务上并不承认信托财产具有实体性,有关信托诉讼中均以受托人而非信托财产为当事人,但是对于商业信托,判例中已逐渐倾向于认为商业受托人得以商业信托的名义对外进行交易,并在诉讼程序中担任诉讼当事人。而美国《信托法重述》(第3版)中,认为第三人可以对受托人进行起诉,也可对信托财产起诉,从此程序上看,信托财产具有相当的法律实体地位。正是基于此,有学者指出,运用于商业投资活动与企业经营组织的商业信托,受托人以商业信托的名义对外为各种交易活动的次数更为频繁,为维护交易安全以及保护交易相对人、受

---

① 黄欣怡:《商业信托之研究》,台湾中正大学硕士论文,2004年6月,第19页。
② 王文宇:《新公司与企业法》,中国政法大学出版社2003年版,第10页。

托人的权利义务,更应将商业信托视为一种法律实体。①

3.2.1.2　商业信托运用了企业组织的运营方式

各国及地区法律发展至今,通常为企业经营提供了各种商业组织形态,通常认为法律提供的商业组织形态,包括了公司、合伙、有限责任合伙、信托等。② 最为典型的企业经营组织形态为公司,这种形式曾经出现了一统天下的局面,然而近年来随着有限合伙、商业信托(尤其是法定的商业信托)的兴起,这种局面有所改观。正如美国学者 Robert H. Sitkoff 所言:过去二百年以来,商业立法和学术界都为一种单一的商业形式所统领,这种商业形式即公司。然而公司一统天下的局面有可能不复存在。新的商业组织形式迅速发展,这些组织形式包括建立在契约合伙模式而非公司模式基础之上的有限公司、有限合伙。有限合伙以及商业信托等商业模式日益显现出其经营的灵活性。这些商业组织形式带来了所谓"非公司化"的新景象。③

从历史发展的角度,商业信托作为一种组织形式,与公司经历了共生的发展时期。正是从此点考察,有学者认为上述"过去二百年为公司一统天下的时代"的论断不公正地抹杀了商业信托的历史作用。④

19 世纪末和 20 世纪初,公司形式并未发展成熟,而此时普通法商业信托作为商业组织的一种模式,成为公司这种商业组织形式的有力竞争者。1929 年哈佛法律评论的一篇文章中评论到:"现代商业同信托关系结成了亲密的联盟。除了合同这种普遍适用的工具以及公司这种标准的组织形式之外,信托关系适用于任何由于其微妙性和新奇性以至于合同和公司由于其简单的设计而无法应用的场合。"⑤

这一时期信托作为一种商业组织形式所发挥的突出作用解释了为何美

---

①　黄欣怡:《商业信托之研究》,台湾中正大学硕士论文,2004 年 6 月,第 20 页。
②　王文宇:《新公司与企业法》,中国政法大学出版社 2003 年版,第 4 页。
③　Robert H. Sitkoff, "Uncorporation: a New Age?: Trust as 'Uncorporation': a Research Agenda", 2005 U. Ill. L. Rev., p. 32.
④　Ibid.
⑤　Nathan Isaacs, "Trusteeship in Modern Business", 42 Harv. L. Rev. (1929), pp. 1048, 1060—1061.

国现今有反托拉斯法,而非其他国家的反不正当竞争法或反垄断法。①

从实践操作层面观,法定的商业信托最为通常的是应用于投资基金的组织结构中和结构性的融资交易尤其是资产证券化中。

各个国家和地区法制各异,投资基金的制度设计也各异。如我国称之为证券投资基金并通过了专门的立法,而在美国主要以1940年的《投资公司法》来进行规范。我国台湾地区称为证券投资信托。美国的投资公司式的共同基金和我国台湾地区的证券投资信托代表了投资信托最为典型的两种运作方式,前者为公司型的投资信托,后者为契约型的投资信托。

而另外的应用形式是特定目的方式(Special Purpose Vehicles,简称SPV)。这种融资方式通常被用于结构性的融资交易中。在这些交易方式中,公司转让特定的资产于 SPV,这些财产不受公司经营风险的影响,包括破产风险。SPV 通过在资本市场上发行证券或者借贷的方式获取资金来支付所获财产的对价。不同的融资方式使得 SPV 被冠以各异的名称。如果通过在资本市场上发行证券的方式来支付财产,这种交易通常被称为资产证券化。而如果公司通过 SPV 来购买设备,通过借贷取得全部或部分的购买金额,并以出租该设备的租金来偿还,这种交易通常被称为"杠杆租赁或设备信托"。如果公司使用 SPV 进行不动产的建筑计划,通过借贷取得用于建筑的所有或部分支出,并通过租金返还借款,那么这种交易方式被称之为合成租赁。上述所有这些类似的交易方式被称之为"结构性的融资"。②

以美国特拉华商业信托立法为例,商业信托作为一种商业组织形式,根据该州的商业信托法律而设立,财产转让给受托人并为受益凭证持有人的利益而管理。该种商业信托从受益权的大众发行方式和可转让性以及资产分割功能实现上,都体现了与现代股份公司相近的特征。

---

① See Richard A. Posner, *Antitrust Law*, 2d ed., Chicago: University of Chicago Press, 2001, pp. 34—35, 38, 39.

② Steven L. Schwarcz, "Commercial Trusts as Business Organizations: Unraveling the Mystery", *The Business Lawyer*, Vol. 58, 2003, p. 6.

3.2.2 商业信托的基本法律关系

本书专列一部分对商业信托的基本法律关系进行探讨主要基于以下两个原因:其一,商业信托作为特种信托,在组织构架上远超越了信托的基本法律关系形式,所以,希望通过对商业信托当事人之间的基本法律关系的厘清藉以探询商业信托本身的法律构架;其二,基于本书对受托人法律地位的集中关注,希望能够从商业信托的基本法律关系界定中对处于商业信托中心的受托人法律地位的认识和理解奠定理论基础。所以,本书在对商业信托的基本法律关系进行探讨时,首先,关注的是商业信托作为特种信托在法律关系上有何体现,其次,是受托人的权利义务有何不同,对其又有何种特殊的约束。

信托法律关系包含依信托契约或信托相关法令规范的信托当事人间权利义务关系以及信托财产的地位。由于典型信托区分为他益信托和自益信托,当事人略有不同:在他益信托情形,委托人将其财产转移与受托人,并指定受益人,使受托人为受益人利益,管理或处分信托财产,受益人则因信托的成立而享有信托利益;而在自益信托的情形,委托人将信托财产转移与受托人,并自任受益人,由受托人为委托人兼受益人的利益,管理处分信托财产。① 所以,虽然典型信托因他益和自益信托的区分,而导致对当事人权利义务关系认识有所不同,但总体而言,通常涉及委托人、受托人、受益人三方关系。商业信托应属自益信托的一种。通常情形为,投资人(委托人兼受益人)交付资金与受托人,由受托人为投资人的利益管理和处分,所以商业信托法律关系仅涉及受托人与受益人的双方关系。②

3.2.2.1 商业信托的创设

1. 传统信托的创设——简单的回顾

就传统信托而言,产生的原因大致可分两类:当事人意思表示及法律推定或拟制。前者为意定信托,后者为非意定信托。③ 并且基于信托对个人自

---

① 参见陈春山:《台湾信托法制之发展》,载《律师通讯》1996 年 9 月第 204 期,第 15 页。
② 黄欣怡:《商业信托之研究》,台湾中正大学硕士论文,2004 年 6 月,第 46 页。
③ 方嘉麟:《信托法之理论与实务》,中国政法大学出版社 2004 年版,第 228 页。

由的尊重,信托更是由于其设立方式以及运作的灵活性而成为广受欢迎的一种投资工具。在英美信托法之下传统信托创设相当简单。信托的成立和生效要件最主要取决于委托人的意思表示,即委托人有表示创设信托效果的意思表示,受托人就该意思表示的内容进行承诺,信托契约即可成立。① 并且受托人的存在与否对于信托的成立与否并不显重要,此即信托法有"信托不因受托人的缺失而不成立"的谚语。虽然,实际上信托仍多由委托人与受托人先有意思表示的合意,在基于此种合意的基础上,而成立信托。② 委托人于传统信托的设立的主动性更体现在委托人以其单独意思表示成立信托,如在遗嘱信托的场合,以遗嘱的方式直接发生信托法律关系,不以受托人承诺管理、处分信托财产为信托的成立要件,自委托人死亡时起发生效力,所以典型传统民事信托的成立以契约或单独行为方式均可为之。

据此可以发现,传统信托的创设中,委托人发挥了较多的作用,虽通常认为信托关系一旦设立,委托人即退出信托法律关系,信托仅为受益人利益而存在,但由于委托人在信托创设过程中的主动积极作用,受托人以及信托运作本身都难免要受到委托人意志的影响,这种影响甚至是决定性的。正是在这一意义上,英美法系对于信托的调整过程中,才有"死手"控制之说。

2. 商业信托创设的特殊性

其一,商业信托的意定性。相较于典型信托成立方式除当事人契约自由以外,还有法定信托、遗嘱信托或单独行为成立的多样性,商业信托的成立仅限于以当事人意思表示一致的方式。亦即商业信托乃属意定信托的一种。③ 当然,实践中,例如,前文讨论的美国麻州信托、特拉华州商业信托等典型的商业信托作为独立的法律实体,多根据各州的商业信托法而创设,通过投资人(受益人)投资的方式,信托财产转移与受托人并为受益凭证的持

---

① Restatement of The Law, Second, Agency, Trusts, S3.
② 参见赖源河、王志诚:《现代信托法论》,中国政法大学出版社2002年版,第3章,信托的成立。
③ 黄欣怡:《商业信托之研究》,台湾中正大学硕士论文,2004年6月,第39页。

有人而管理信托财产。① 所以,虽然商业信托总体上因为其因当事人之间的合意而设立,但由于商业信托法的调整,例如,美国特拉华州商业信托法将商业信托称为法定信托,这并非指商业信托的成立不是基于当事人的契约自由,而是指该组织是依据特拉华州商业信托法成立的信托。这并不影响商业信托当事人之间合意的性质,这正如虽有公司法的调整,但仍有理论认为公司这种组织形态为"合同束"的观点。

其二,受托人"创设"的商业信托。相较于传统信托中委托人在信托创设过程中的积极作用,商业信托作为一种投资工具,委托人对于信托的发起或创设,通常并不起多大作用。相反,委托人这一主体的法律地位在商业信托的法律结构中,通常都被淹没于投资人或者受益人的主体地位的概念之中。商业信托多由发起人发起而创设。美国最高法院曾将商业信托定义为根据信托文件将财产转移于受托人并为可转让受益凭证的持有人的利益而持有和管理,受益凭证由受托人签发,表明信托财产被划分的受益权份额。② 正是商业信托创设过程中所存在的这种特征,商业信托被认为具有同公司相同的某些特性,被看做是发起人自由的简要体现。商业信托的这种设立方式允许发起人以任何他们愿意的方式来设计这一商业组织,仅仅受制于市场压力和评判的约束。③

3.2.2.2 信托契约

信托契约又称信托文件(the deed of trust, the instrument of trust, declaration of trust),用于决定一企业经营组织是否为商业信托形态的重要依据,信托契约的内容包含了受托人与受益人的权利义务关系,以及商业信托运作、经营、管理等细节内容,性质与公司契约相似,可作为商业信托的内

---

① Tamar Frankel, "The Delaware Business Trust Act Failure as the New Corporate Law", 23 *Cardozo L. Rev.* (2001), p.325.
② Hecht v. Malley, 265 U.S. 144, 146—147 (1924).
③ Tamar Frankel, "The Delaware Business Trust Act Failure as the New Corporate Law", 23 *Cardozo L. Rev.* (2001), pp.326—327.

部规章。① 在证券投资信托制度采取契约型的国家或地区,信托契约乃证券、投资信托契约,除相关法令外,信托契约为约束投信事业、基金保管机构以及诸多受益人的依据,对于数十万基金投资人至关重要。而当对信托契约进行研究时,所涉及的重要问题则通常包括:其基本构造、类型、性质以及成立要件等等。②

1. 契约型投资信托的几种模型

由于各国和各地区法制及实务操作的多样性,在同样采契约型投资信托的国家或地区,对当事人之间的法律关系,契约的安排以及性质,各有不同的认识和做法,本书拟简单列举英国、德国、日本三种契约型投资信托的模型,以便后文在一个较为抽象的意义上对信托契约进行研究。

(1) 英国

在英国与共同基金相对应的概念被称为"单位信托",其根据信托法而构成。英国的投资基金主要由投资信托和单位信托组成,投资信托为封闭型的公司,其股份在股票交易市场上(the International Stock Exchange of the U.K. and the Republic of Ireland)进行上市交易。③ 基于本书研究的商业信托的大众发行的特征,该种封闭型的投资信托并不被纳入到本书的研究范畴中来。那么英国的单位信托为一种集合投资计划,财产由信托为参与者的利益所持有,而这一系列的安排通常通过受托人和管理人之间的信托契约而达成。按照英国1986年《金融服务法》的规定,传统信托法上的受托人职责由单位信托中的基金管理人与基金托管人分担,基金管理人是单位信托的管理受托人,基金托管人是单位信托的保管受托人。通过构建共同受托人的法律关系,在管理人和托管人之间建立了相互监督的关系。在这种信托模式中,经营管理权属于管理人,而名义所有权以及监督保管权则是由

---

① See 13 Am Jur 2d, Business Trusts, S9,转引自黄欣怡:《商业信托之研究》,台湾中正大学硕士论文,2004年6月,第39页。
② 陈春山:《证券投资信托专论》,台湾五南图书出版公司1997年版,第275页。
③ "Managing Money: A Legal Guide to the World's Investment Fund Markets", Int'l Fin. L. Rev. (1990), pp.88—89.

两位共同受托人一起承担的,持有人的利益在共同受托人的相互制衡中得到一定的保障。①

(2) 德国

德国于 1956 年制定了《投资公司法》,明确投资基金一律采契约型。该法的两个特殊设计是特别财产和保管银行。通过两个契约并存来规定投资者、投资公司(管理人)、保管银行之间的法律关系。一是投资者与投资公司订立信托契约。投资者购买受益证券时,取得信托契约委托人兼受益人的地位,投资公司则处于受托人的地位,是"特别财产(信托财产)"的名义持有人,负责财产的运营。二是投资公司与保管银行订立保管契约。保管银行负责"特别财产"的安全与完整,并依投资公司指示处分该财产,同时负责监督投资公司依信托契约办事,并对其特定的违法行为提出诉讼,甚至有权停止信托投资公司权利的行使,所以,该法以特别财产为中心,规定了投资公司、保管银行、受益权者三足鼎立的法律关系。② 德国的投资基金的法律构架,正如有学者所一言蔽之的:"德国的概念可被描述为一种契约型的安排,单位持有人所共同集合而成的资金以及以此购买的证券并不构成投资公司自身的财产,而是被看做投资公司购买的独立的财产,以可分割的共有权的形式(证券基金)为单位持有人的利益所持有。"③

(3) 日本

日本证券投资信托制度亦采取契约型。基本运作方式为:由基金经理人在发行受益凭证募集证券投资信托基金之后,以委托人的身份与作为受托人的基金保管人(保管银行)签订以基金投资者即受益证券持有人为受益人的证券投资信托契约。据此,受托人取得了基金财产的名义所有权,并负责保管与监督,委托人则保留了基金资产投资与运用的指示权,受益人则依

---

① Wallace Wen Yeu Wan, "Corporate Versus Contractual Mutual Funds: An Evaluation of Structure and Governance", October, 1994 69 *Wash. L. Rev.*, p.956.
② 周玉华:《投资信托基金法律应用》,人民法院出版社 2000 年版,第 338—339 页。
③ Carl Graf Hardenberg, "Amendment of German Investment Fund Laws", 18 *Int'l Bus. Law* (1990), p.224.

受益证券的记载享有信托基金的投资收益权。① 正是在此种实务操作的基础上,学者多认为日本的做法是用一个信托契约来规范所有关系人的权利义务,这与德国法上的构造显然不同。而韩国和我国台湾地区也采用日本的模式。② 当然关于日本模型究竟为一个契约约束三方当事人之间法律关系,还是此种证券投资信托实质上亦存在二元的结构,日本学者首先提出了分离论和非分离论的学说争论,并进而引发到我国台湾地区以及祖国大陆对于证券投资信托法律结构,尤其是对信托契约的主体构成、性质等在理论认识和实务操作中的混乱和争执不休。

2. 信托契约的基本构造

大陆法系在引进英美法系商业信托过程中,尤其是于原有法制内建立证券投资信托制度时,因涉及投信事业发行受益权凭证,而后以委托人之名义将信托财产交由保管公司保管,于此种实务运作中,通常涉及投信事业、管理或保管公司、受益人等多方当事人法律关系。如根据日本《证券投资信托法》第4条,除非委托公司是一个实际从事证券投资信托类信托业务的管理公司,并且,除非受托人是一个经营信托业务的信托公司,否则,不能缔结证券投资信托契约。由此,日本的证券投资信托,是由管理公司、受托人、受益人三方当事人共同组成。而我国台湾地区证券投资信托基金,在结构上也是由运用证券投资信托基金从事证券投资的基金经理组织、基金保管组织以及受益人三方当事人共同组成。③

于这种多方当事人之间的法律关系的不同认识,对受益人与委托公司法律关系的认定问题,日本学者提出了分离论和非分离论的学说。

分离论者认为证券投资信托有二元的信托构造,受益人实质上兼有委托人的特质,因此,将三关系人之间的法律关系,结合在委托人与受托人所订立的信托契约上,显然无法表现该特质。事实上,现行证券投资信托契约

---

① Wallace Wen Yeu Wan, "Corporate Versus Contractual Mutual Funds: An Evaluation of Structure and Governance", October, 1994 *Wash. L. Rev.*, p.955.
② 周玉华:《投资信托基金法律应用》,人民法院出版社2000年版,第340页。
③ 同上书,第327页。

颇多委托公司与受益人间的事项,从整部契约观察,实以受益人为中心,并无由非核心关系人的委托公司及受托公司订立契约,以约束受益人的道理。再者,受益人和委托人的法律关系应明确化,以保障法律秩序的安定,所以法律应规定两种信托约款,在构造上分别由委托公司、投资人及委托公司、受托人订立两个契约,使受益人的地位得以真正明确,以解决上述法律疑难。

而非分离论则以证券投资信托的特殊构造为出发点。证券投资信托有三方关系人,欲使此三方关系结合在一起,并保障受益人权益,只有使委托公司及受托公司订立证券投资信托契约,如此才能规范三者彼此的复杂关系,才利于主管机关以行政监督的方式,来监督投资信托的运作。①

可见,分离论与非分离论的争论焦点集中在如何将证券投资信托关系中的管理公司(委托公司、经理公司等等称谓不一而足)、保管机构(或保管银行)、投资人的法律地位,与既有信托关系的三方当事人关系,即委托人、受托人、受益人的法律地位一一对应起来,争议尤其集中在对管理公司的委托人或受托人的法律地位的认定上,这种认识的争议对本书于商业信托情境中研究受托人的法律地位是至关重要的,即是研究对象或研究范围的前提性问题。而在此,即直接体现为证券投资信托契约的主体地位问题。

在我国台湾地区引进投资信托法律制度时,亦遭遇此种争论。台湾地区现行实务上"证券投资信托基金管理办法"第2条第4项明确规定:"本办法所称证券投资信托契约,指规范证券投资信托事业、基金保管机构及受益人间权利义务之契约。"

对于这种定义,台湾法学界有不同的阐释,较为激进的看法是认为此为无效用的定义,依此定义的方式,可以认为买卖契约为"规范买受人与出卖人权利义务的契约",委任契约为"规范委任人及受任人权利义务的契约"

---

① 以上关于信托契约的分离论和非分离论的区分参见陈春山:《证券投资信托专论》,台湾五南图书出版公司1997年版,第275—276页。

显无"法令定义"的效用。① 那么在此种价值判断的基础上,认为投信事业保有运用信托基金的指示权,有别于一般信托契约由受托人经营运用信托财产,因此,称投信事业为实质的受托人。②

而亦有学说则采上述非分离论的主张,将该条投资信托契约解释为只有单一的信托契约,规范全部投资信托关系,以证券投资信托事业为委托人,基金保管机构为受托人,而投资人为受益人三者结合在一起成立信托关系。③

更有学者在对上述学说进行总结的基础上,认为多数学者在探讨台湾证券投资信托的法律构架时,显然忽略了从信托法的角度加以解释。证券投资信托的法律构架,解释上应是以投资人为委托人,投信事业与基金保管机构立于共同受托人的地位,管理处分基金财产的自益信托。投资人因信赖投信事业的专业证券投资能力而为资金交付,而投信事业亦依此信托关系而为信托财产的指示运用,因为投信事业一方面负责投资决策,另一方面又掌管资金进出,容易发生监守自盗等种种弊端,在此情况下立法者在设计证券投资信托制度时,就增加一个重要的当事人——基金保管机构,负责监督投信事业,或至少负责保管基金资产,以保障投资人的利益。④

虽然从证券投资信托运作的表面来看,极容易将投信事业认为委托人,而保管机构为受托人,投资人为受益人:根据台湾现行制度的设计,证券投资信托由投信事业与基金保管机构先签订书面契约,经报证期会核准后,再向大众募集资金。⑤ 但这种事先签订可认为是事前拟定,投资人一经购买受益凭证,即因资金的投入和受益凭证的持有而成为契约的主体,这种主体地

---

① 陈春山:《证券投资信托专论》,台湾五南图书出版公司1997年版,第290页。同样,其认为我国台湾地区的《证券投资信托基金管理办法》第2条第2项对受益凭证亦为一空洞的定义:"本规则所称之受益凭证,指证券投资信托事业为募集证券投资信托基金而发行的有价证券。"此定义几为同条第一项文字的重新排列组合。
② 陈春山:《证券投资信托专论》,台湾五南图书出版公司1997年版,第258页。
③ 赖英照:《证券交易法逐条释义》(第一册),台湾三民书局1996年版,第271页。
④ 谢哲胜:《从商业信托的概念论投资信托的法律构架》,载《财产法专题研究》(三),中国人民大学出版社2004年版,第230页。
⑤ 同上。

位因投资人委托投资的目的不可能为受托人而只能是委托人,当然,委托人的身份并不妨碍其受益人身份的获得,这符合自益信托的原理。至于基金保管机构的设置,应看做为防止投信事业违背信赖义务出于保护投资人的目的,对投信事业进行监督的机构,共同受托人的地位的认定,应为恰当。

那么关于信托契约,我们得出的基本结论是:其一,信托契约的拟定主体并不足以构成对受托人身份的混淆。受托人事前拟定恰恰体现了上述商业信托的受托人"创设"的特性。其二,受益人并不参与到信托契约的拟定过程,并不妨碍其委托人的法律地位,因为投资信托的基石在于投资人将其资金以信托的方式进行移转,目的在于投资获利,至于信托契约的拟定我们可以将其同传统民法中的格式合同或格式条款的相同法理进行理解。其三,保管机构具有监督的职能,这是受托人职能的分化,体现了商业信托作为一种企业经营组织,其内部组织设计的平衡,这种制衡的设计最终是为投资人(委托人、受益人)利益的保护和关注。

3.3　商业信托的辨别

本书将商业信托定位为以信托方式运作的非公司型的企业经营组织,在转移以及管理财产的运作方式上,同传统的典型信托方式并无不同。但是区别于传统信托主要以传承和保存财产的目的,商业信托以商业营利为目的,并采取了大众发行受益凭证的方式,在创立方式、创立目的以及组织构架上都区别于传统信托,所以,需将商业信托与他种信托进行比较分析。此外,虽然通过判例(主要是在英美法系)以及立法的确定,商业信托作为商业经营组织形式的法律实体地位已经渐渐获得承认,学理上的研究亦将商业信托区别于单一的信托关系,而将之作为与公司、合伙等相提并论的商业组织形式。然而,这种组织形式毕竟在权责设计、运作原理、组织结构与他种商业经营组织形式差异甚大,尤其是关于各国及各地区立法与学理在证券投资信托的概念界定上认识不清,为此本书试图在前文对商业信托所作的基本界定上,略及证券投资信托与商业信托的关系。

3.3.1 商业信托与传统信托(私人信托)

本书第一章在论及信托制度商业化发展的方向中,曾指出随着现代融资制度模式多样化的发展,信托制度在广泛应用于商业化目的中,呈现出受益权之大众化,受托人专业化和机构化,目的之商业化,义务法定化向合同化的转变等特点(参见第1.1节从民事信托到商事信托)。这种发展方向的总结实际是在商业信托与传统的民事信托相比较而得出的较为基本面上的结论,而在本书研究已经对商业信托作出较为明确的界定后,对于商业信托和传统的民事信托(或典型信托)则更多地关注于其制度设立、法律构架等较为微观的区别:

其一,二者的经营价值取向(或目的)不同,传统的民事信托,多出于保存及保护财产的目的,受托人仅需合于信托目的,消极、被动地管理处分信托财产已足,而商业信托则是现代投资理财的一种工具,受托人担负了积极管理信托财产的义务。正是基于此,有学者认为,商业信托和民事信托最大的区别在于,商业信托是经营企业的工具,而民事信托则是为了保存和保护财产。①

其二,从创设方式看,在传统民事信托的情形,有法定和意定两种设立方式。② 即使在认为契约信托的场合,即当事人以契约的方式而设立信托,受托人似乎只要依照委托人所为意思表示的内容为承诺,信托契约即告成立,至于信托财产的内容,悉由委托人决定,而依委托人单方面的意思所形成。③ 所以,从传统民事信托的创设而言,委托人发挥了积极主动的作用,而受益人身份的取得,更多基于委托人的制定或法律的规定,自益信托的情形毕竟为少数。商业信托的创设,多为专门的信托机构通过发行受益凭证的

---

① 谢哲胜:《从商业信托的概念论投资信托的法律构架》,载谢哲胜:《财产法专题研究》(三),中国人民大学出版社2004年版,第226页。
② 赖源河、王志诚:《现代信托法论》,中国政法大学出版社2002年版,第44页。
③ 同上书,第45页。

方式,聚合投资人(受益人)的资产,由受托人持有并进行投资,而受益人通过持有受益凭证的方式,享有受益权。于此种商业信托的运作模式中,受托人发挥的作用和受益人身份的取得均与民事信托不同。受托人可谓于商业信托的创设和组织构架中,起到了积极主动的作用,如商业信托契约的事先拟定,其后资产的运作模式等,所以商业信托为受托人"创设"的信托的结论并非言过其实;此外,从受益人的身份取得而言,相较于传统民事信托中对于财产的被动继承的身份,即受益人身份的取得多源自于委托人的指定或法律的直接规定,而于商业信托中,受益人已然具有主动投资的理念,这不仅体现在对于是否投资、选择由何种受托人掌控的商业信托进行投资等等选择的自由上,受益凭证的可转让性实际也体现了商业信托对于受益人投资身份的认同以及投资权益的保护。

其三,受益权的转让性。传统的民事信托受益人身份多由委托人指定而取得,所以受益权的转让须受相当的限制。第一,是在信托文件禁止转让的情形下,则不得转让,英美法主要体现保护信托和浪费者信托;第二,是依受益权的性质不得转让,如为特定未成年人的生活扶养、教育等设立的信托,依受益权的性质则不得转让;第三,是受益权属于法律禁止转让的权利。① 除此之外,这种受益权的转让类似于债权让与,应适用相应的转让规则。而在商业信托的情形,发起人以大众发行受益凭证的方式募集投资人(受益人)资金,此种受益权利以投资获利为目的,商业信托的受益凭证持有人和商业信托间的关系,与公司与股东的关系类似,受益凭证的转让亦应适用公司股权转让的原则。②

---

① 何宝玉:《信托法原理研究》,中国政法大学出版社 2005 年版,第 176 页。
② 黄欣怡:《商业信托之研究》,台湾中正大学硕士论文,2004 年 6 月,第 29 页。公司股权的转让亦分为股份公司和有限公司的股权转让,前者奉行转让自由的原则,当然此种自由并非绝对的,亦有发起人股份、公司高管人员、大股东所持股权转让时间、信息披露等方面的限制;而有限公司则更多体现了人合公司的特征,以限制股权转让为原则。商业信托受益凭证的可转让性从另一个侧面体现了商业信托同公司一样,具有类似的权利义务、组织结构的安排,所以称其为企业经营组织或商业经营组织。

3.3.2 商业信托与营业信托

商业信托和营业信托常常被混淆。但实际上二者并非同一概念。如本书界定的,商业信托是一种以信托的方式成立的非公司形态的商业经营组织形态,通过发起人向公众(投资人)发行受益凭证的方式募集资金,用于商业投资和营利,受托人持有信托财产并经营事业,而受益人持有受益凭证并据此享有受益权,但对商业信托的经营原则上并不干涉,并且受益凭证具有可转让性。

而营业信托是指受托人是以信托为业的信托。① 具体而言,由信托业或兼营信托业务的专业银行或商业银行等作为受托人,该等经营信托为业的机构,将信托事务通过商业设计的架构商品化,以取得受益人所投资的资金,并由受托机构从事资产管理,例如,出租、出售、设定担保物权、投资、互易等。② 这种对营业信托的定义同前文所述我国学者对于广义的商业信托的定义是一致的,即商业信托是指具有私益性质、由具有商业受托人身份的主体担任受托人的信托。由于信托公司这一具有商人身份的主体的介入,使有关的信托具有商业色彩,从而使之在性质上有别于民事信托。③ 这种商业信托的范围可谓相当广泛,虽然受托人以商人身份存在,但这并不影响受托人从事传统性质的私人信托业务,只不过将这种业务集中、专业来进行,单个来看,同传统的典型私人信托并无区别。正是基于此,在此种宽泛的商业信托定义之下,除了有价证券信托、投资信托、带抵押公司债信托与养老金信托等典型信托外,商业受托人也可从事其他种类的私益信托,这类商业信托并不是带有固定性质的商业信托,在它与民事信托之间并不存在截然分明的界限。④ 所以,营业信托基本上属于信托业经营内容的范畴⑤,它与

---

① 谢哲胜:《信托法总论》,台湾元照出版公司2003年版,第62页。
② 谢哲胜:《信托业管理信托财产的权限》,载台湾《月旦法学》第93期。
③ 张淳:《信托法原论》,南京大学出版社1984年版,第239页。
④ 同上书,第241页。
⑤ "信托业所经营的信托业务因以营利为目的,故称为营业信托。"参见周小明:《信托制度的比较法研究》,法律出版社1996年版,第210页。

本书所研究的特定对象商业信托在内容上有较大的区别,当然,商业信托由于涉及大众发行的模式,必然也由具备一定资质的信托公司或机构进行受益凭证的发行、商业信托的组建等活动,所以在受托人主体的身份承担上,商业信托和营业信托有一定的交叉。但从企业经营组织模式的角度而言,营业信托显然并不能包含此含义。

商业信托和营业信托在内容和组织模式上均有不同:

在内容上,商业信托着眼于募集投资人的基金用于投资活动,从此特性,可将其称之为"金钱信托";但营业信托的经营内容显然并不局限于"金钱信托"的狭小范围,金钱信托、金钱债权及担保物权信托、有价证券信托等都包含其中。传统的各种民事信托,只要事实上由商业受托人担任受托人,都可以纳入到营业信托的体系。所以,通过大众发行受益凭证着眼于募集投资人资金并采商业组织模式的商业信托,基于其主体的特定性,多为专业的商业信托机构,从内容上可以看做是营业信托的特有的一部分;而营业信托的内容则远远超出了这种特定意义上的商业信托所包含的特定内容,纳入了相当多的民事信托的内容,只要这些信托以这种专营信托业务的商业信托机构为受托人。

商业信托与营业信托在内容上的差异源于对商业信托特定含义的赋予,即商业信托经由实践与立法的发展,已经具有以信托方式成立的企业经营组织的法律关系的特性,在美国也被视同投资公司和投资信托加以规范。[①] 所以二者最大的差异,为这种是否被特定化、具有可同其他商业组织主体相提并论的组织结构上的特性,这最终又被归结于本书对特定的商业信托所归纳的商业经营组织的特性上来。

当然,由于商业信托和营业信托的经营者都须有一定的资质,如专门的信托业务经营机构的要求,所以,对于商业信托结构中受托人法律地位的研究,和信托业法中对于信托业的法律规范,都有互益作用。

---

① 谢哲胜:《从商业信托的概念论投资信托的法律框架》,载谢哲胜:《财产法专题研究》(三),中国人民大学出版社2004年版,第222页。

3.3.3 商业信托与集团信托

信托依其是否集合社会大众的财产,可分为个别信托与集团信托。所谓个别信托,是指受托人就各个委托人所信托的特定财产,个别予以管理的信托,其特点着重于受益人的保护及信托财产的特性;所谓集团信托,是指受托人受多数委托人的信托,而集合社会大众的资金,依特定的目的,而概括的加以运用的信托,其特点偏重于信托财产的形成方式及受益人的保护。① 而商业信托面向社会大众发行受益凭证,具有受益人大众化及集团化的特点,所以,商业信托应属于集团信托的范畴。

3.3.4 商业信托与证券投资信托

商业信托作为一种企业经营模式,运用了信托和企业的运作方式,被广泛运用于证券投资基金、养老金计划、结构性融资交易等实务中。如前所述,以美国的实践经验来看,商业信托更主要运用于共同基金和资产证券化过程中。而继受英美法系信托法制的日本、韩国和我国台湾地区,则纷纷采取证券投资信托的形式,区别于美国公司型的共同基金运作模式。我国已通过证券投资基金立法,实务操作中亦不乏资产证券化的业务。所以,本节将集中于对证券投资信托法律构架、实务操作的研究,其中亦不乏不同法制之间的比较性研究,借此拓清典型商业信托的法律构架,或者以此对商业信托的分析模式进行检验。

3.3.4.1 各国及各地区证券投资信托法制

1. 美国

美国证券投资信托业务及法制的发展堪为全世界的典范,其掌握市场自由化与投资人权益保障两大原则。近年来,为使该等产业获更迅速的发展,其亦检讨法制,以使制度更趋于自由化,而使市场运作更具效率。②

---

① 赖源河、王志诚:《现代信托法论》,中国政法大学出版社 2002 年版,第 38 页。
② 陈春山:《证券投资信托专论》,台湾五南图书出版公司 1997 年版,第 248 页。

美国对证券投资信托业务从事者主要以1940年的《投资公司法》和《投资顾问法》加以规范。前文也述及,根据各州商业信托法所创设的商业信托也被认为是《投资公司法》所调整的范围。根据《投资公司法》第4条,投资公司分为三种:其一,为面额证书公司(Face-amount Certificate Companies),投资公司发行面额证书债权证券,由投资人依约一次或分期付款后,投资公司即应依证书面额交付证书购买人一定款项。但期满前请求付款的,所取得款项,较所支出要低。其二,为单位投资信托(Unit Investment Trust),投资公司发行分期付款证书筹集资金,并将该资金投资于另一投资公司,投资人与公司间法律关系依信托条款、保管契约而定,无董事会组织,所以经营费用较低。其三,经理公司,指前二者以外的投资公司。根据该法第4条的规定,经理公司以其是否可买回所发行证券可分为开放型和闭锁型。而根据资产投资分散情况又可分为分散型及非分散型。分散型以75%以上的资产投资于政府证券、投资公司证券及其他公司证券,而在每一公司的股权不超过该公司股权的10%;非分散型投资公司指分散型以外的投资公司。由于近年来大多数的投资公司均具有可买回的特性,所以一般人习惯均以"共同基金"称之。①

而于实务操作中,大多数投资公司多不自己管理基金资产或参与投资操作,而依契约委托投资顾问公司代为管理,但投资公司董事会对顾问公司的基本方针和投资决策,负有监督与指导的义务,而投资顾问公司登记事宜以及投资顾问契约内容都受上述另一重要法令即《投资顾问法》的调整。

所以,从实务上看,投资信托在美国即是以信托为募集投资的方式,称之为投资信托的法律主体在实践中至少有如下三种方式:

其一,投资公司发行股票和债券,将其所得用来投资各种证券,此时运作上并无信托而言,应称为投资公司。

其二,投资公司将所购买的证券交由信托公司保管,而就信托财产发行受益凭证,此时大众是购买投资公司所创设的投资信托的受益凭证。此种

---

① 王文宇:《新公司与企业法》,中国政法大学出版社2003年版,第479页。

形态为投资活动,投资公司和信托公司以受托人的身份参与。投资公司创设一个投资信托,而由投资人购买受益凭证成为此一投资信托的受益人。

其三,美国麻州信托(狭义上的商业信托)向大众发行对属于信托财产的证券可享受利益的受益凭证,信托财产则由商业信托(受托人)持有。①

那么根据本书关于商业信托较为宽泛的定义(主要指满足了商业投资目的、信托运作方式、商业组织形式这三大法律特征),上述投资信托的形式均被纳入到本书所界定的商业信托这一概念范畴中。

2. 日本

日本证券投资基金的法制构造,沿袭契约型的形态以及立法前的实务运作,整体结构以证券投资信托契约为核心,以此契约结合受益人(投资人)、委托人(证券投资委托公司)及受托人(信托会社),而形成三位一体的关系。委托人与受托人订立证券投资信托契约后,即开始证券投资信托的运作:证券投资信托财产因而设立;委托人得为信托财产运用指示;受托人应为信托财产的保管及运用;受益凭证的应募人因而取得受益人的地位。

由于此种投资基金的运作主要运用了信托的运营和管理方式,投资基金中的各方当事人的法律地位及互相之间关系成为实践以及理论研究中难以回避的问题,形象的说法,亦即如何将信托当事人的法律关系套用于证券投资基金当事人之间的法律关系的问题。

学者多认为,依证券投资信托形式上而言,委托人为证券投资委托公司,受托人为信托公司。实质上而言,受益人因信赖委托人的证券投资能力而为资金的交付,而委托人亦依此信赖原则而为信托财产的运用指示,因此,证券投资委托公司为实质的信托契约受托人。基于此,证券投资委托公司与信托公司实居于协同一体的地位,共同实现实质信托契约受托人的机能。而证券投资信托契约形式的受益人,则为实质信托契约的委托人。所以,证券投资信托制度因具有此实质信托契约,虽证券投资公司非信托法上

---

① 谢哲胜:《财产法专题研究》(三),中国人民大学出版社2004年版,第227页。

受托人,但课以受托人信托义务应属合理。①

3. 公司型和契约型的比较

证券投资基金按投资形态可分为公司型与契约型。前者为以公司形态集合投资人资金,由公司运用基金为证券投资。这种公司形态的结构包括两种当事人:公司与股东,而规范当事人法律关系的为公司章程。典型如前述美国投资证券形态。后者以信托契约形态集合投资人资金成一基金,以证券投资信托事业为委托人,指示保管银行(受托人)运用基金为证券投资。这种契约形态的结构包括了三种关系当事人——受益人、委托人及保管银行受托人,而规范三方当事人法律关系的为信托契约。典型如我国台湾地区、日本等投资证券投资基金的构架。

美国的共同基金以及日本、我国台湾地区等的证券投资基金都发挥了分散投资风险和专业经营的功能,虽采公司形态或契约形态,但从以资产分割、投资为目的、应用信托法律关系构架等特征而言,可谓殊途同归。正是在此意义上,有学者认为:从信托法律关系的角度来观察,"契约型"基金与"公司型"基金在性质上相当类似。② 二者之间的差异主要是从组织层面上而言的。

以投资和专业经营为目的的证券投资基金脱离不了对投资者利益的保护,从其对立面而言就是对专业经营机构或主体的授权及其规制问题,而公司与契约型基金组织层面上的差异正是由于对运营机制的不同选择而导致的经营方式、法律约束、各方主体权限的不同。

首先,从证券投资经营机构方面而言,公司型基金的运营与管理机构或中心在于投资公司的董事会,而投资顾问公司居于辅助地位,该董事会的地位是独立的,所以,美国法赋予投资公司董事会(尤其是独立董事)相当大的监督裁量权,关于投资顾问的选任、基金相关的费用等事项,都授权董事会来决定。相反,契约型投资基金则并未以公司的形态而运营,其运营和管理中心在"证券投资事业"(即受托人),从而亦没有具有独立地位的"董事会"

---

① 陈春山:《证券投资信托专论》,台湾五南图书出版公司1997年版,第258页。
② 王文宇:《新公司与企业法》,中国政法大学出版社2003年版,第16页。

之设置,那么相关投资与管理事项,除以当事人之间的信托契约进行规范以外,多有一些强行性的法律规定的约束。

其次,从投资者的权限而言,根据美国的公司型基金法制,投资公司的股东对诸多事务拥有投票权;反之,若采取"契约型",则受益人的投票权适用范围较窄,德国与日本的基金受益人甚至没有任何投票权。[①]

3.3.4.2 证券投资信托的界定

投资信托是一个在很大程度上被混乱或模糊使用的概念。

1. 英美法上的投资信托的概念

在美国投资信托的概念多用来适用商业信托被运用于金融资产投资以及不动产投资的情形,即称运用信托制度作为募集资金用于投资活动媒介者为投资信托。美国投资信托的法律架构不同,根据组织成立所依据的法令及运作模式,可区分为投资公司和商业信托模式。前者主要指的是以公司形态运作的投资方式,而后者则是以商业信托架构所成立的投资信托或投资公司。所以,在美国,投资信托所包含的概念是相当广泛的。包括了投资公司、投资信托公司以及商业信托所成立的投资信托。而正是因为以投资公司形式运作基金的盛行,大多数学者将美国的投资信托称之为公司型投资信托,而将日本、我国台湾地区的常见投资信托,如证券投资信托、不动产投资信托等称为信托型或契约型投资信托。

2. 我国对投资信托的认识

投资信托在我国大多时候被冠以"投资基金"的称谓。我国《证券投资基金法》对证券投资基金活动进行了界定,即通过公开发售基金份额募集证券投资基金(以下简称基金),由基金管理人管理,基金托管人托管,为基金份额持有人的利益,以资产组合方式进行证券投资活动。

在我国,投资基金实际上是作为与各个国家和地区的投资信托、证券投

---

① 参见王文宇:《新公司与企业法》,中国政法大学出版社 2003 年版,第 16—17 页。

资信托等概念相对应的概念来使用的。① 相应的,则将投资基金界定为一种集合投资制度,其资本(或资金)由不特定多数人集合而成,资本集合方式一般以发行证券方式募集。但其具体运作方式因投资基金形态而异。② 这种定义同我国台湾学者对证券投资信托的定义是基本一致的。③ 如包含了集合不特定多数投资人资金、运用基金投资于有价证券等特征。

3. 本书的观点

正如前文所述,商业信托是一个在或宽或窄较为不确定的范围内使用的一个概念,而投资信托在不同法制亦有不同的界定。如果脱离其狭义或广义的界定前提,而泛泛论及商业信托与投资信托的关系,则很难得出明确的结论。商业信托最为宽泛的界定是指任何将信托用于商业的形式,这种信托商业化的概念过于泛泛,那么在这一宽泛的范畴,投资信托应当包含在商业信托的概念之下,即投资信托属于信托商业化应用的一种形式;然而,特定法制下使用的投资信托的模式,虽采取了投资信托的名称,却不具备信托的本旨,不应被纳入到商业信托的范畴中来。④

而商业信托最为狭义或最具有特定法制背景的界定则是专指美国各州通过立法确定的商业信托模式,如最早的麻州商业信托,其后的特拉华州商业信托等。这种商业信托采取信托的模式,通过大众发行受益凭证的方式,募集不特定多数人投资基金,进行商业投资。以此种信托模式运作的商业组织形式,在实务中,或被看做是区分于合伙、公司之外的独立的商业组织,

---

① 投资基金在各国和各地区的法制中有不同的称谓和形式:在我国称为证券投资基金,在美国称为投资公司,在英国和我国香港特区称为集合投资计划,在日本、韩国和我国台湾地区称为证券投资信托。参见王苏生:《证券投资基金管理人的责任》,北京大学出版社2001年版,第4页。

② 同上书,第7页。

③ 证券投资信托乃基于危险分散的原理,由专门知识、经验之人,将不特定多数投资人的资金,运用于证券投资,以获取资本利得或股利收入的信托。陈春山:《证券投资信托专论》,台湾五南图书出版公司1997年版,第167页。

④ 美国的投资信托根据设立所依据法令及运作模式,区分为投资公司和商业信托模式,在投资公司模式下,又有投资公司发行公司股票或债券,将所募集资金,透过证券交易管道,投资在各种不同类型的证券上,并依不同类型的证券区分成不同基金,再出售不同基金换取利益,在此法律构架下并无运用信托制度,因此,正确称法应为投资公司,投资信托并非正确定法律用语。参见黄欣怡:《商业信托之研究》,台湾中正大学硕士论文,2004年6月,第31页。

或被等同公司视之。而较为明确的是,以该种商业信托模式确立的集合大众资金的投资模式,已经被纳入到美国统一的投资公司规范中来。所以,在此种具有特定历史和立法背景的商业信托,在某种特定的立法环境下(即美国),则属于投资信托的范畴。所以,从商业信托的广义以及狭义范畴出发,得出的竟然是概念归属上截然不同的结论。

在最为宽泛的商业信托即信托商业化的前提下研究投资信托或各国及各地区具体的商业信托模式,似乎难以概括实务中各种已经具有特定商业组织特征的运作方式,如投资信托、资产证券化、不动产信托等等——信托商业化的概念着重强调信托应用于商业的目的,而对于大众发行受益凭证、类似于公司的组织结构模式,则并不强调。而在美国各州制定法的前提下论及商业信托,再来探询大陆法系中各异的投资信托模式,又难免过于牵强——麻州商业信托的产生和发展有其特定的立法和历史发展背景,完全照搬复制于大陆法系中投资信托形式的应用,无异于脱离了大陆法系制度移植的特定法律制度背景。而大陆法系的投资信托、证券投资基金概念等等也好,至少从概念上看并未采取"商业信托"的名称,而同信托制度的鼻祖——英国的集合投资计划在制度设计上,包括契约型的模式却更为相似。所以,在界定投资信托和商业信托的关系时难以取舍抉择的原因在于对商业信托这一概念或宽或窄的界定,如果仍然拘泥于、固守于此种特定历史背景下形成的概念[①],自然会产生实务和理论上的难题——使用同一概念(商业信托)与另一概念(投资信托)相比较,居然得出概念从属上的相反结果。

基于上述对商业信托过宽或过窄的界定所产生的难题(与投资信托相反的从属关系),前文在对商业信托进行界定时,也指出不拘泥于商业信托

[①] 商业信托这一概念在研究中常被过于狭义化,这在相当程度上应当归结于美国各州商业和法律制度发展过程中为规避法律、实现商业投资的灵活与简便而以商业信托这一商业组织经营主体在特定投资范围内取代了公司这一投资主体。虽然这种实务发展演变的结果之一是学者通常在一个较为狭窄的范畴内来研究商业信托,而忽略了商业信托更为广泛的适用领域;然而从更为积极的方面来看,正是这种特定意义上的商业信托在实务以及司法中逐步取得独立法律实体地位使得研究的视野进一步打开,商业经营组织主体地位对于本书在商业信托这一概念或背景下研究投资信托、我国证券投资基金尤其是受托人的法律地位、权利义务等都是至关重要的。

这一字面意义的最初起源,即麻州商业信托的狭义界定,而应在一个较为宽泛的范畴内来研究,从内涵而言,这种界定上的商业信托主要具备商业投资目的、信托经营形式、商业经营组织这三大法律特征;而从外延而言,此种界定的商业信托不仅包含了法定商业信托(各州商业信托立法约束),即我们前述的狭义商业信托,而且也包含了各种投资信托形态。[1] 所以,从本书研究而言,商业信托是各种投资信托的一个上位的概念,它并非仅指麻州商业信托形态;也不排除公司型共同基金的运作模式;公司型或契约型投资信托都是商业信托的不同运作模式。[2]

3.3.4.3 商业信托范畴内的证券投资信托

如同对于商业化信托以及商业信托的概念的认识和术语的使用混淆不清一样,在证券投资信托研究领域,尤其是涉及不同法系之间法律制度不同,具体的制度规范不一而足。所以,在研究过程中要保持清晰的主线并非易事。本书将证券投资信托界定为商业信托的一种典型运作形式,则本段的研究将力图保持较为清晰的脉络。即在商业信托的框架之下来对证券投资信托进行研究,换言之,本段试图通过证券投资信托的研究进一步拓清商业信托的法律结构和特征。

如前所述,商业信托应用于投资领域时,由于各国及各地区法制不同,采取了不同的制度调整模式,如美国的共同基金,日本、韩国以及我国台湾地区的证券投资信托和我国大陆的证券投资基金。本书为研究方便,将上述各种形式统称为证券投资信托。

关于证券投资信托,学者多从其特性出发,总结其概念。如有学者认为证券投资信托制度具有如下特征:(1) 证券投资信托乃将不特定多数投资人的资金,汇集在一起成一基金;(2) 证券投资信托乃运用该基金投资于有

---

[1] 参见前文"商业信托的界定——范围的选择"小节部分。
[2] 公司型或契约型是投资基金(投资信托)最为基本的分类,通常认为这是按照组织形式的不同而进行的分类。参见陈春山:《证券投资信托专论》,台湾五南图书出版公司1997年版,第176页;王苏生:《证券投资基金管理人的责任》,北京大学出版社2001年版,第7页;王文宇:《新公司与企业法》,中国政法大学出版社2003年版,第14页以下。

价证券;(3) 证券投资信托乃以获取资本利得或股利收入为目的,而非以取得发行公司经营权为目的;(4) 证券投资信托乃应用危险分散原则,对多种证券投资标的进行投资;(5) 证券投资信托乃由对证券投资有专门知识及经验之人为管理运用。综合上述特性,证券投资信托乃基于危险分散原则,由具有专门知识与经验之人,将不特定多数投资人的资金,运用于投资证券。[1]

前文对商业信托法律构造进行分析时,认为商业信托最主要特征在于同时借重信托与企业组织运营的双重特征。而由有经验之人集合不特定多数投资人资金用于投资证券的证券投资信托,满足了商业信托的上述最显著特征:无论以契约型还是以公司型为基本法律构架,均借重信托的运作方式,即委托人(投资人、受益人)与受托人(机构)之间以信托关系实现所有和利益的分离;受益权凭证的大众发行方式、基于信托财产的独立性投资信托(基金)一旦建立而成独立运作的法律实体、受益人权利保障机制等无不体现其商业(企业)组织的运营方式。

---

[1] 陈春山:《证券投资信托专论》,台湾五南图书出版公司1997年版,第167页。

第4章 商业信托制度发展对受托人法律地位的影响

4.1 受托人地位的彰显——商业信托功能分析

商业信托为依据信托原理从事商业投资活动的企业经营组织方式,以信托的方式而非公司的组织结构实现资产分割功能达成与公司制度有限责任相等同的效果;以日益专业化和机构化的专门受托机构的设置实现聚集社会大众资金、从事资金融通以及资产管理的功能;商业信托作为独立法律实体,其内部运作机制亦具组织化的特征,实现商业投资主体效率、成本节约等效果。上述商业信托功能的实现,无一不倚赖于商业信托机构(受托人)管理职能的发挥,从而相较于传统信托,商业信托中受托人的法律地位更为突出。本节旨在对商业信托功能的法理分析的基础上,突出商业受托人法律地位,并进而对受托人地位借重所隐含的可能消极性进行简单的法理分析。

关于商业信托的功能,学者大多认为商业信托具有资产管理和分散风险功能,并且这种功能并非代表着商业信托制度以某种程度上根本性变革的方式对信托形式的发展或者变形(transformation);相反现代商业信托恰恰使信托的特征显得更加清晰,即将集合的资产分割成独立的基金,形成特有的权利模式(a distinctive pattern of creditors' rights)——而这正是信托法长期以来最为重要的贡献(即信托财产独立性原则——笔者注)。[①] 在对信托功能以及商业信托功能的研究中,学者作出了如同信托制度本身的超乎人类想象力的智慧贡献:大陆学者以既有的法制环境为基础从功能方面出发认为信托法提供了契约法和代理法、物权法、公司法所欠缺的功能。而在提供公司法所欠缺的功能方面,则主要指商业信托制度的发展:例如,特拉华州的商业信托法实具有公司法的功能,它提供一个具有公司特征——法律上的人格和受利益人及管理人的有限责任——的法律实体,却可以契约创设,而没有公司设立所需要的成本,而具有此种特征的信托现在已相当普遍,至少在共同基金是如此。[②]

更为一般性质的对于商业信托功能则是描述性质的:如有认为商业信托依其特性包含了相当的经济机能:资产管理功能;吸收资金功能;资金调度功能;提供公司法欠缺的功能;事业经营功能;分散投资风险;资产分割功能等。

既有的研究对笔者具有很大的启发意义,然而基于本书对于受托人法律地位(尤其是商业信托机构的法律规制问题)进行研究的目的,上述比较性或描述性的研究在深度上尚显欠缺。如前文从信托制度的既有功能或本质性贡献(信托财产独立原则)出发,商业信托亦提供了类似于公司有限责任制度所能提供的功能——通常称之为资产分割功能,这对于资金融通、投资人的权益保障以及规范商业信托中相关当事人的法律关系,尤其是商业

[①] Henry Hansmann, Ugo Mattei, "The Functions of Trust Law: A Comparative Legal and Economic Analysis", May 1998, *N.Y.U.L. Rev.*, p.479.

[②] 谢哲胜:《信托法的功能》,载谢哲胜:《财产法专题研究》(三),中国人民大学出版社2004年版,第174页。

受托人对第三人的法律关系(主要是责任问题)都具有基础制度构建的作用;现代商业社会的专业化发展趋势以及对于专业经营机构、专家等法律约束的日益规范化,商业信托所提供专业经营功能亦为我们探讨商业受托人的法律约束问题提供了绝好的视角;此外,商业信托作为一种企业经营形式,亦提供了与公司制度大同小异的组织化的功能,这种组织化功能的供给中,就隐含了对于受托人成本控制以及权力约束等方面的思考。所以,对商业信托的资产分割功能、专业经营功能、组织化功能进行较为深入的分析,为本书受托人法律地位的研究视角提供理论基础。

4.1.1 资产分割功能

资产分割功能是商业组织极为重要的功能。例如,公司形式的商业组织的关键的特征即为法律承认其为独立于所有者或控制者的法人。这种分离产生了极强的效率性效果,它便利了具有众多所有者的企业的转移财产行为,也使得这一组织能够作为主体独立起诉和被诉(诉讼主体资格)。[①]正如有学者所言,所有组织化形式的法律所产生的重要作用是提供了债权人权利的模式——一种"资产分割"的形式,这种效果是其他的法律形式所不能达到的(如合同)。资产分割的法律效果之一是降低了法律实体的债权人向法律实体的所有人或其他受益人的个人财产进行请求的可能性。组织法的这一功能,包括了许多公司实体的有限责任的法律特征,只是次要的一个功能。资产分割的真正核心的方面,实际上是有限责任的反面,即区分法律实体的财产,使之免于法律实体所有人和管理者的债权人的法律请求。

在辨析资产分割功能之前,首先须明确的是法律实体(legal entities)的概念。法律实体,如同自然人一样,具有法律上的人格,这是从其法律特征而言的。其一,法律实体具有通过指定的管理人签订合同的能力(即独立的对外交易的能力);其二,确定的资产组合用于满足公司债权人的诉讼请求。然而,法人实体同自然人亦具有重大区别,法人实体的资产,同公司所有人

---

① Robert B. Thompson,"Agency Law and Asset Partitioning", 71 *U. Cin. L. Rev.*, p.1324.

或管理人的资产相区分。公司的债权人对于法人实体的资产,相对于公司所有人和管理人的债权人而言,享有优先的权利。公司财产同公司所有人和管理人财产的区分,是法律实体的关键性特征,而建立这种区分则是组织法在企业的组织中所发挥的最主要的作用。更为具体的表述,这一结论包含了四个方面的因素:(1)所有法律实体的特征之一便是独立财产的分割,对此,公司的债权人享有优先的权利;(2)这种资产分割对于创建大型公司提供了重要的效率优势;(3)缺乏组织法通常难以达成这种形式的资产分割;(4)这一特征,实际上是一种财产性特征,为组织法对商业活动提供的唯一的重大贡献,因为只有公司的这一基本特征不能由合同方式单独来实现。[1]

资产分割包括了两个组成部分,第一个组成部分是独立的资产组合的指定,该资产属于公司并同公司的所有人和管理人的个人资产相区分。这可通过对法人的承认而实现(通常称之为法律实体),法人区别于自然人,可以自己的名义拥有资产。当公司组织成实体的形式,以实体名义所有的财产成为指定的公司独立的资产组合。

资产分割的第二个组成部分是赋予债权人对法律实体所有资产的优先权。这种优先权的赋予有两种表现形式:第一种表现形式是赋予债权人对同公司运营相关的资产优先于公司所有人的个人债权人的请求权利。这被称之为"积极"的资产分割,体现出设置独立的公司资产作为公司所有合同的担保财产。资产分割的第二种表现形式恰恰相反,赋予所有人的个人债权人对所有人独立的个人财产优先于公司债权人的请求权利。这被称之为"消极"的资产分割,使得所有人的资产免于公司债权人的请求。

根据"积极"的资产分割功能对债权人所提供的优先权的保护程度的不同,可以将法律实体分为弱式法律实体、强式法律实体、超强式法律实体。弱式法律实体为债权人提供的优先权并不具有流通性的保障;强式法律实

---

[1] Henry Hansmann and Reinier Kraakman, "The Essential Role of Organizational Law", 110 *Yale L. J.*, p.394.

体为债权人提供具有流通性保障的优先权；而超强式法律实体的债权人对实体的区分财产享有排他的权利。

防御性（"消极"）资产分割功能也具有不同程度。最强式的如标准的商业公司中防御性资产分割，公司的债权人对于公司股东的个人资产不享有任何请求权利，公司股东的个人财产为股东的个人债权人排他的担保财产。这种排他的防御性资产区分，一般简单称之为"有限责任"，这也是其他标准形式的公司的特征，如非营利的、合作性的以及市政公司等，同时也包括有限责任公司。

防御性资产分割形式的另一端为普通合伙，普通合伙并没有提供任何资产分割功能。当合伙及其合伙人都破产时，合伙的债权人同个人合伙人的债权人平等分配合伙人的个人财产。实际上，防御性的分割功能对于法律实体来说并非必要条件。

资产分割对于法律实体功能的发挥起到了独特的作用，这对于这些实体的债权人和受益人的利益都是非常关键的。防御性和积极资产分割功能从某种程度上而言具有镜像效用关系：对于公司债权人的请求而言属于消极的资产分割对于受益人的请求权而言，恰恰发挥了积极的资产分割功能。

就资产分割对于法律实体所发挥的作用而言，区分积极的资产分割和消极的资产分割。积极的资产分割发挥了减少信用监控成本、保存公司的市场价值、保存受益人的资产等效用。而消极的（或防御性）资产分割发挥的效用主要是从节约交易成本而言的，包括监控成本、决策成本、代理成本、转让成本、风险等的降低。[1]

上述资产分割理论对于我们分析商业信托的组织架构是至关重要的。商业信托作为法律实体，不可避免涉及商业信托内部及外部关系人法律关系的设定的问题，亦存在交易成本的节约等问题。而将上述资产分割理论应用于商业信托组织架构的分析，我们可以从商业信托的内部关系、外部关

---

[1] 以上关于资产分割的概念借鉴于 Henry Hansmann and Reinier Kraakman, "The Essential Role of Organizational Law", 110 *Yale L. J.*, pp.393—394。

系以及交易成本的节约这三个方面来具体适用。

资产分割简单而言,是指将原本资金需求者持有的金融资产,与资产持有者隔离。[①] 如上所述,资产分割的效用从不同角度而言,对不同的法律关系当事人产生不同的效用。积极的资产分割效用实际上是从法律实体(商业组织)资产运营角度而言,指的是商业组织的独立财产作为其营业的债务担保,商业组织的债权人对商业组织的财产享有优先于商业组织个人所有人的请求权利;而消极的资产分割效用则是从商业组织个人所有人的责任限制而言的,主要指的是出资人的有限责任。

信托的一个重要理念即信托财产的独立,独立于委托人和受托人的财产。委托人、受托人、受益人破产时,委托人、受托人、受益人的债权人均不能对信托财产进行执行,各国及地区信托法大多对"信托财产不得强制执行"进行了明文规定。

商业信托一旦形成,如同信托一旦设定一样,信托财产即具有独立性的特征。商业信托同公司组织相比具有相似性,而公司制度中的有限责任的概念,也在很大程度上为信托制度所借鉴使用。通常认为有限责任作为信托的重要法律特征,根源于信托财产的独立性。信托制度的有限责任特质体现为信托内部关系以及外部关系之中,前者指的是受托人因信托关系而对受益人所负的债务(支付信托利益),仅以信托财产为限度负有限清偿责任;后者体现为委托人、受托人及受益人实质上对因信托事务处理所发生的债务(合同之债和侵权之债)都只以信托财产为限负有限清偿责任。[②] 商业信托与传统信托相比,因委托人与受益人身份的重合,同公司运营理念更具有相似性。商业信托中委托人与受益人重合的概念,加之实际运营中投资获利的目的,使我们可统一以投资人称之,这正如公司制度中股东的投资人身份一般——委托人是投资人于商业信托设定过程中的身份,而受益人则是商业信托设定之后实际运营过程中投资人身份的体现。如前文所述,商

---

① 王文宇:《新公司与企业法》,中国政法大学出版社2003年版,第10页。
② 周小明:《信托制度的比较法研究》,法律出版社1996年版,第14—16页。

业信托的运作包含的两个基本特征是信托的运营方式和商业组织化的运作。信托的运营方式主要是从信托财产移转于受托人但具有独立性,由此而言,传统信托中,信托财产在法律上虽不具独立人格,但其实际运作却有拟人化倾向自成个体①,而商业信托作为一种商业组织,应用于商业投资经营事业,因信托财产的独立性特征,更获得高于股份有限公司的资产分割程度。② 正如学者指出的,信托法的最重要的功能在于其促进了资产分割,将资产进行不同的区分,便利了不同种类债权人对资产独立的请求。尤为重要的是使得信托财产免受受托人个人债权人的请求。从资产分割的角度而言,信托法提供的功能同商业公司所提供的功能是几近一致的。③ 信托法提供的资产分割功能使得受托人能够分别的处理信托财产的债权人以及受托人自己个人的债权人。对于所有的债权人而言,信托法实际上将受托人分化成"两种不同的人:代表自己的自然人以及代表受益人的拟定的人"④。

资产分割从积极面角度而言指的是独立的资产作为商业组织经营事业债务的担保,这在商业信托中体现为信托财产独立存在于受托人自有财产之外,如受托人垫付的费用及应取得信托的报酬原则上从"信托财产"求偿;受托人因处理信托事务对第三人所负债务得以"信托财产"抵偿,而毋庸负个人责任。⑤

资产分割从消极面而言,指的是投资人的有限责任。商业信托中身兼委托人与受益人身份的投资人,亦不负担投资额以外的担保责任。此点可谓资产分割的应有之义。就受益人信托利益保障而言,信托法制在基本构架上,对于受益人与其债权人,以及受益人与一般第三人间平衡点皆偏向于受益人。⑥ 这主要是从受益权的追及力而言的,即受托人在违背信托条款规

---

① 方嘉麟:《信托法之理论与实务》,中国政法大学出版社 2004 年版,第 31 页。
② 王文宇:《新公司与企业法》,中国政法大学出版社 2003 年版,第 11 页。
③ Henry Hansmann & Ugo Mattei, "The Functions of Trust Law: A Comparative Legal and Economic Analysis", 73 *N. Y. U. L. Rev.*, pp. 438, 439.
④ Robert H. Sitkoff, "The Agency Costs Theory of Trust Law", *Cornell Law Review*, Vol. 69, p. 632.
⑤ 方嘉麟:《信托法之理论与实务》,中国政法大学出版社 2004 年版,第 31 页。
⑥ 同上书,第 200 页。

定处分信托财产,受益人除选择损害赔偿之外,尚可于第三人处追及该信托财产,仅有第三人为善意买受人时方可切断受益人于信托财产上此种"实质上所有权"。此外,就信托制度的破产隔离功能而言,在受托人破产的情况下,受托人的债权人并不能就信托财产进行请求。从上述受益人实质所有权的追及力以及信托制度的破产隔离功能而言,商业信托的资产分割效力更偏向于保障受益人权益。

4.1.2 专业经营功能

信托的商业化应用,尤其是商业信托的发展,私人信托已经从单纯转移和保存祖先的土地发展成为一种组织化的工具,使得财产的所有人能够确保对他们的财产进行持续的专业化的管理。商业信托形成、演变、发展的方向之一就是职业受托人专门的管理。时至今日,大量的信托由大型的金融机构如信托公司以及商业银行的信托部门等进行管理。① 虽然个人受托人仍然大量存在,但现代受托人的典型形式为收取费用的职业人士,其经营业务为订立和执行信托协议。②

4.1.3 组织化功能

4.1.3.1 企业组织的基本理论

资产分割的效用在相当程度上决定了商业信托法乃至信托法组织化的功能。资产分割的特征代表了组织形式和单纯合同安排的重要区别。③ 前者具有外部的物权或对世的效力,而补充了内部的合同权利或对人的权利。信托法同其他组织法一样,体现了对世和对人权利特征的有机融合。所以对于信托法的研究必然就同对其他组织形式的研究更为相似,而在这一领

---

① Gretory S. Alexander, "A Cognitive Theory of Fiduciary Relationships", 85 *Cornell L Rev*, p.775.
② John H. Langbein, "The Contractarian Basis of the Law of Trust", 105 *Yale L. J.* (1995), p.638.
③ Henry Hansmann & Ugo Mattei, "The Functions of Trust Law: A Comparative Legal and Economic Analysis", 73 *N. Y. U. L. Rev.* (1998), pp.391—398.

域,则是代理成本大行其道的领域。①

关于企业组织的理论最早由科斯提出并阐述。在其 1937 年的论文《企业的性质》一文中,科斯试图对为何经济行为采取企业的形式而非进行公开的市场交易这一问题作出回答。科斯的见解是当通过内部的阶层化形式来分配资源的预期成本低于公开市场交易的成本时,经济行为会采取企业的组织形式。换言之,企业的存在是为了减少市场交易所产生的交易成本。②企业组织的特性在于其"阶层化"的组织,即由上而下、层层节制的特征,使其一方面可以协调复杂的经济活动,另一方面又可发挥指挥监督、集中事权的经济功能。而公司等企业组织的存在就是为了节省透过市场交易——也就是个别契约——所可能产生的成本;换言之,企业组织与市场契约的不同,在于企业得以"组织权威"来取代市场"价格机能"。③

以此为起点,关于企业组织的理论,有不同的学说对此进行阐释。其一是交易成本理论:该理论关注于企业组织与市场的界限。④ 企业组织的财产权利理论则更关注于合同交易关系中有形资产的作用。然而将信托整合成为组织形式的关键性法律关系,则为公开的市场交易而非企业内部的交易。⑤ 由此我们须关注代理成本理论。

公司组织的代理成本理论认为组织是由利益冲突的个人之间的明示、默示以及隐含的合同网络。此网络的核心则为组织化的法律构建。"合同束"的突出创建在于其表明代理成本理论对于企业组织研究的重要性,正如 Jensen 和 Meckling 所言:"当前与企业组织理论的不足相关的问题都可被堪

---

① Robert H. Sitkoff, "The Agency Costs Theory of Trust Law", *Cornell Law Review*, Vol. 89, 2004, p. 633.
② R. H. Coase, "The Nature of Firm", 4 *Economica* (1937), p. 386.
③ 王文宇:《新公司与企业法》,中国政法大学出版社 2003 年版,第 21 页。
④ See Oliver E. Williamson, *The Economic Institutions of Capitalism*: *Firms*, *Markets*, *Relational Contracting*, New York: the Free Press, 1985.
⑤ Robert H. Sitkoff, "The Agency Costs Theory of Trust Law", *Cornell Law Review*, Vol. 89, 2004, p. 635.

称代理理论的特定问题"①。企业组织的代理成本理论关注的主要问题是规避和监控的问题,而这根源于组织内部法律关系所产生的信息不对称。

关于企业组织的理论,主要关注三个问题:其一,是企业组织何以存在的问题——即为何组织化;其二,是企业组织的内部构架——即如何组织化;其三,是组织化的约束问题。为何组织化解决的是企业组织的功能问题——对这一问题的解答大多致力于交易成本的节约,这以前述科斯有关企业组织为何存在这一问题的提出及回答为鼻祖;而如何组织化解决的是企业组织通过何种设计达到企业组织设计欲达成的目标,对于如何组织化这一问题的答案是多种多样的,有关资产分割的设计、企业内部阶层化的安排以及合同束的理论阐述实际上都是从组织化的结构而言的;组织化的约束问题虽说是附随于前两个主要问题,但随着各种组织化设计日益成熟,亦带来复杂的制度化成本问题——主要是代理成本,所以其约束问题亦关乎企业组织的功能发挥。

4.1.3.2 信托制度的组织化功能

在论及商业信托的组织化功能之前,实际上学者对于信托制度的组织化功能,亦有相当的认识。

关于信托制度的组织化特性,实际上同人们对于信托制度的性质的认识有关。而关于信托制度性质的认识主要集中于对信托制度归属于财产法②还是合同法③范畴的争执。对信托制度单纯的财产法或合同法范畴的归属都不能够对其性质进行完备的概括。毕竟,信托制度所涉及的当事人以及他们之间的法律关系是复杂的,简单将其归于财产法或合同法都难免有失偏颇。所以,有关信托制度是财产法性质还是合同法性质的争

---

① Michael C. Jensen & William H. Meckling, "Theory of the Firm: Managerial Behavior, Agency Costs and Ownership Structure", *Journal of Financial Economics*, October, 1976. Vol. 3, pp. 305—360.

② 认为信托的财产权性质特征一直为美国《信托重述》所持的观点,如美国《信托法重述》的第 3 版仍然认为受益人于信托中的利益视为财产权利。

③ 而相对于权威的信托的财产法的观点,最近的较有影响力的则为 John H. Langbein 关于信托的合同性质基础的阐释,参见 John H. Langbein, "The Contractarian Basis of the Law of Trusts", 105 *Yale L. J.* (1995).

执过程中，不可避免产生的观点即从较为折衷的角度对信托制度的上述两种性质都予以认可，而关于信托制度的组织法的特征则集中体现了这种折衷。

信托法的重要作用在于通过默示的条款对各方当事人，包括信托内部关系（主要是受托人与受益人之间）以及信托外部关系（主要是信托内部各方当事人与信托交易相对人之间）的权利义务关系进行安排。在这两种大致区分的当事人法律关系之间，信托法更为重要的作用不在于通过默认的合同规则对信托的主要三方当事人——转让人、管理人、受让人（对应于信托的委托人、受托人、受益人）的法律关系进行有序安排，而在于对上述关系人与他们所交易的第三人之间的法律关系进行有序安排，正是后一种法律关系，由于其高昂的交易成本，无法简单通过合同的手段来进行安排。[1]

着眼于信托法对信托主要三方当事人与第三人的关系的安排，我们可以得出两个基本的初步结论：其一，对当事人之间法律关系的关注，显现出这种关注不再局限于有形的财产权利的特质。所以，这种关注已经脱离了单纯的信托财产法性质的结论。[2] 其二，对于主要当事人和交易的第三人之间的法律关系的安排，实际上着眼于对交易成本的节约，而这同企业组织何以存在的简单结论，即通过组织化的安排节约单个交易的成本，是几近一致的。

那么，信托法通过默认的合同条款所建立的与相对人的关系关乎债权人的权利问题，而这些规则所提供的便利的途径，使得三方主要当事人能够将信托（管理财产）独立分割出来，这并不仅仅是从独立的授权的管理角度

---

[1] Henry Hansmann & Ugo Mattei, "The Functions of Trust Law: A Comparative Legal and Economic Analysis", 73 *N.Y.U.L. Rev.* (1998), p.467.

[2] 虽然在论及信托制度的权利安排中，学者亦得出信托法的主要贡献在于信托法提供了与财产权利特征极为类似的功能，但这并非意味着这种结论即是对信托法的财产法特征的认可，相反，仅就委托人、受托人、受益人之间的法律关系而言，信托法并没有脱离合同法。参见 Henry Hansmann & Ugo Mattei, "The Functions of Trust Law: A Comparative Legal and Economic Analysis", 73 *N.Y.U.L. Rev.* (1998), pp.469—470.

而言,更是从这些财产对相关债权人的担保角度而言。论及此,似乎又回到前文所述的资产分割的问题上来。事实上,正是资产分割体现了企业组织形式同单纯的合同安排的重大区别。①

从信托法主要对主要当事人(委托人、受托人、受益人)与交易相对人之间的法律关系进行安排的功能出发,得出信托法资产分割的特质或作用,而这似乎正是将信托法归于组织法的起点。将信托法归于组织法的分析范畴并不意味着对信托法进行财产法或合同法分析方式的完全否定,相反,这正体现出信托法同其他组织法一样,是对人权利与对世权利的有机融合,这也意味着对信托法的研究更应类似于对企业组织形式的研究。换言之,信托法混合了财产法以及合同法的特征,由此得出信托法应被恰当的理解为组织法的形式。②

4.1.3.3 商业信托的组织化功能

商业信托作为一种商业经营组织形式,在组织化功能方面,我们亦可以从上述关于企业组织形式理论的三个方面——商业信托存在的原因、商业信托的内部结构、商业信托的制度约束问题进行分析。③

1. 商业信托存在的原因

对于商业组织存在原因的一般性分析,大多集中于以阶层化的组织性安排节约单个的契约安排所带来的交易成本。除此之外,更应着力于商业信托所提供的异于其他商业组织形式(主要是公司)的功能,也即商业信托与公司等商业组织形式在功能上的比较问题。

---

① Henry Hansmann and Reinier Kraakman,"The Essential Role of Organizational Law",110 *Yale L. J.*,2000,pp.391—398.

② Robert H. Sitkoff,"The Agency Costs Theory of Trust Law",*Cornell Law Review*,Vol.89,2004,p.627.

③ 关于商业组织的结构分析,有学者从商业组织的三个基本方面进行分析:企业组织存在的目的(法律存在),其组织(管理)框架,以及组织的外部效应(即组织对外部环境的效果,反之,外部环境对组织的影响)。参见 Steven L Schwarcz, "Commercial Trusts as Business Organizations: Unraveling the Mystery",*Business Lawyer*,Vol.58,2003。这同本书的分析框架具有类似性,但出于对本书研究重心的偏重,在第三个问题方面,本书侧重于对受托人忠实义务的研究,即对商业信托组织的侧重问题。

从英美法的实务角度而言,通过合同或根据各州信托法组成信托的法律上的灵活性,以及税收上的政策,都为商业主体避免组织层面上的税收以及取得破产隔离的保护提供了极大的灵活性。[1]

信托与公司的比较是在对信托进行研究中极为关注的话题。[2] 信托,尤其是商业信托作为法律实体,同公司相比,具有显著的相似性,如信托的法律实体地位,信托的财产和债权人的关系,与公司的财产和债权人的关系相同;公司经理人的债权人不能向公司的财产求偿,受托人的债权人也不能向信托财产求偿;以及就公司享受利益的人(股东)负有限责任,信托的受益人也是一样。[3] Langbein 教授在论及为何现代交易的设计者在已经有了其他的组织和金融的形式(尤其是公司)的情况下,信托仍然对其有吸引力时,指出信托设计的四大关键性特征:其一,在受托人破产的情形下为受益人权益所提供的隔离保护;其二,优惠的税收政策;其三,信托信赖关系法所提供的保护性功能;其四,信托在受益权益的组织结构方面所提供的灵活性设计。[4] 关于信托法提供了何种公司法未能提供的功能这一问题的最普通的答案是:灵活性。信托并未如公司一样受到许多法规对公司的约束和限制,例如,信托并不需要采取一般商业公司所采取的内部管理结构,如法人受董事会经营管理的要求。此外,商业公司法规通常都要求股东的特别授权以增加公司授权可发行的股份数量,而对于信托,则并无此要求。[5] 当然,关于商业信托的内部结构特征,将是下一小段所要重点研究的问题。

---

[1] Steven L. Schwarcz, "Commercial Trusts as Business Organizations: Unraveling the Mystery", *Business Lawyer*, Vol. 58, 2003, p. 17.

[2] 参见 John H. Langbein, "The Secret Life of the Trust: The Trust as an Instrument of Commerce", 107 *Yale L. J.*, p. 165; Henry Hansmann, Ugo Mattei, "The Functions of Trust Law: A Comparative Legal and Economic Analysis", 73 *N. Y. U. L. Rev.*, p. 473.

[3] 谢哲胜:《财产法专题研究》(三),中国人民大学出版社 2004 年版,第 172 页。

[4] John H. Langbein, "The Secret Life of the Trust: The Trust as an Instrument of Commerce", 107 *Yale L. J.*, p. 180.

[5] Henry Hansmann & Ugo Mattei, "The Functions of Trust Law: A Comparative Legal and Economic Analysis", 73 *N. Y. U. L. Rev.*, pp. 473—474.

2. 商业信托的内部结构

现代公司已经形成较为完备的公司治理(Corporate Governance)结构。商业公司构架的前提是至少某一种类的剩余权利所有人被赋予选择以及除去(remove)公司董事和参与公司重大决定的权利。而信托法则相反,信托的管理人通常并不受到剩余权利所有人的直接控制。这种结构不仅在剩余所有权人缺乏相应的能力时,在剩余所有权人为多数并存在潜在利益冲突时亦具有优势,因为必须授予管理人一定的自由裁量权在不同的利益之间进行平衡。在上述情形下,赋予某一种类的剩余权利所有人任命或辞去(remove)管理人的权利将会威胁到其他剩余权利所有人,而在这些剩余权利所有人之间分享这些权利又有可能导致浪费性的动议或引致僵局。将管理人设置为单纯的信赖义务人,不受到任何剩余权利所有人的控制,有助于规避上述风险,虽然这是以减少管理效率的因素为代价的(即更多的管理层代理成本)。[①]

本书认为,商业组织结构方面的研究主要包含了制度层面以及制度下具体内容两方面:制度层面不仅包括了对商业组织的法律地位整体性质的界定,亦包含了商业组织内部机构的设置,这又集中体现为经营管理机构的设置;制度之下具体内容方面则主要指当事人之间权利义务关系的构架,主要是剩余权利所有人对商业组织财产的权利要求设计。

在制度层面上,首先最为宏观的为商业组织的法律实体地位的确定与否。商业公司具有法人地位这一问题在商业组织法中并无多少疑问,而商业信托在法律实体地位的认定上具有不确定因素。然而这种差异主要体现在形式上而非实体上。

在商业组织内部机构的设置上,就商业公司而言,虽然各国及地区采取治理结构不一,各机构相互之间法律地位亦有所不同,但基本设置股东会、董事会、监事会(或行使监督职能的董事会内部独立委员会)等机构,并具有

---

① Henry Hansmann & Ugo Mattei, "The Functions of Trust Law: A Comparative Legal and Economic Analysis", 73 *N.Y.U.L. Rev.* (1998), p.474.

较为完备的规范。而信托法中通常并无此方面的明确的规定。即使是在美国采取公司型的证券投资信托,大多数投资公司多不自己管理基金资产,而依契约委托投资顾问公司代为管理。实务上投资顾问公司不但负责基金的操作,而且多为背后推动共同基金的投资公司发起人,因此,对于投资公司的人事与营运多有举足轻重的影响力。① 所以,就组织内部机构的设置而言,商业信托远未如商业公司一样,具有完备的法律规范,但是恐怕此点正是商业信托在设置以及管理上较具灵活性的原因之一。

在管理人的管理权限上,通常认为商业信托倾向于较为静态的实体,其管理人(受托人)通常被认为具有消极作用。这同商业公司具有显著区别,商业公司的管理人通常具有进攻性(aggressive)和机会主义性(opportunistic)来利用商业机会。尽管这种区别较为肤浅,但其反映了信托和公司的本质性区别。而在制度之下的具体的权利义务设计方面,商业信托与公司之间的区别,主要体现在对不同种类的权利人的权利安排上。

在公司的组织形态下,主要体现为剩余权利所有人与优先权利人(债权人)的不同权益之分。公司通过发行股份的形式,将公司财产的剩余权利出售给投资者(股东),而股东进行投资的目的则是期望能够通过回报率的方式补偿投资所带来的风险。所以,公司经营的一个重要目标是提高盈利率。而与此相对应的,公司的优先权利人(债权人)则期待在公司具有偿付能力的情况下收回本金和利息,从其立场出发,公司从事风险性的经营活动并不能给他们带来好处,反而,在风险经营失败的情况下,带来的却是破产和损失的风险。公司的股东(剩余权利所有人)和债权人(优先权利人)的基本目标并不一致:"股东以及债权人之间的利益冲突内在于公司为营利而作出的每一个给公司带来风险的决定中。"②

公司法解决这两种相互冲突的目标的方式是:允许管理人——公司董事会——在公司具有清偿能力的情况下为公司营利最大化的目标采取风险

---

① 王文宇:《新公司与企业法》,中国政法大学出版社 2003 年版,第 15 页。
② Steven L Schwarcz, "Commercial Trusts as Business Organizations: Unraveling the Mystery", *Business Lawyer*, Vol. 58, 2003, p. 17.

性行动。这使得公司董事会除了破产的情形,仅对股东而非债权人负责。

在商业信托的情形下,剩余权利通常归属于委托人。仅仅从技术性的立场观,委托人——剩余权利所有人的利益同优先权利人的利益正好相反:支付给优先权利人的财产将减少剩余权利所有人可能获得的资产。在无偿信托的情形下,这种技术上的冲突很少构成问题,因为委托人并不像公司股东那样,期待风险性的回报。相反,其目标仅仅为保存信托财产所产生任何收益(surplus)。Spvs 中的委托人通过出售优先权凭证获得其主要价值,仅在优先权凭证被支付,而仍有剩余价值的情形下才能够行使剩余权利。而在没有第三方剩余权利投资人的商业信托情形,并无如公司一样的营利的经济目的的约束。此外,由于委托人自身即为剩余权利所有人,如需更高的回报,通过订立合同规定受托人的投资义务即可。

所以,从权利的分配结构层面(即权利优先等级的划分)而言,需要将财产进行风险性使用的程度以满足剩余权利所有人的期待,于是提供了区分商业信托和公司的关键性因素。信托的各种权利人的要求可以仅仅通过保存信托财产的价值得以实现,而对于财产价值的保存通常仅仅只要求受托人一般代理人的责任(ministerial effort)。这可通过平等分配的义务来实现。相反,公司中优先和剩余权利人的期望则分歧更大。仅仅通过保存公司财产的方式并不能满足股东营利的要求。这一方面对公司管理人提出了更高的训练和管理能力的要求;另一方面,期待的分歧使得在公司的组织形式下很难贯彻平等分配的义务。实际上,除非在公司破产的情形,公司法要求管理人仅仅对剩余财产所有人即股东承担义务。①

公司和商业信托为商业活动的不同组织形式,二者之间从某种意义而言,具有竞争性,因而我们应当从总体上确定为何在某种特定情形下采用此种或另种组织形式。如在养老金信托的情形下,信托形式更具有优越性;而在共同基金的情形下,两种形式都得到应用。此外,就非营利组织而言,慈

---

① Steven L Schwarcz, "Commercial Trusts as Business Organizations: Unraveling the Mystery", *Business Lawyer*, Vol. 58, 2003, p. 21.

善信托与慈善公司都已存在多年。①

3. 商业信托的制度约束问题

随着商业信托的组织化程度的提高,商业信托亦凸现出制度性约束的问题。商业信托作为商业组织的一种形式,同具有成熟的内部制度构架的公司形式相比而言,其显著特征是商业信托组织结构所提供的灵活性。所以,相对于公司的完善的治理结构,商业信托并不具有高层次的组织化程度。然而,这并不意味着商业信托中并不存在所有与利益、风险与经营的分离,而这种分离的存在正是一种商业组织形式中进行制度约束的原因。② 从代理成本的角度而言,传统的信托制度中,会产生两种不同的代理成本问题。其一是由委托人与受托人之间关系产生的代理成本问题,这种问题区别于公司中的类似问题,因为委托人并不能够对受托人进行持续的控制(或监督)。其二是受益人和受托人之间关系产生的代理成本问题。这即是风险承担与管理相分离中产生的传统的代理成本问题。③ 而在商业信托中,由于通常的情形是委托人与受益人身份的合二为一,这两种代理成本问题可谓是并存于商业信托的组织结构中的。既然形式上的两种主体类型(投资人和受托人)其实体现了实质上的三种不同的主体(委托人、受托人、受益人)。那么商业信托组织化过程中所产生的代理成本问题亦可从不同的主体角度来进行约束或提供问题的解决方式。一是从委托人角度而言的。由于商业信托的灵活性的因素,这亦可看做是较低层次组织化的特征。这种较低的组织化程度就为商业信托中通过单一合同的方式对受托人进行合同上的约束提供了条件。二是从受托人本身角度出发,即受托人信赖义务在商业信托中所体现出来的制度基础性作用。三是从受益人角度出发,即通

---

① John H. Langbein, "The Secret Life of the Trust: The Trust as an Instrument of Commerce", 107 *Yale L. J.*, p. 188.

② 商业信托作为一种组织形式得以应用,其组织化与组织化中的制度约束问题,可谓是陷入困境:即究竟是用商业信托中的制度性约束实现了其组织化,抑或是组织化过程中产生了制度性约束(主要是对商业受托人的约束)——本书的观点是用一种较为模糊或折衷的概念含糊了或回避了这一问题,即商业信托的组织化过程中相伴相随了制度性约束的问题。

③ Robert H. Sitkoff, "The Agency Costs Theory of Trust Law", *Cornell Law Review*, Vol. 69, p. 640.

过受益人权利来对商业受托人进行制度性的约束。上述这三种不同角度的约束在此仅提供一种分析的框架:商业信托的制度约束问题归根结底是由于资产分割、所有与利益、风险与经营相分割所带来的代理成本的控制问题,而这一问题则留待本节对受托人法律地位彰显所带来的难题(消极面)——代理成本问题的集中研究。

4.2 商业信托受托人法律地位的构架——理论(制度约束以及成本控制)和实务(法律约束)两面的分析

从本章第一节商业信托功能的分析中,不难发现受托人于商业信托资产分割、专业化经营以及组织化功能实现中起着关键性的作用。

商业信托资产分割功能的实现,正是通过由受托人持有信托财产的所有权并对其经营管理来实现的。而专业化的经营是通过商业受托人(更多的为信托公司、金融机构等机构的形式)的专业化经营来实现。组织化功能的实现无论从其存在的理由、内部结构特征还是从内部性约束方面,都难以脱离对受托人法律地位的关注,受托人于商业信托组织化功能实现中,可谓起到的是一种工具性价值的作用,而内部约束问题,亦主要指的是对商业受托人的代理成本控制问题。所以,对于商业信托功能实现的关注,对于本书研究目的而言,最终导向对商业受托人法律地位的关注。就分析框架而言,首先,是厘清商业信托中受托人与其他当事人的法律关系构架问题;其次,是受托人的制度约束与成本控制的问题;最后,是受托人的法律约束,也即具体法律制度实现问题。前二者可认为是理论方面的分析;后一问题可认为是实务操作方面的问题。

4.2.1 受托人与其他当事人的关系

商业信托中,受托人处于一种财产持有与管理的中心位置,无论是从委托人与受托人、受益人与受托人之间的法律关系,还是在受托人对信托财产进行管理和处分过程中与第三人(相对人)之间的权利义务关系中,受托人法律地位从制度上体现出关键性的两大特征:其一,是受托人身份与其本身的自然人或法人(在商业信托的情形由于受托人大多以机构的形式出现)身份的分离;其二,是在当事人之间错综复杂的关系中受托人的信赖义务人的身份,这种信赖义务关系最终体现为对受托人进行制度约束和成本控制的运作机制。

4.2.1.1 委托人与受托人

在私人信托传统的典型形态中,信托关系的成立,通常由委托人和受托人之间达成合意,委托人将特定(信托)财产转移予受托人,约定由受托人为受益人的利益管理以及处分该特定财产,在受益人非为委托人本身的情形,为他益信托;在受益人即为委托人自身的情形,则为自益信托。无论为何种情形,这种信托关系产生的基础在于委托人与受托人之间达成的信托契约关系。所以,虽然在信托法律关系形成后,涉及的主要法律关系为受托人根据信托文件为受益人利益管理和处分信托财产,委托人已然退出信托关系。然而,通过信托文件的具体条款的设定,委托人对于受托人所施加的影响仍然存在,并且在特定情形下,委托人保留了对于受托人任免的权利,因而,虽然信托关系绝大多数体现为受托人为受益人权益行事,二者之间的责任承担与利益享有的法律关系,但仍不能完全将委托人与受托人的关系撇开不顾。

委托人与受托人之间所建立的法律关系具有双方当事人达成合意的表面特征,正是因为此点,对于信托的本质,常常脱离不了对于其合同性质的关注(参见前文有关信托合同与物权本质争议的论述)。然而委托人与受托人之间的合同关系,并非完全由双方当事人之间的意志所决定。关于委托人与受托人之间的合同关系,信托法的明显作用在于为其提供了一整套默示的标准条款(a standard set of default terms)。在当事人基于意愿达成了信托关系之后,信托法将一系列标准条款自动插入到当事人之间所达成的协议中。而这些条款构成了信托关系的核心,包括管理人(受托人)的权利、义务等,而义务则包含了管理人的信赖义务(fiduciary duties):注意义务(尽合理注意以及技能的义务)、忠诚义务(不同管理的财产进行与受益人利益相反的交易)。尽管信托法通常将这些义务描述为对受益人所负担的义务,然而,这些管理人(受托人)所承担的义务首要的是为了满足委托人的意愿,所以构成了委托人和受托人之间的有效条款。①

这种标准条款的作用一方面是效率,然而这可以通过标准合同(或条款)的方式来达到;那么信托法所提供的这种标准条款的另一方面的作用则是确保委托人和受托人之间的法律关系受到有效约束而不至于为一方或双方当事人所忽略,这种功能我们可以称之为强制性功能。这种强制性的作用在商业信托的设定情形下尤为重要。商业信托的设定与传统信托的设定相比,最为显著的特征在于商业信托通常以发起人发起的方式建立。由发起人(通常为受托人)提供标准格式的信托契约,而投资人(委托人亦为受益人)则仅仅通过购买受益权凭证的方式来与受托人达成信托关系,那么信托法所提供的有关受托人权限、义务的标准条款的强制性特征对于受益人而言无疑是相当重要的,因为这种强制性的功能实质上是通过法定义务的形式对受托人的行为进行约束和控制。正是从此点出发,有学者认为,通过信托法的法律规则所施加的信赖义务,其功能超出了单纯的标准合同条款的特征,尤其是,各方当事人之间并不能够随意地偏离法律所设定的信赖义务。②

4.2.1.2 受益人与受托人

从信托制度本身出发,信托法的一个基本功能在于一旦形成信托关系,受托人即负有依据信托文件为受托人利益行事的义务,并且受益人利益具有可强制执行性,即根据信托法的制度设计,受益人有权强制受托人履行其义务,这种规则设计的目的在于使得受益人有动机并且有能力去监控(po-

---

① Henry Hansmann & Ugo Mattei, "The Functions of Trust Law: A Comparative Legal and Economic Analysis", 73 *N. Y. U. L. Rev.*, p.447.

② See Victor Brudney, "Contract and Fiduciary Duty in Corporate Law", 38 *B. C. L. Rev.* (1997), pp.595, 601—607; Tamar Frankel, "Fiduciary Duties as Default Rules", 74 *Or. L. Rev.* (1995), pp.1209, 1242—1251.

lice)受托人。根据普通法的传统规则,合同的第三方受益人并没有权力要求强制履行。所以,正是根据第三人是否享有强制履行的权力,信托法显著区别于传统的合同法:信托法提供了传统合同法所无法提供的强制履行的功能。[①] 不过这种功能随着合同法的发展似乎显得并不那么重要。在美国,1859 年之后,已经逐渐抛弃了传统的普通法对第三人强制执行权的限制。[②] 大陆法系的合同法中,也允许合同的第三人(受益人)享有强制履行的权力。

信托关系形成后,受托人作为信托财产的持有人,以受托人的名义与第三人进行交易,在信托财产的管理和处分过程中,对于以受托人名义所持有的信托财产,不同的主体具有不同的请求权利,这其中包括受托人本身的报酬请求权,与受托人就信托财产进行交易的第三人,以及因信托关系而对信托财产享有收益请求权的受益人。在对信托财产请求权的分配中,使用经济学的术语,受益人处于一种剩余权利所有人的地位,即受托人可以通过自由协商的方式达成关于受托人费用的相关条款(尤其是在商业信托的情形中),同样,与受托人就信托财产进行交易的第三人亦可以通过合同获得保护,而恰恰是受益人,仅仅在其他权利均已获得实现之后,才能就信托财产的剩余部分,享有请求权利,此也即受益人的剩余权利所有人的身份。[③]

正是因为受益人此种剩余权利所有人的地位,信托受益人的法律地位常常与公司的股东身份进行类比,实际上是从公司与信托这两种组织方式的权利层次分配角度进行剖析(参见上述公司与信托的组织结构之分析),虽然同为商业组织中的剩余权利所有人,然而较之于公司中的股东,受益人显然居于一种较为优越的地位:在"所有与经营相分离"的公司法制,股东虽负有限责任,但对公司资产的分配却殿后于一般债权人。而受益人在负有限责任的情形下,对信托财产的分配顺序却优先(此种优先地位实际上指的是因受益权对

---

① Henry Hansmann & Ugo Mattei, "The Functions of Trust Law: A Comparative Legal and Economic Analysis", 73 *N. Y. U. L. Rev.*, p. 452.

② See Anthony Jon Waters, "The Property in the Promise: A Study of the Third Party Beneficiary Rule", 98 *Harv. L. Rev.* (1985), pp. 1109, 1111—1112.

③ Robert H. Sitkoff, "The Agency Costs Theory of Trust Law", *Cornell Law Review*, Vol. 69, p. 646.

信托财产的追踪权而产生的物上追及力）；受益人的"实质所有权"兼具纯享利益与节省税负的优点则权义似失平衡。① 然而从受益人对受托人的控制层面观，受益人并无如股东对公司经营管理层的选择的权利（通过以股权数额为基础的选举权利体现出来），受益人相对于受托人而言，虽纯享利益，但此种优势地位反过来意味着控制权利的缺失，对于受托人而言，则意味着自由裁量权的获得，这又是另一种法律地位上的悬殊；由此受益人利益享有的相对优先性，以及对受托人严格信赖义务的施加，无不可从受益人与受托人之间此种控制权利的欠缺与自由裁量权的获得的悬殊地位可见一斑。

由此，就信托的一般法理而言，受益人之于信托关系中法律地位，主要涉及受益人与受托人的法律关系，此种法律关系的准确定性体现为如下的认识层次：首先，受益人对于信托利益得向受托人请求强制履行，此种权利使得受益人有动机和能力去约束受托人的行为；其次，受益人在整个信托法律关系中，处于剩余权利所有人的地位，这种地位和身份亦使得受益人的权利保护并不能单纯的通过合同来实现，必须有合同之外的其他制度来实现对其权利的保护（即对受托人行为的约束），这种保护（从受托人的角度而言为约束）即受托人之于受益人信赖义务的承担；最后，对受益人剩余权利所有人身份的总结并不意味着可以简单套用公司中的股东的相对法律地位，二者在权利的享有、性质的认定仍然有重大区别：这主要指的是受益人的物上追踪权所体现出来的一定的权利优先性，以及受益人相对于受托人与股东相对于公司管理人更为弱势的悬殊地位。尽管如此，此种对比仍然有利于我们从代理成本理论来对受托人的制度约束方面进行分析。

信托制度本身从某种意义上言，已经具备了组织法的特征。而商业信托，则综合了信托制度和商业组织的基本特征，一方面具有信托制度的特殊构架（主要指的是信托制度双重所有权的设计），另一方面，亦具有以商业组织阶层化安排来替代单纯的合同交易的特征，借鉴生产成本理论，即具有效率和节约成本的显著特征，与此同时亦带来代理成本的问题。

---

① 方嘉麟：《信托法之理论与实务》，中国政法大学出版社2004年版，第123页。

从商业信托中受益人与受托人的法律关系来看,有如下几点值得关注:

首先,是受益人身份的取得。商业信托受益凭证持有人即为商业信托利益享有和收取的受益人;从资本运作的角度言,即为商业信托资本的出资人(即投资人);而从信托制度本身进行法律关系的分析和定位,则为商业信托财产的实质所有权人。正如前所述,受益人于此种身份的取得过程中常常与公司的股东身份进行比较。商业信托中此种比较亦属平常。二者的主要差异在于商业信托受益人不同于公司股东可以透过定期由股东中选任董事控制公司的经营,商业信托的受益人除契约约定或例外情形,不得选任受托人进而执行信托事务,而是将信托财产管理权终局的授予受托人。①

其次,是在受益人与委托人身份的重合上。商业信托乃自益信托的一种,商业信托形成后,信托关系中委托人与受益人身份均集中于受益权凭证持有人身上;委托人的地位以及权利义务,一并由受益人继受,商业信托并不强调委托人意思的尊重,而转而强调受益人权益的保护。

最后,基于商业信托集团信托的特性。受益人为多数人,所以受益人享有受益权并从而衍生的诸多权利,为兼顾受益权保护以及信托财产的有效管理,除信托利益分配请求权及其他设计自身利益的行为外,受益人同意权的行使,原则上采行会议制度的设计,通过多数决的运用,形成集体意思决定。②

4.2.1.3 第三人与受托人

1. 受益人的债权人

受益人享有信托利益,此为信托制度设计的应有之义,对于受益人的债权人而言,受益人享有的此种受益权扩大了受益人的债务担保财产的范围,受益人可以通过明确设定担保的方式在其所享有的受益权上为其债权人设置担保权利,亦可以通过默示的方式将其对信托财产所享有的受益权利作为其一般性的担保财产范围;受益权作为一种财产权利,更可以通过转让的

---

① 黄欣怡:《商业信托之研究》,台湾中正大学硕士论文,2004年6月,第70页。
② 王志诚:《信托财产运用同意权之探讨》,载台湾《月旦法学》2000年11月第90期,第56—63页。

方式进行交易。① 当然受益权的处分并非不受到限制,诸如委托人于设定信托时以明确条款规定不得转让;受益权属于法律禁止转让的情形②;依受益权的性质不得转让的情形。③

无论是在担保的情形,还是在转让的情形,受益人对信托利益进行处分的行为,无疑会对受托人对于信托利益的分配行为产生一定的效力。因在受益人破产的情形,以及受益权已经有效转让并通知受托人的情形下,受托人应当向受益人的债权人而非原受益人支付信托利益。

而在商业信托的情形下,受益权转让受到的限制更少,并由于受益权凭证具有证券的一般性特征,即无因性、文义性等,商业受托人根据受益权凭证的表面证据支付信托利益而无需追究其原因行为是否有效。

2. 委托人的债权人

一项信托一旦设定,根据信托制度的双重所有权的设计,信托财产所有权即为受托人所持有,此为名义上的所有权,而实质上的所有权即受益权为受益人所享有。就此种设计的基本逻辑出发,委托人的债权人并不能对信托财产享有任何请求权利。委托人的债权人难以触及信托财产这一规则并非毫无例外。例外的情形是:其一,委托人本身即为受益人,此时根据上述受益人将其信托利益转让、处分的一般性原则,其债权人可在特定的情形下享有向受托人请求受益权益的权利(参见上小段对受益人的债权人与受托人之间关系的分析);其二,在委托人对信托财产的占有具有瑕疵时,受托

---

① 根据美国《信托法重述》的相关条款:具有行为能力的受益人有权自愿转让其信托利益,这种转让可以是有对价的,也可以没有对价。除非信托条款或者议会法律另有规定,否则,受益人转让受益权不需要通知受托人或取得受托人的同意,也不一定采取书面形式,而且,受益人也可以变更或者撤销其转让。然而大陆法系对于受益权的转让并没有较为完备的规定,学者们对于受益权可否随意转让存在不同意见。有学者认为,即使委托人没有赋予受益权具有受益人人身专属权的意思,受益人将受益权转让给他人,也是委托人没有预见到的。因此,应当排除受益权的可转让性,不允许转让。也有学者认为,受益权具有债权、物权性质的财产权,原则上应当可以转让或进行其他处分。参见何宝玉:《信托法原理研究》,中国政法大学出版社2005年版,第175页。

② 如养老金信托的信托利益是职工退休后领取的养老金,因而不得随意转让。

③ 委托人可能考虑到受益人可能过分不负责任以至于很快将所有的信托财产消耗掉,于是,委托人可能避免受益权可转让的一般性原则,而使得受益人的债权人并不能对信托财产上的受益权利益主张权利。此即美国的禁止挥霍信托的规则,受益人的债权人无法追及信托利益。

人对信托财产的占有,应当承继委托人占有的瑕疵。①

3. 受托人的债权人

普通法的信托制度中,在受托人破产的情形,其所管理的信托财产并不能形成其破产财产以满足其个人债权人的请求。此即信托制度的破产隔离功能的主要体现。此种破产隔离功能首先体现了信托制度设立的初衷是为受益人权益而非为受托人个人利益;其次,这对委托人以及受益人来说,都是较为方便的规则设计。在应用到信托的典型情形,委托人以及受益人通常都难以对受托人的经营事务尤其是受托人的清偿能力进行监督,所以,难以对受托人将信托财产用于对受托人的债权人进行担保的情形进行监督(如在委托人死亡以及受益人无民事行为能力或未成年的情形)。相形之下,在信托制度破产隔离功能的规则下,简单的会计方式可以很容易向受托人的潜在债权人表明受托人所持有的财产哪些是以信托的方式持有,因而在受托人破产的情形下,不能用于满足受托人债权人的请求。对此,信托法规定了简单的公示方式,即在对财产进行登记或进行其他处分时,简单进行"信托"的标记。

而在受托人违背了此种标记义务时,就有可能使得受托人的债权人对信托财产产生不适当的信赖。然而,无论受托人故意抑或由于疏忽导致此种标记义务的违反,受托人的债权人都不能够就信托财产享有担保利益。这表明在受托人的债权人和受益人的利益平衡间,信托法倾向于对受益人权利的保护:此是基于法律假定受托人的债权人相对于受益人而言,更能够避免此种风险。②

信托法此种破产隔离功能虽然也能通过当事人之间的合同来达到同样的效果:受托人可以在与其所有的个人债权人之间签订的所有合同中插入

---

① 日本《信托法》第 13 条、韩国《信托法》第 9 条以及我国台湾地区"信托法"第 33 条均对此作出规定,以防止委托人将无权处分的财产转移给善意的受托人设立信托,为自己和他人谋取不正当利益,侵害财产的真正权利人的利益。参见何宝玉:《信托法原理研究》,中国政法大学出版社 2005 年版,第 147 页。

② Henry Hansmann & Ugo Mattei, "The Functions of Trust Law: A Comparative Legal and Economic Analysis", 73 *N.Y.U.L. Rev.*, p.455.

条款,规定其债权人在受托人违约的情形下放弃对信托财产的请求;同时,受托人在与委托人签订的合同中也应当承诺其会在所有个人合同中加入上述合同条款。此种方式的交易成本将是相当昂贵的。

信托制度的这种破产隔离功能正是信托具有组织性特征以节约单纯的市场交易所带来的巨大成本的基石。对于商业信托的发展而言,受托人通常以商业信托机构的形式出现,信托破产隔离功能的确立对受益权的保护更是至关重要的,因为在现代化交易中,对交易的迅捷和安全提出了更高的要求。

4. 与信托财产进行交易的相对人

受托人在对信托财产的管理和处分过程当中,不可避免与第三人就信托财产进行交易。由于受托人的双重身份——受托人身份以及其本身的身份(自然人或法人),由此难免在相对人与受托人进行交易的过程中容易产生混淆,相对人有可能以为其与受托人本人(而非信托财产)进行交易,从而引致受托人的个人责任。所以,受托人在交易过程中,应当通过明示的方式表明其是以受托人的方式与第三人进行交易,由此,受托人的责任范围仅以信托财产为限而非扩大到受托人个人责任;而受托人作为信托财产名义所有人所负担的非合同性的责任也仅以信托财产为限。这种有限责任对于交易的迅捷和安全都是必要的,如此受托人的个人责任不必与信托财产责任范围相混淆,从而将信托财产上的交易与受托人的个人交易相互隔离。

不仅就信托财产进行交易所产生的责任不及于受托人的个人财产(或责任),管理或处分信托财产所产生的责任亦不及于委托人或受益人的个人责任。实际上这正是大陆法系于借鉴信托制度过程中难以单纯以代理制度来对信托制度进行诠释的主要原因。如若完全以代理制度来对信托制度进行解释,那么受托人无疑应当被看做委托人和/或受益人的代理人,如此委托人和/或受益人应当就信托财产交易所产生的责任承担个人责任。而在信托制度下则并非如此,信托制度中信托财产的名义所有人为受托人,委托人和/或受益人亦难对受托人进行经常的监控(control)。由此,信托制度实际上在责任的范围上有效地区别于单纯的代理制度;虽然这种有限责任的效果亦可以通过受托人与交易的相对人之间通过签订单个的合同来达到,然而,这种方式的确存在难以承担的交易成本问题。正是因为在信托财产交易所产生的责任范围确定的规则中,信托制度有着代理制度难以实现的有限责任的特征,亦从制度上解决了单纯市场合同所存在的交易成本问题,围绕着信托财产交易中与第三人关系问题,能够总结出信托制度商业组织化的特征来。

4.2.2 受托人法律地位彰显所带来的难题(消极面)——代理成本问题的集中研究

如上所述,当我们从组织化的角度来分析商业信托的内部构架时,不可避免的是随着组织内部安排所带来的代理成本问题,而对商业信托的代理成本进行研究则攸关本书对受托人法律地位的研究。

企业组织的最重要作用在于以组织化的安排节约单个的公开市场交易所带来的成本,然而随同企业组织化安排而来的却是组织化本身所带来的代理成本问题。商业信托组织化的过程的效用之一是对受托人法律地位的借重。那么组织化过程所带来的代理成本问题,从商业信托组织化研究而言,则可集中体现为受托人法律地位彰显所带来的难题,此也即商业信托组织化乃至受托人地位凸现所产生的消极面的影响。

代理成本理论更多是从经济学的角度而言的,代理问题产生于一方当事人(代理人)具有裁量权以及决策性权利并影响另一方当事人(本人)权益,而双方之间又不可能订立完全的合同。当代理人的行为不可察时(unobservable),无论事前的协议多具体化,对这种事前协议的时候执行都是不现实的。问题在于本人不能确定究竟是代理人的违约行为还是意外的因素导致了不利的结果。所以,除非在代理人的努力程度与可计量的收益之间呈正相当关系,在此情形下或好或坏的结果完全能够显示出代理人的努力程度,对于本人而言,很难防范代理人的规避行为(shirking)。此即为"隐藏行为"的难题,有时又称之为"道德风险"。这一问题产生于合同签订之后的信息不对称问题。①

4.2.2.1 商业组织内部的代理成本

1. 商业组织的功能

从商业组织何以存在的理论出发,商业组织的存在就是为了减少市场交易所产生的交易成本。公司、商业信托等商业组织首先通过阶层化的方式进行权利结构性的安排。在公司的形式,各国及地区公司法大多通过股东会、董事会、监事会(主要是大陆法系,英美法系则采用董事会内部独立的专职的董事委员会的方式)等公司治理结构的方式来实现所有权和经营权的相分离;在商业信托的情形,这种阶层化的安排则显得相对较为简略,实际上是通过对受托人统一来行使对信托财产的管理处分权限并将信托利益分配给受益人(商业信托中投资人、委托人、受益人的身份往往是重合的)这样的方式来实现的,基本上并未脱离传统信托对于权利义务的安排,而显然,在信托制度发源地的英美法系,信托本身通常被作为一种组织法的形式来进行研究。当然,这并非意味着商业信托并无对信托制度本身的任何突破之处,商业信托在创设上方式、受益权凭证的大众发行方式、受托人对于商业信托财产的管理和运营以及受托人所受到的制度约束等方面,同公司更具有相似性,更接近于商业组织的特性。

商业组织的另外的功能是对组织结构内部的利益冲突进行控制。在公司的情形,通常体现为内部人与外部人之间的利益冲突。前者指的是控制股东与经营管理层;而后者指的是小股东以及债权人。同样在商业信托的情形,需要面临各类的利益冲突问题,主要是就信托财产上的利益所产生的利益分配的问题,诸如前文所阐述的委托人与受托人、受益人与受托人、第三人与受托人之间的关系,无不体现了当事人之间错综复杂的利益冲突以及解决规则。

就商业组织所提供的这两个主要功能来看,实际上是将一系列单一的市场交易或当事人之间权利义务关系统一纳入到一个较为整体化的商业组织中来,通过商业组织法的方式确定这种整体化过程中所产生的利益冲突

---

① Robert H. Sitkoff, "The Agency Costs Theory of Trust Law", *Cornell Law Review*, Vol. 69, p. 636.

问题的解决规则问题。如在公司中对于投资人投资营利目标的追逐以及商业信托中对于受益人权益的偏重,都是通过特定的商业组织法的方式来替代了单纯市场交易对当事人权益关系的安排。

从广义而言,这些利益冲突问题都具有"代理问题"或"本人—代理问题"的特征。根据代理成本的一般理论,代理问题产生于一方当事人(本人)的权益,倚赖于另一方当事人(代理人)的行为的情形。[①] 所产生的代理问题在于促使代理人以本人的利益而非代理人自身的利益行事。这种宽泛的对于代理问题的理解显然并不局限于代理这一法律制度特定的情形,而是在含义上进行了扩大,即对于利益冲突情形究竟为哪一方利益行事的问题,在这种宽泛的理解下,上述商业组织中所产生的种种利益冲突情形都可被纳入到"代理成本"问题中来进行分析。

2. 商业组织的生存法则

从商业组织的结构来看,商业组织常常被看做是所有者之间书面或非书面的合同束。这些合同或内部的"游戏规则"规定了组织中每一代理人(agent)的权利、代理人行为评价标准以及所面临的费用支付问题(the pay-off functions)。这种合同束的结构,结合既有的生产技术以及外部的法律约束,决定了特定组织形式的生产成本。以最低成本提供给顾客所需要的产品的组织形式,能够生存下来。[②]

商业组织的中心合同规定了剩余所有权的性质以及代理人之间的决策程序的步骤分配。这些合同对不同的组织进行区分,并解释了何种组织得以生存。

(1) 剩余所有权

大多数组织的合同结构通过固定的报酬承诺方式,或者通过同特定行为的激励性报酬方式,大多对代理人所承担的风险都进行了限制。而剩余

[①] 此时的代理并不能将之狭义化理解为大陆法系民法体系中的代理制度,此种代理制度显然并不足以包纳产生代理成本问题的诸多情形,参见前文对于信托与代理制度的比较。

[②] Eugene F. Fama and Michael C Jensen,"Separation of Ownership and Control", *Journal of Law and Economics* 26,1983.

风险,即组织生产经营所形成的收入与对代理人所承诺的报酬之差的风险,则由要求净资产权利的合同一方所承担。我们称其为剩余所有人和剩余风险承担者。剩余所有人虽然承担了最大的不确定性(风险),但仍然具有生存价值,因为其减少了监督合同以及根据不同情况调整合同的成本。

不同组织形式的剩余权利具有不同程度的限制。例如,大型公司的普通股票为受到最少限制的剩余权利。股东并不需要在组织中担任任何其他的角色;剩余权利的转让并不受到限制。这种组织通常被称之为开放型的公司,以区别于封闭型的公司,后者通常规模较小,剩余权利也大多受到内部决策代理人(行为人 agent)的限制。

从剩余权利的特征而言,大致可以将独资企业、合伙以及封闭型公司同开放型的公司区别开来。在前者,剩余所有权通常同重大决策人相结合,这种结合避免了剩余风险承担与决策功能相分离所产生的代理成本问题。但所有同控制相结合这种控制代理成本的方式却是以效率的损失为代价的:因为决策人的选择必须结合财富、承担风险的意愿以及决策的技能。剩余权利同决策功能相结合实际上放弃了最优的多元化,而转让的权利也受到限制,两者都降低了剩余权利的价值,而增加了风险承担的成本,同时也限制了风险投资的可能性。①

一种组织形式的生存法则是:剩余权利以及控制代理问题的手段结合既存的生产技术的成本和收益使得组织能够以低于其他组织形式的成本提供产品。如此,在并不涉及大型经济规模、专业化的决策技能的情形下,独资企业、合伙以及封闭公司的受限制的剩余权利形式,更为适合。在这些组织形式中,通过限制剩余权利所节约的代理成本的考虑胜过能够从决策的专业化和剩余风险承担的分离所带来的好处。另一方面,在大型经济规模的情形,不受限制的普通股的剩余权利形式,更可能占主导

---

① Michael C. Jensen,"Agency Problems and Residual Claims",See Michael C. Jensen, *Foundations of Organizational Strategy*, Harvard University Press, 1998. This document is available on the Social Science Research Network (SSRN) Electronic Library at:http://papers.ssrn.com/sol3/paper.taf? ABSTRACT_ID=94032, p.8,最后访问时间 2006 年 10 月 12 日。

地位。因为,在此种情形下,经济决策需要通过复杂的决策层级来实现,而这需要专业的组织化的决策技能;产生了由剩余所有人承担的大量的集合风险;需要剩余所有人提供大量的财富购买风险资产并对组织内部的大批代理人进行报酬的支付。在这种复杂的组织中,不受限制的普通股剩余所有权的优势胜过对由于决策和风险相分离而产生的控制代理问题的成本的考量。①

(2) 决策过程

组织对决策过程进行分配的方式对于解释组织的生存法则亦具有重要性。从广义而言,决策过程通常包括四个步骤:动议(initiation)——资源利用以及合同构架的建议的提出或产生;批准(ratification)——对于动议进行选择性的决定;执行(implementation)——实施已批准的动议(决定);监督(monitoring)——对代理人的行为进行评价并进行奖励。由于决策的动议和执行通常都分配给同一行为人,所以通常将二者合称为决策的管理;而决策控制则包括了决策的批准和监督。剩余风险的承担与决策管理的分离所产生的决策体系即为决策管理和决策控制的分离。而决策管理和决策控制的分离则体现了剩余权利在很大程度上受到限制。代理问题产生的原因在于合同的签订和执行并非毫无成本。代理成本包括对具有不同利益的行为人之间的合同进行构架、监督以及约束的成本。代理成本也包括产出价值的损失,这些损失源于合同的履行成本超过了所获得的收益。②

当发起和执行重要决定的决策管理人并非主要的剩余权利人从而其决策并不对其权益产生多大的影响时,决策过程中的代理成本的控制就非常的重要。③ 如果没有有效的控制程序,这些决策管理人就更可能采取偏离剩

---

① Michael C. Jensen, "Agency Problems and Residual Claims", See Michael C. Jensen, *Foundations of Organizational Strategy*, Harvard University Press, 1998, p.9.
② Jensen and Meckling, "Theory of the Firm: Managerial Behavior, Agency Costs and Ownership Structure", *Journal of Financial Economics* 3, pp.305—360.
③ 决策程序为职业的管理人所掌控,而他们的利益同剩余所有人的利益并不一致,此即为"所有"和"控制"分离,更准确而言,剩余风险承担与决策功能相分离所产生的代理问题。参见 Michael C. Jensen, *Foundations of Organizational Strategy*, Harvard University Press, 1998。

余所有人利益的行为。一个有效的决策控制系统几乎从定义上就隐含着：决策的控制（批准和监督）在一定程度上同决策的管理（发起和执行）是相分离的。

相当的组织形式中以决策的管理和剩余风险的承担相分离为特征，这在大多数对于公司的研究中，称其为所有同控制的相分离。根据决策过程的理论总结，所有具有上述特征的组织，包括大型的开放型公司、共同基金等，通过决策管理（发起与执行）和决策控制（批准和监督）相分离的方式来对管理和剩余风险承担相分离所产生的代理成本问题进行控制。

那么具体的对决策管理和决策控制相分离的方式则包括：（1）决策的阶层化，通过此种方式，较低阶层的管理人的决策动议需要经过较高阶层的管理人的批准和监督；（2）以董事会的形式组织的最为重要的决策以及高层决策管理人的聘任、解聘以及报酬等问题进行批准和监督；（3）鼓励决策管理人相互之间监督的激励机制。这些分离决策管理和决策控制的机制所产生的成本成为开放型公司不受限制的普通股剩余所有权获得利益而产生的相应的代价。①

我们首先从较为宏观和概况的层面探讨了商业组织的功能，即通过阶层化的组织安排和对组织内部的利益冲突进行安排和控制的方式来实现商业组织节约单纯的市场交易所产生的交易成本。随着研究的深化，商业组织内部的安排实际上最终体现为剩余权的性质问题，而这种剩余权利的性质实际上体现为同决策功能的结合还是分离的问题，根据商业组织的生存法则（简言之，以较少成本提供产品），在较为大型复杂的经济活动中，剩余权利同决策过程的相分离虽然一方面带来了代理成本问题，另一方面这种分离所带来的管理效率的利益，却超过了对于代理成本的考虑，由此我们认为在类似于开放型公司的情形，剩余所有同管理决策相分离的权利模式是效率的从而具有合理性。在这一命题的基础上，随之

---

① Michael C. Jensen, "Agency Problems and Residual Claims", See Michael C. Jensen, *Foundations of Organizational Strategy*, Harvard University Press, 1998.

而来的问题便是如何对代理成本进行控制的问题：在所有与控制相分离的剩余权利模式下，对代理成本的控制往往是通过管理决策的发起、执行同其批准、监督相分离来实现的，在这一意义上，管理决策的发起、执行同其批准、监督相分离的概念同所有与控制相分离具有某种程度上的同一性。

4.2.2.2 商业信托的代理成本控制

对于本书的研究对象而言，上述有关商业组织的代理成本控制的一般性理论的研究目的在于将其适用于商业信托这一特殊的组织形式。在这一理论的具体适用过程中，我们发现所有与控制相分离的剩余权利模式同样存在于商业信托这一结合了信托与组织双重特征的商业组织运作模式中。由此我们必然关注商业信托的代理成本控制模式。

本书第二章对信赖关系进行了委托代理理论的分析，指出在委托代理理论的分析模式下，信赖法律关系具有三个基本的法律特征：其一，所有权与控制管理权的分离；其二，宽泛的授权（或责任）；其三，有关行为和结果的信息不对称。所有权与控制管理权相分离可谓呈现出与上述商业组织的剩余权利模式相近的特征来。而后两种特征不过是在所有与控制相分离这一基础性特征之上的具体特征体现。

信赖法律关系对于以信托为构建基础的商业信托而言，仍具有分析的理论构建基础作用，而商业组织化的发展，则使得这种信赖法律关系具备了现代商业组织运作的特征。信托作为典型的信赖法律关系，显然亦具备了信赖法律关系的基本特征，由此，所有权与控制管理权相分离亦是信托制度的重大特征。商业信托一方面仍然以信托制度为其法律制度构建的基础，因而必然面临信托制度运作本身所带来的所有与控制相分离带来的法律控制问题，当然，由于信托制度中双重所有权的设计，受托人享有了名义上的所有权，因而又具体称之为所有与利益相分离的特征。当我们以委托代理模式来分析时，就集中体现为代理成本的控制问题；另一方面，商业信托作为现代商业投资工具，又在相当程度上体现了商业组织的特征，而商业组织的运作，有关所有与控制相分离所产生的代理成本控制问题，从来都不是能够回避的话题。

信赖法律关系的代理成本的控制机制突出体现为对被信任者信赖义务的施加,并且这种信赖义务的施加具有极为浓厚的道德要求。这种信赖义务的约束机制在商业信托中仍发挥了强大的作用。这具体体现为以注意义务和忠诚义务各种具体规则的施加。商业组织的剩余权利控制模式解决所有与控制相分离的根本手段为管理决策的发起、执行同其批准、监督相分离。这种分离最为典型的体现为公司制度中公司治理机构的安排。信托制度的设计实际上加大了这种分离,而又削弱了受益人控制的能力,受益凭证持有人大会集体决策的控制能力非常有限。商业信托制度设计中只能转而寻求商业信托受托人机制的内部控制模式。受托人职能的分化与细化,集中体现为托管人职位的设计,即这种内部控制的具体体现,除此之外,亦十分借重具有浓厚道德特征的信赖义务的调整,并演化为各项具体的规则,包括借鉴了现代组合投资理论的谨慎投资人规则、体现受益人最大利益的自我交易禁止等规则。本书将于商业信托受托人制度构建一章中详细述及。

4.3 信托业法对商业受托人的法律调整——各国及各地区制度比较研究

商业信托最为显著的特征在于这种商业组织的运营过程中专业的、机构化的商业受托人的作用不可或缺,受托人的专业化以及机构化发展一方面带来的是商业信托经营与管理的效率,另一方面难免对代理成本的控制,所以,商业信托的发展过程亦伴随了对商业受托人的法律调整的发展过程。按照本书对于商业信托的定义,商业受托人即负有管理处分商业信托财产并执行信托事务的权限与义务的人,由于商业受托人这种专门化和商业化的特征,本书中商业受托人的概念包含在信托业的范畴之内,即以营利为目的而专业从事信托业务的组织机构,如英美的银行信托部、日本的信托银行、我国的信托投资公司等等。对于商业受托人的法律调整,主要着眼于各国和各地区对于信托业的调整、对于从事信托业者权利义务的规范。

各国和各地区法制对信托业的调整,体现了商业信托发展中受托人地位的彰显,由此产生的是对商业受托人权利义务专门的法律调整,即在对信托关系的一般性调整之外,专门立法或列专章对信托业进行调整。由于各国和各地区经济文化背景以及法律传统不同,对于信托业的调整形式也各异。如美国在1906年颁布的《信托公司准备法》,1913年的《联邦储备银行法》也涉及信托业的业务调整问题,随着共同基金的发展,亦有1940年的《投资公司法》以及《投资顾问法》对共同基金中的投资公司以及投资顾问进行专门调整;英国没有专门调整信托业的法律,而是分散在银行法和公司法的规范之中;日本、韩国以及我国台湾地区在《信托法》之外都制定了专门的《信托业法》;我国香港地区则在其《受托人法》中专门用一章规范信托公司。我国除了2001年的《信托投资公司管理办法》对信托投资公司的设立、变更及终止、经营范围、经营规则、监管以及自律等进行调整之外,于2003年、2004年通过的《证券投资基金法》、《证券投资基金管理公司管理办法》、《证券投资基金托管资格管理办法》等法律、法规均对证券投资基金管理公司、托管人等进行相应的规范。由此,关于商业受托人的调整,我国形成了以《信托法》、《证券投资基金法》为基础的一整套法律规范。

4.3.1 信托业的法律调整框架

随着商业信托的发展,对商业受托人的约束日益重要,从而凸现出对专业经营信托的受托人(主要是机构受托人)的调整,从广义上而言,对商业受托人的法律调整和信托业的调整范围是几近一致的。商业信托以及信托业发展的显著特征是受益人的大众化与专业经营相结合,受托人的专业管理和控制带来效率的同时,亦不可避免专家控制权力(或者说经营管理权力)滥用的道德危机,商业信托受益权大众化使得商业信托的专业经营关乎公共利益,从而国家公权力对于信托业的法律调整,相对于传统的个人信托而言,更多强制性的规定。信托业的法律调整框架,主要包括信托业的准入、更为严格的商业受托人行为标准的确定、信托业与其他金融行业的分业与混业等问题。

4.3.1.1 信托业的准入

信托业的准入的调整源于国家公权力对于公共利益的关注,如前所述,商业信托受益权的大众化方式,使其关乎公共利益。信托业的准入问题主要是门槛的设置,即何种机构可得设立信托机构,从事专业的商业信托业务。从监管层面而言,涉及何种监管机构享有此种批准或许可的权利,这种准入是批准性质的,还是注册标准性质的;从准入的对象而言,则涉及拟进入信托行业的专业机构的注册资本金额、组织机构、从业人员的各方面的要求,即经营信托业务的组织应具备何种条件。准入规则主要包括机构的组织形态、资本金最低限额以及人员、场地、设施条件等。[①] 就本书对商业信托受托人的重点研究而言,准入问题主要涉及对证券投资信托的受托人的资格的条件的设定。

4.3.1.2 商业受托人的行为标准

有关信托业的法制规定,在确立了信托业的准入法则或标准之后,其主体法律规范大多关注于对信托机构的营业范围、营业规则的确定以及随之而言的信托业的监管问题:即信托业经营的行为标准的确定。就本书研究所界定的商业信托而言,对商业受托人的行为标准的关注,更多集中于较为抽象的行为标准,即商业受托人于商业信托运营过程中所承担的行为准则、义务规范等。

4.3.1.3 分业与混业的问题

在研究金融法制时,难以回避的是金融业的分业以及混业经营的问题。金融混业经营即银行、保险、证券、信托机构等金融机构都可以进入银行业、证券业、保险业、信托业之中的任一业务领域甚至非金融领域,进行业务多元化经营。而金融的分业经营则指上述业务。分业经营则在这些业务之间是截然分开的。就我国目前金融业的经营以及监管而言,坚持了较为严格的分业经营、分业监管的原则。

---

① 周小明:《信托制度的比较法研究》,法律出版社1996年版,第213页。

然而从目前全球金融业的发展趋势而言,混业经营似乎已是变革的方向,而我国坚持的分业经营则越来越多地体现出其局限性。具体而言,其一,难以应对西方国家的金融综合经营制度对我国金融业分业经营带来的强烈的冲击;其二,金融业分业经营制度不利于资本市场和货币市场的融通,不利于金融业的规模经营、国际竞争力的提高以及传统金融企业向现代金融企业的转变;其三,金融业分业经营制度不利于金融创新,导致银行业和证券业都缺乏创新机制和创新能力。而综合经营的优势则是多方面的,一是有利于实现规模经营效益,可以将金融行业的同一资产适用于不同金融业务,增强产品创新和服务创新能力;二是有利于提高综合竞争力,可以共享网点资源和客户资源;三是有利于分散经营风险,综合经营可以充分发挥多个市场的综合优势,可以缓和或者规避金融各行业的周期性、阶段性风险,实现互补,降低经营风险。[①]

近几年,除去欧洲大陆有关国家,美国、英国、日本、韩国等国纷纷宣布金融机构由分业经营走向混业经营,一些国家的金融监管部门也为此作出相应调整,由单一、分业的监管部门走向统一、混业的监管部门,特别是美国。1999年11月,美国国会正式通过《金融现代化法案》,允许银行持股公司可升格为金融控股公司,允许升格的或新成立的金融控股公司从事具有金融性质的任何业务,即银行、证券和保险业务,但其混业经营是通过分别从事不同业务的子公司来实现,各子公司在法律和经营上是相对独立的公司。

各国及地区金融业监控的变革给中国金融业的监管带来的冲击是直接而具体的,并作为了较为迅速的反映,广受关注的是2005年《证券法》的修订,新修订的《证券法》第6条明确规定:"证券业和银行业、信托业、保险业实行分业经营、分业管理,证券公司与银行、信托、保险业务机构分别设立。国家另有规定的除外。"这实际上是在坚持分业经营、分业管理的前提下,为探索金融机构综合经营试点提供法律依据,为证券业和银行业、信托业、保

[①] 参见中国证监会法律部:《完善证券市场监管制度 强化市场主体约束机制》,载《中国证券报》2006年1月5日。

险业的相互融合创造了条件。

分业抑或混业带给信托业的问题是多方面的:其一,是何种法律规范对信托业进行调整。在分业的模式下,单一的信托业法似乎可以较为效率地对信托业进行全方位的调整,而在混业经营下,相应的银行业法制、证券业、保险业法制都会涉及一定的信托业经营问题。其二,是信托业的准入问题,在混业的情况下,显然信托业的经营主体资格问题更为复杂。其三,是信托业与其他金融业的区别问题,证券投资信托以及证券投资基金等业务在各国的迅速发展无不得益于信托制度的灵活与弹性。在混业经营的模式下,如缺乏明确的法律规范和准则区分信托业以及其他金融业,则可能带来法律关系的模糊不清从而引起监管的混乱。

4.3.2 信托业法制立法例

4.3.2.1 英国

英国并没有专门的立法来对整个信托业进行法律规范。英国的法律对于信托的规范主要着眼于对受托人的规范。早在1850年英国就制定了《受托人法》。1893年的《受托人法》将散落在三十多部法案中的有关受托人的条款综合到了一起,成为指导受托人开展业务的一部明确而综合的法案。随着信托作为一种财产管理和投资方式得到积极运用,对于信托投资另有专门的法律约束,如早在1889年制定的《信托投资法》。而2000年的《受托人法》是在1925年的《受托人法》和1961年的《受托人投资法》以及其他相关法律规定的基础上制定的,对受托人的行事原则、投资权限和衡量投资的标准、购买土地的事项、代理人和保管人的任命以及受托人报酬的收取等方面都作出了原则性的指导。2000年6月14日,《金融服务与市场法》(Financial Services and Markets Act 2000,FSMA)完成了最后的立法手续,获得通过,于2001年4月1日正式生效。《金融服务与市场法》的出台,标志着英国金融监管体制的重大变革,即从1986年《金融服务法》确立的"成文法框架下的行业自律"体制转变为"成文法规范的单一监管机构"体制(Statutory Single Regulator),并且确立了金融服务局(Financial Services Authority,

FSA)的单一监管机构地位。2000年的《金融服务与市场法》作为一部对整个金融市场进行规范的综合性法律也对信托业活动作了明确的规定,一般情况下,经营业务涉及投资活动的法人或个人都须得到金融服务局的批准方可进行相关业务。单位信托、开放式投资公司等重要的投资信托形式在该法案中都有单独的对应条款。

1. 信托业的准入问题

如同其他投资业一样,符合金融服务法规定的集合投资计划信托经营活动,亦须获得金融服务局的批准,方可进行经营活动。FSMA第19条明确规定,任何人不得在英国从事或意图从事"被监管行为",除非他是授权人士或豁免人士。FSMA用专门的章节规范金融机构或个人如何向FSA提出申请,获得FSA对其从事被监管行为的授权或豁免。例如,该法第三部分"审批与豁免"和第四部分"同意从事的被监管行为"具体规定了申请与审批的程序,并授权FSA公布具体的规则和指南。

2. 受托人行为的监管

根据英国2000年《金融服务与市场法》的授权,FSA已经制定并公布了一整套宏观的、适用于整个金融市场各被监管机构的"监管11条"。其具体内容有:(1)被监管者一定要诚实地开展业务;(2)被监管者一定要勤奋和细心地以应有的技能开展业务;(3)被监管者在适当的风险管理机制下,一定要负责和有效地采取适当的谨慎态度组织和管理其业务;(4)被监管者一定要保持适当的金融资源和财力以应付可能的危机;(5)被监管者一定要遵守相应的市场行为准则标准;(6)被监管者一定要公平对待其客户,并对客户的利益给予应有的考虑和重视;(7)被监管者一定要对其客户的信息需求给予应有的重视,提供给客户的信息应该明了、公平,不能误导;(8)当被监管者对其客户的资产负有责任时,一定要作出适当的安排以保护这些客户的资产;(9)被监管者一定要以公开及合作的态度接受FSA的监管,被监管者一定要将必须及时通报的情况报告给FSA。

3. 混业经营

在英国的金融监管体系中,信托业极少作为一个相对独立的领域而出现。2000年《金融服务法》第22(2)条将监管的对象确定为投资业,并在附表2中,对上述投资活动进行明确的说明,具体包括:从事投资活动,即以本人或代理人的身份买卖、认购和承销某种"特定投资";如果涉及的"特定投资"是保险合同,则包括履行该合同;安排投资交易;吸收存款;保管与管理财产;投资管理;提供投资建议;设立共同投资基金;利用以计算机为基础的系统发出投资指令。

如此包括信托业在内的各项投资活动都被包括在内。英国金融服务与市场立法的背景之一,就是为了适应混业经营的需要。以前针对分业经营的分散监管体制(即对从事银行、证券、保险业务的不同金融机构,由不同的监管机构负责)需要向针对混业经营的单一监管体制转化,即由一家监管机构统一负责对金融集团的监管。否则,不仅将增加对金融集团的监管成本,而且可能由于不同监管机构之间的协调问题影响有效监管的职能,甚至可能产生重大的监管失误。① 从分业经营向混业经营的回归是顺应了历史发展的潮流。而英国以2000年的《金融服务与市场法》为标志的金融改革,从综合银行体系走向以混业经营为监管目标,不失为监管当局的理性选择。

4.3.2.2 美国

1. 信托业的准入监管

由于美国联邦立法和州立法的区别,信托机构(信托业)也受到联邦立法与州立法的双重监管。从而由于国民银行、州立银行以及信托公司的区别,各级监管机构在审批信托权方面所遵循的程序有所不同。

国民银行要从事信托业务,首先必须向通货管理局提出申请。接到申请后,通货管理局根据1963年颁布的《国民银行的信托权和信托投资基金》对申请进行如下方面的审查:银行是否有足够资本进行信托业务;银行经营管理的特点、能力;银行是否具备其他各种条件,如净资产、剩余资金与其资产的特点、存款负债及其负债相比是否充足等;银行是否有具备信托经验的

---

① 郭洪俊、张昕:《英国〈2000年金融服务与市场法〉评介(一)》,参见 http://www.pkufli.net/Finance_Abroad_View.asp? ID=424,最后访问时间2006年6月10日。

高级职员；社会对信托业务的需求情况及该银行可占市场需求的份额。通货管理官在考虑了以上种种条件之后，在与州或当地法律不相冲突的情况下，才批准国民银行的申请。

联储体系会员中的州立银行只要满足州法律有关从事信托业务的条件后，即可向州政府提出申请，得到州政府和联储董事会的许可后，才能得到信托权。如果是非联储会员的州立银行或信托公司，只要取得州政府的行政管理机构的许可，就可经营信托业务。但是各州在具体审批时有所不同。①

2. 受托人的行为标准

受托人行为标准集中体现在美国《投资公司法》反欺诈条款以及防止利害冲突条款的规定中。如第36条规定特定人如因不法行为违反忠实义务的，SEC可以对其起诉或发布禁令。而第17条更是对防止利益冲突及欺诈行为进行了集中规定。其(a)项规定投资公司的投资顾问、承销商或其他有关人员（或与上述有关的人员）不得在明知情况下向投资公司买入、卖出、借贷证券或其他财产。(d)项更广泛的排除投资公司利害冲突的可能性。规定有关联关系的人或投资公司的主承销商（或与此人有关联的人）不得以本人的身份执行投资公司（或投资公司所控制的公司）与主承销商或利害关系人之间的交易。(i)及(h)项规定投资公司的职员、董事、投资顾问及承销商如果在执行职务时有故意的滥权行为、恶意、重大过失，投资公司不得免其责任。证监会还可以制定规则，以防范投资公司买卖其持有或欲持有的证券时所发生的欺诈行为，并可以制定"伦理法典化"的规则，对投资公司、投资顾问及承销商建立合理的行为标准。

3. 从分业走向混业

从20世纪30年代初到70年代末，是美国金融业实行严格的分业经营阶段。在20世纪30年代以前，美国的金融服务也是通过"全能银行"即合业经营来提供的。

1929—1933年，资本主义世界发生了一场空前的经济危机，其间美国共

---

① 参见盖永光：《信托业比较研究》，山东人民出版社2004年版，第93—94页。

有一万一千多家金融机构宣布破产,信用体系遭到毁灭性的破坏。当时,人们普遍认为,银行、证券的"合业经营"是引发经济危机的主要原因。为了防止危机的进一步发展对金融体系造成更大范围的破坏,美国国会于1933年通过了《格拉斯—斯蒂格尔法》,将商业银行业务与投资银行业务严格分离,规定任何以吸收存款业务为主要资金来源的商业银行,不得同时经营证券投资等长期性资产业务;任何经营证券业务的银行即投资银行,不得经营吸收存款等商业银行业务。商业银行不准经营代理证券发行、包销、零售、经纪等业务,不得设立从事证券业务的分支机构。这一规定迫使绝大多数商业银行退出了股市。接着,美国政府又先后颁布了1934年《证券交易法》、1940年《投资公司法》以及1968年《威廉斯法》等一系列法案,进一步加强了对银行业和证券业"分业经营"的管制。

20世纪80年代初到90年代初期,是美国金融业的逐步融合阶段。《格拉斯—斯蒂格尔法》在严格限制商业银行业务和投资银行业务的同时,允许商业银行可以对美国政府及其他联邦政府机构发行的债券进行投资或买卖,也可以动用一定比例的自有资金进行股票、证券的投资和买卖,还可以为客户的证券投资进行代理活动。随着金融国际化趋势的不断加强,外资银行大举进入美国的金融市场,其先进的技术手段、良好的经营信誉、优质的金融服务以及种类繁多的金融产品对美国金融市场进行着前所未有的冲击。为了保护本国银行业的利益,确保金融市场不出现大的动荡,美国政府在1980年和1982年先后通过了《取消存款机构管制和货币控制法案》和《高恩—圣杰曼存款机构法案》等有关法律,放开了存款货币银行的利率上限,从法律上允许银行业和证券业的适当融合。

1999年11月12日,美国总统克林顿签署了11月4日美国国会通过的《金融服务现代化法案》。由美国创立、而后被许多国家认可并效仿的金融分业经营、分业监管的时代宣告终结。

这种混业经营的金融监管体制虽然打破了分业经营的限制,但是,信托业务和银行业务在银行内部必须严格按照部门职责进行分工,实行分别管理、分别核算、信托投资收益实绩分红的原则。同时,还禁止参加银行工作的人员担任受托人或共同受托人,以防止信托当事人违法行为的发生。①

4.3.2.3 日本

日本从明治维新后期开始引进信托制度,并在很大程度上完成了对信托制度的消化吸收及创新,特别强调了法律在信托业经营中的规范作用,如1922年颁布的《信托法》和《信托业法》及后来陆续公布的不少关于信托的法规,如《关于普通银行兼营信托业务的法律》及其施行规则、《贷款信托法》、《证券投资信托法》等。日本较高的储蓄率使"金钱信托"成为日本信托的一大特色。日本对信托业的监管则由大藏省集中进行。监管内容主要包括合法合规性检查和防止对整个经济产生任何消极影响两个方面。

1951年的《证券投资信托法》的制度标志着第二次世界大战后日本证券投资信托立法的全面展开。其后又经过了1953年、1967年以及1994年的几次重要的修改。

1. 信托业的准入监管

日本《信托业法》对信托业设置了严格的准入程序和标准。该法第1条即规定,营业许可信托业,非经主管大臣批准,不得经营。而拟取得前项许可的,须向主管大臣提出连同载有章程、业务种类及经营方法的书面申请书。同时,对信托业的经营者设置了严格的准入标准,即该法第2条规定,信托业,非资本金100万日元以上的股份有限公司不得经营。

2. 受托人的行为标准

日本证券投资的整体结构以证券投资信托契约为核心,以该契约连接受益人(投资人)、委托人(证券投资委托公司)及受托人(信托公司)而形成三位一体的关系。为保障受益人的投资安全,日本政府对证券投资信托财产的运用和管理制定了一系列规则加以严格限制,包括对信托财产运用范围的限制;财产运用结构方面的限制,例如,坚持分散投资的原则;投资信托委托公司不得指示受托公司购买委托公司董事、监事或大股东所持股票。

日本证券投资信托三位一体的构造使得人们常常对委托公司的法律地

---

① 盖永光:《信托业比较研究》,山东人民出版社2004年版,第82页。

位争论纷纭。实际上,由于证券投资委托公司与信托银行处于协同一体的地位,共同实现实质信托契约受托人的功能,证券投资信托契约形式上的受益人也兼为实质信托契约委托人,所以,证券投资委托公司虽不是信托法上的受托人,但对其课以受托人义务是完全合理的。1967年的日本政府对《证券投资信托法》作出的重大修改中,就包括了委托公司对受益人忠实义务的规定,并制定了禁止委托公司与"特定利害关系人"即关联人士之间的关联交易的具体行为准则。1998年的修改则引进了公司型证券投资基金的规定。

1998年的修改之后,制定了日本版《金融服务法》,至2000年5月又相继制定了《关于销售金融商品的法律》、《关于投资信托和投资法人的法律》和《关于根据特定目的公司的特定资产的流动化的法律》。此次修改之后,《证券投资信托法》被更名为《关于投资信托以及投资信托法人的法律》,此次修订中,对委托人的善良管理注意义务进行了明确规定,包括第14条第2项规定投资基金的委托业者必须以善良管理人的注意,执行对投资基金财产运用的指示及其他业务,同时,受托人、投资法人的设立计划人、资产保管公司、一般事务受托人也与委托人一样,对受益人负有善管注意义务。

3. 分业混业问题

日本较为严格地实行了银行、证券和信托业的分业经营,即通过各种法规和行政条例对信托公司的各种业务范围提出了严格的分业要求。除7家信托银行和3家商业银行之外,其他银行不得经营信托业务,而兼营银行业务的信托银行也仅限于在信托有关的范围内进行。

第二次世界大战后,严重的通货膨胀使日本的信托公司难以吸收长期资金,经营陷入困境,为了绕过《信托业法》关于信托公司不得经营银行业务的规定,信托公司在政府的支持下,首先在组织形式上转化为银行——信托银行,同时依据《兼营法》照样经营信托业务,但信托业务与一般银行业务被严格分开,分别核算,分别经营。在业务比重上以信托业务为主,占80%左右。在20世纪50年代至80年代日本实行严格的金融分业经营时期,信托被赋予长期金融职能,并得到了快速发展,使日本进入信托的"大众化时代"。1950年后,日本对信托业的严格审批,也使国内信托业逐渐集中在为数有限的几家信托银行手中,并因近年的不断兼并而有进一步集中的趋势。

4.3.2.4 我国台湾地区

我国台湾地区由于经济的发展以及金融市场日趋复杂,不同形态的财产信托管理需求日增,原有规范信托业的"银行法"、"证券交易法"以及"信托投资公司管理规则"等有关规定,已不合时宜或不敷使用。台湾现有的信托投资公司及银行设立信托部,偏重于经营传统银行业务及部分证券业务,多数时机并未发挥应有的功能,一旦执行信托业务,又因相关法制不备,以致对于何者得以办理何项业务争论不休。[①] 从而于2000年制定并公布了"信托业法",对信托业的设立及变更、业务以及监督等进行了较为全面的规定。

1. 信托业的准入监管

台湾地区"信托业法"中第2条明确规定信托业为依本法经主管机关许可,以经营信托为业的机构;银行经主管机关许可兼营信托业务时,视为信托业;办理信托业务应取得主管机关——即"财政部"的许可(第4条)。

台湾地区"信托业法"第10条规定,信托业的组织,以股份公司为限。但银行经主管机关的许可可兼营信托业的,不在此限;至于设立标准,则由主管机关定之。此因为股份有限公司具有资本大众化、财务公开化以及所有权、经营权分离的特点,可充分发挥商业信托中,机构受托人所带来的益处。[②] 根据该条的授权,台湾"财政部"于2000年9月20日公布"台湾信托业设立标准",对设立信托公司的最低实收资本金、发起人及股东资格要求、经营与管理人员应具备信托专门学识或经验准则等分别作出规定。其第3条规定,申请设立信托公司,其最低实收资本额为新台币50亿元,发起人及股东的出资以现金为限。其第5条规定,信托公司之发起人及股东应有符合下列资格条件之银行或保险机构或基金管理机构,其所认股份,合计不得

---

① 王文宇:《新金融法》,中国政法大学出版社2003年版,第211页。
② 同上书,第211—212页。

少于实收资本额之40%:(1)具有国际金融、证券或信托业务经验,且最近一年资产或净值之世界排名居前一千名以内之银行。(2)具有保险资金管理经验,且持有证券及不动产资产总金额达新台币200亿元以上之保险机构。(3)具有管理或经营国际证券投资信托基金业务经验,且该机构及其50%以上控股之附属机构所管理资产中,以公开募集方式集资投资于证券或不动产之共同基金、单位信托或投资信托之基金资产总值达新台币650亿元以上之基金管理机构。

由此,将信托公司的发起人及股东严格限制于具备相当雄厚财力的银行、保险机构或基金管理机构,目的仍在于维护大众化受益人的权益。

2. 受托人的行为标准

台湾地区"信托业法"的规范最终目的在于确保投资人(委托人及受益人)的合法权益,而借以实现此目的的手段在于对信托机构的义务及责任进行全面的规范。

台湾地区"信托业法"于第22条设有受任人善良管理人注意义务及忠实义务的原则性规定,并于其他具体条款中要求信托业不得对委托人或受益人有虚伪、诈欺或其他足致他人误信的行为;为保障受益人权益、发展专业信托而要求经营管理人员及董事、监察人一定学识及经验;为避免信托业从事内部交易致损害委托人及受益人权益,禁止信托业兼业并禁止利害关系人交易。为维持信托财产的稳定性及单纯性,不得以信托财产办理放款、借入款项。为保护交易安全,于第4条规定了公示制度,并对信托业的登记、记载及通知义务等进行明确规定。

3. 分业混业问题

银行跨业经营的形态可以总结成两大形式:"综合银行形式"与"控股公司形式"。① 我国台湾地区已于2001年施行"金融控股公司法",根据该法第36条的规定,金融控股公司的业务以投资及对被投资事业管理为限,而其得投资事业包括:银行业、票券金融业、信用卡业、信托业、保险业、证券

---

① 王文宇:《控股公司与金融控股公司法》,中国政法大学出版社2003年版,第152页。

业、期货业、创业投资事业、经主管机关核准投资的外国金融机构及其他主管机关认定与金融业相关的事业。从而,金融控股公司通过对金融事业的投资,已可达到全面跨业经营金融业务的目的。

前已述及,信托业须由专业的信托公司而经营,但银行获得主管机关批准的除外。由此,我国台湾地区,银行在获得批准的情况下,亦可兼营信托事业。根据"信托业法"对信托公司发起人及股东的资格的规定,我们发现,信托公司的发起人及股东须由具备一定资质的银行、保险机构以及经营证券信托投资事业的基金管理公司担任。由此可知,具备一定资质的上述银行、保险机构以及基金管理公司,可以通过持股的方式,实现跨业经营的效果。

关于银行兼营信托事业,根据2000年新修正通过的"银行法"第28条的规定:其一,商业银行及专业银行经营信托或证券业务,其营业及会计必须独立;其营运及风险管理规定由"中央主管机关"("财政部")进行规定。其二,银行经营信托及证券业务,应指拨营运资金专款经营,其指拨营运资金的数额,应经主管机关核准。其三,除其他法律另有规定之外,银行经营信托业务,准用银行法第六章(即关于信托投资公司一章)规定办理。其四,银行经营信托及证券业务的人员,关于客户的往来、交易资料,除其他法律或主管机关另有规定外,应保守秘密。

此种修正条文有鉴于世界各国及各地区综合银行体制的发展趋势,于是修正原"银行法"第28条的规定,使得银行经营信托或证券业务,可以根据实际需要,由总分支机构直接独立设账管理,而无需另设专部管理。此外为了使得商业银行及专业银行经营信托、证券业务与原有业务有所区隔,以避免银行与客户利益冲突的可能性,除规定其营业及会计必须各自独立外,并授权主管机关必要时可以对其营运范围及风险管理予以规定。为确保客户利益,要求信托与证券部门人员,关于客户往来、交易资料,除其他法律或"中央银行"另有规定外,对于第三人及银行其他部门的人员,均应遵守保密的规定。①

4.3.3 我国信托业法制的现状及发展

我国信托业从 1979 年恢复以来,其间,信托业在 1982 年、1985 年和 1988 年进行过清理整顿;1993 年开始进行的宏观经济调控和金融秩序整顿,对信托业又一次进行严格管理和整顿,并实行严格的银行业和信托业的分业经营与管理。但随后,我国信托业几乎出现全行业的危机:广为关注的是 1998 年广东国际信托投资公司因资不抵债和支付危机被关闭的事件。于是到 1999 年初信托业又进行了新一轮整顿,采取撤销、改组、合并、移交等措施大量撤并信托机构。

以 2001 年 4 月《信托法》的诞生为标志,在新的"一法两规"(《信托法》、《信托投资公司管理办法》、《信托投资公司资金信托管理暂行办法》)的基本制度框架下,中国信托业的行业定位开始了由"高度银行化的混合经营模式"向"专业化受托理财金融机构"的转换。

随着 2007 年中国银监会主持修订的《信托公司管理办法》与《信托公司集合资金信托计划管理办法》("信托新两规")的正式出台,信托业开展了被信托行业称之为"第六次整顿"的信托公司大重整。此次重整目的在于使信托公司及业务回归于"信托"本来的面目,使信托公司成为从事"受人之托、代人理财"业务的专业理财公司,而非什么都可以做,什么都做不好的"金融百货公司"。此次以上述信托新两规出台为标志的信托业重整,主要的改革内容包括:(1) 将原"两规"中的"信托投资公司"一律改为"信托公司",以强化信托公司的信托功能。(2) 加强了对从事不同业务的信托公司的注册资本的分级管理。(3) 此次重整信托公司业务,对信托公司的固有业务进行压缩并限制,同时规范并发展信托业务。(4) 信托事务处理以维护受益人利益为宗旨。修订后的《信托公司管理办法》强调信托公司管理、运用或处分信托财产时,必须遵循"恪尽职守"原则并必须履行"诚实、信

---

① 王文宇:《控股公司与金融控股公司法》,中国政法大学出版社 2003 年版,第 146—147 页。

用、谨慎、有效管理的义务",信托公司运用或者处分信托财产应当维护受益人的最大利益。办法中规定的信托公司所应遵循的上述原则、宗旨和义务与本书中所重点研究的受托人相应职责是相吻合的,而基于受托人法律地位而产生的此类义务应当体现在受托人处理信托事务的各个方面,这在新的管理办法中也有明确的体现。(5)限制信托公司与股东的关联交易。此种限制是受托人自我交易限制的一方面体现。(6)原《信托投资公司管理办法》规定集合资金信托合同不得超过200份、每份合同的金额不低于人民币5万元,修订后的《信托公司管理办法》在取消上述限制性规定的同时,引入委托人应为"合格投资者"的概念,规定单笔集合资金信托计划的投资起点金额为100万元,并要求"单个信托计划的自然人人数不得超过50人,合格的机构投资者数量不受限制"。

随着上述《信托法》、《信托公司管理办法》以及证券投资基金相关法律、法规的陆续颁布和施行,中国信托业可以说走上了规范化发展的道路。

4.3.3.1 信托业的准入监管

同其他国家的信托法制一样,出于保护大众化受益人合法的权益的目的,我国对于专门经营信托业务的信托公司的设立,设有较为严格的条件限制。《信托公司管理办法》第7条即规定,设立信托公司,必须经中国银行业监督管理委员会批准,并领取金融许可证。未经中国银行业监督管理委员会批准,任何单位和个人不得经营信托业务,任何经营单位不得在其名称中使用"信托公司"字样,但法律、法规另有规定的除外。

除了要求信托公司设立在程序上须经过批准之外,信托公司的设立亦须符合一定的资质条件。如最低注册资本金以及高级管理人员资格等的严格规定。

4.3.3.2 受托人行为标准

《信托公司管理办法》第四章专门对信托公司的经营规则进行规定,实际上是对受托人的行为规则进行较为体系化的规定。其中包括要求信托公司管理运用或者处分信托财产,必须恪尽职守,履行诚实、信用、谨慎、有效管理的义务,维护受益人的最大利益(第24条)。并明确对信托公司一系列禁止行为进行规定,主要是禁止受托人进行关联交易,利用受托人地位谋取不当利益,将信托财产挪用于非信托目的的用途等强制性规定(第33、34条)。并对信托公司的自己处理信托事务的义务(第26条)、分别管理财产义务(第29条)、妥善保存记录以及报告义务(第28条)等进行了相应的规定。

4.3.3.3 从分业走向混业

在我国,改革开放以后,金融业实行的是混业经营,商业银行也可以经营银行信托、证券等业务。但是,后来出现的证券热促使大量银行信贷资金进入了证券市场。1995年,我国以《中华人民共和国商业银行法》的立法形式确立了我国金融分业制度的格局。其后,又相继颁布了《中华人民共和国证券法》、《中华人民共和国保险法》,构筑了中国金融分业的法律基础。由中国人民银行、证监会和保监会分别监管银行业、证券业和保险业。2003年,又成立了银行监督委员会,代替中央银行统一监督管理银行、资产管理公司、信托投资公司及其他存款类金融机构。我国金融业分业经营、分业监管的模式已经形成。

现阶段实行的分业经营、分业管理的金融制度,主要是为了减少信用扩张风险,防止资金过多流向证券和房地产部门而导致经济紊乱,这对于保证我国尚不成熟的证券市场和商业银行的规范运作是十分必要的。然而这种分业经营、分业管理的金融制度面临着国际金融混业经营的严峻挑战。在实践中,也出现了一些混业经营的松动。对于信托业而言,如果过分强调分业经营,难免有资金难以筹集之虞;而银行业、保险业以及证券业等其他金融行业的资金亦失去了信托这一有效而灵活的现代理财和资金应用方式。

银行业、保险业、证券业与信托业的兼营局面应当说顺应了世界金融业发展潮流。通过对世界各国及地区立法例的集中研究,我们发现,混业经营亦非完全的混业,混业经营仍然有相当的限制,其一,就信托业的混业而言,大多指的是银行业、保险业、证券业对信托业的兼营,而专业的信托投资公司各国及地区一般明确规定其营业范围,即专门的商业信托业务,而非其他金融业。鉴于此,我国原《信托投资公司管理办法》第30条明确规定,信托投资公司不得以经营资金信托或者其他业务的名义吸收存款。此即对信托业兼营银行存款业务的禁止。而新的《信托公司管理办法》对信托公司的经营范围的规定集中于信托业务的规范。其二,在混业的金融机构内部,仍应采取相应的财务、会计以及人员措施,保持一定的区隔,并严守保密义务。

中国信托业发展至今,信托业法制亦粗具体系化的规模。然而,相较于大多立法例专门就信托业立法而言,中国信托业的法律规制问题尚存在如下问题:

其一,缺乏专门的信托业法。中国至今虽有《信托公司管理办法》以及证券基金的相关法律、法规对专门从事信托业的信托投资公司以及证券基金管理公司、托管公司等专门机构进行调整,但是对信托业统筹调整的信托业法却缺失。在当今金融业混业已成趋势,我国金融行业近年来也已出现保险基金入市,2005年修订的《证券法》亦有相当松动,对银行业进入证券行业已作了法律层面的铺垫。所以,在混业兼业经营的浪潮下,中国信托公司在过去、现在都不是信托业的全部。目前基金管理、银行的"多方委托贷款"、证券公司的集合型理财产品、保险公司的"投资连接"产品等,都涉及了信托功能的运用。[①] 在此种局面下,单一的《信托公司管理办法》显然难以实现对信托业进行统一调整的效果。

其二,有关受托人忠实以及谨慎义务规定亟待完善。从信托业恢复直至今日,出现大量信托公司违规操作,终不能继,最终损害投资人利益。信托业的不规范发展很大一个原因在于缺乏对受托人忠实、谨慎义务及责任的严格规定。如对于信托制度赖以存在的基础性制度——信赖关系及其内涵,缺乏探讨。如前章对信赖关系的探讨,信赖关系乃建立信托关系的基础,如此方能防备极具控制能力的受托人对于受益人合法权益的侵害。信赖法律关系确定了一系列行为规则,主要是受托人的忠诚义务、勤勉谨慎义务以及相关责任的强制性法律规定。这种基础性的制度体系是既有的大陆法系相关制度及法律条款如代理制度、诚信条款等所难以完全实现的。我

---

① 陈玉鹏:《信托业当前直面五大问题》,载《证券时报》2005年12月12日。

国借鉴信托制度,大力发展信托业,于此过程中出现相当多诚信危机,原因林林总总,然而缺乏完整的受托人义务责任规范体系,无疑为其中最为重要原因之一。

其三,监管部门各自为政,大量的委托理财业务具备信托应用之实,而缺乏信托法律支撑,发展前景堪忧。从目前我国金融分业经营、分业监管的现状来看,除了信托公司经营信托业务外,银行的委托理财业务由银监会归口管理,证监会、保监会监管各自监管对象的委托理财业务,私募性质资金则一直处于无人监管,直至2005年11月《证券法》的修订才将之纳入《证券法》的调整范围。这种多主体监管的模式使得政出多门,具备信托之实的各种业务确难以适用信托法规则的调整,这一是造成了市场行为以及监管的混乱,再者,相关委托理财业务在没有获得法律对其信托地位的承认的情况下,难以实现信托的资产隔离保护功能,使得信托制度的商业化应用丧失了它应能发挥的作用。此种监管上的混乱又带来信托业务本身的混乱,使得相当多的信托投资公司具有信托之名,却无信托之实,并不能发挥信托这一现代理财工具的灵活性以及弹性。

信托制度在其商业化的运作中,在英美法系传统国家,仍以信赖法律关系为基础构建商业受托人的各项具体信赖义务,主要解决商业信托因信赖法律关系本身以及组织化所带来的代理成本问题。大陆法系借鉴信托制度,主要是将其运用于商业目的,然而信赖法律关系制度毕竟是大陆法系所陌生的,本章对商业信托发展过程中受托人的法律地位以及各国及地区信托业的立法的发展,正是试图对大陆法系商业信托制度如何发挥信托制度商业化发展的优势作出初步的回答。信赖义务的整体性构建是必要的,而组织化发展所带来制度内部的约束与控制亦是商业信托发展所不得不面临的问题。

第5章 商业信托下受益人权利保障机制
——对受托人的控制

如同传统的信托制度关注受益人权利实现一样,商业信托亦关注受益权的保障,更由于商业信托运作模式下,涉及组织化、专业化以及受益权大众化的运营,受益人在享受专家理财的收益的同时,亦由于专业能力的欠缺、控制权力的几近完全让渡,难免有权利难以实现之虞。信托发展之初,信托制度的利用者一方面通过规避法律实现土地保存、财富传承、赋税避免等目的,但另一方面亦面临这一制度所带来的风险:即在受托人欺诈不向受益人交付信托利益时,受益权因并未获得法律上的承认而不能实现。所以,信托制度发展之初通过衡平法上的权利的认同的方式达到保障受益人权利这一最为直接的目的。传统的信托制度向现代理财方式的商业信托发展,信托制度的目的、功能、设立方式、法律关系等概念都发生了重大变革,然而一直未能有重大变化的是受益人始终处于较为被动的地位:即对信托财产以及利益控制能力的微弱。如果说传统信托制度通过一系列基础性制度完成了对受益人权利的较为全面的保护:受益权特殊功能的实现,最突出为受益人追踪权的赋予;信托财产的独立性对信托财产从而信托利益的保全,受托人信赖义务的确立和完善等等,那么现代商业信托制度中上述基础性制度对于受益人权利的保障仍然是不可缺失的,但同时也面临着商业信托新的发展带来的新的问题,主要是极具组织化、专业化发展以及受益权大众化发展带来的受益人权利保障机制构建问题。

本章将首先关注于基础性的信托关系中权利保障机制,在此基础之上对商业信托受益人权利保障机制的特殊问题进行研究。受益人权利保障和对受托人的控制与约束是相伴相生的,对二者关系的认识大体脱离不了目的与手段的性质的归纳,然而我们稍微换个角度来考察,发现受益人权利更多意义上是对受托人的一种直接约束和控制,前者构成了受托人存在以及约束的根本,这种理念无论在传统的信托制度还是在现代的商业信托制度中都有存在的基础,正是从这一点出发,本书将受益人权利保障机制作为专章进行研究,出于本书研究的重点,受益人权利保障机制的研究最终落脚于受托人的控制和约束机制上来,后者最终关注于受益人(投资人)利益。同时,基于这种整体性观念,本章第三节将关注商业信托制度的内部权利制衡机制。

5.1 信托关系受益人权利保障机制

本节旨在探讨受益人法律地位及权利保障机制,构建探讨商业信托受益人权利保障机制的法理基础。

5.1.1 受益人的基本概念

正如同对信托的概念莫衷一是,受益人的概念亦可从多个角度进行阐明。有从委托人意愿出发,指受益人为委托人欲使其享有信托利益者或其权利的继受人,即依信托本旨就信托财产及其管理、处分利益的全部或一部,享有受益权者或者其受益人。① 亦有从信托契约角度出发,指出受益人为基于信托契约而享有信托利益的人,该受益人乃因信托的成立即享有信托利益,但信托行为另有订定者,不在此限。②

所以,受益人为委托人设立信托时意图给予利益并且在信托中享有受益权的人。根据信托原理,信托受益人产生分为四种情形:一是委托人指定的任何第三人为受益人(他益信托);二是委托人自己为受益人(自益信托);三是委托人和第三人均为受益人的情形,姑且称为混益信托;四为受益人范围明确、具体的公益信托。

受益人通常为纯粹享有信托利益的人,但信托必须有确定或可以确定的受益人,否则信托无法成立,此即为英美法上的受益人确定原则;并且受益人的法律也有别于第三人利益合同中享有利益的第三人。由此,关于受益人的概念,有以下几点须明确:

5.1.1.1 受益人的确定

一项信托的成立,必须有确定或足以确定的信托人,此即为英美法系中极为重要的受益人确定原则。受益人是确定的或者是可以确定的。受益人不能确定,信托就是无效的。确认受益人的重要性,主要体现在两个方面:(1)没有受益人,受托人就无法实施信托;(2)没有受益人,在受托人不履行责任的情况下,就没有人要求强制执行信托。③ 对于建立一项有效的私人信托而言,委托人必须确定一名或数名受益人以对受托人义务及受益人对信托财产的信托利益进行强制执行。而相对于私人信托而言,慈善(公益信托)的受益人则可能是不特定的,因为通常将由司法官(Attorney)来执行信托。④ 然而,在一些为特定目的的信托的设立上,诸如为建立墓碑的信托,为照顾特定动物的信托,或者为将要选定的个人为受益人等而设立的信托,在

---

① 赖源河、王志诚:《现代信托法论》,中国政法大学出版社 2002 年版,第 96 页。
② 陈春山:《证券投资信托专论》,台湾五南图书出版公司 1997 年版,第 398 页。
③ 何宝玉:《英国信托法原理与判例》,法律出版社 2001 年版,第 75 页。
④ George Cleason Bogert, *Cases and Text on the Law of Trusts*, 7th ed., New York: Foundation Press, 2001, p.78.

受益人确定这一原则的适用上,存在较大的困难。这些为特定目的的信托在受益人确定原则的适用上,英国的做法是通过判例来承认这些情况属于受益人原则的例外。这些例外被称为不可强制实施的信托,或不完全义务信托。而美国的做法是通过统一信托立法的方式进行确认(由于信托立法属于州一级的立法权限,所以《统一信托法》需要得到各州批准才得以实施)。《统一信托法》(UTC)在信托的设立上可以说改变了受益人确定性这一原则。其第408条规定,对于在21年内可以有效执行的为非公益目的信托而言,即使没有确定或可确定的受益人,信托仍然有效。而第407条则规定可以为照顾特定动物而建立信托。

大陆法系各国或地区在借鉴信托制度中,对于受益人确定原则,显然做了相当的变通,如日本、韩国以及我国台湾地区信托法均有信托管理人的条款,即受益人不特定或尚不存在时,法律可根据利害关系人的请求或依其职权选任信托管理人,但依信托行为另有指定的信托管理人时,不在此限。信托管理人,就信托事宜得以自己的名义,为前项受益人行使诉讼上或诉讼外行为的权限。①

上述立法例关于受益人确定原则适用上的一定变通,一方面,在一定程度上体现了司法对于私益信托成立上的干预。另一方面,也体现了大陆法系对于英美法系受益人确定原则的不同的理解。受益人确定,指的是可以享有受益权之人必须于信托成立时可确定或可得确定,但并非必须特定或已存在,只须在信托成立时约定将来受益人身份、资格或条件等,作为确认受益人方法,于信托利益分配或可享有信托利益时,受益人已特定或可得确认即可。因为受益人并非信托契约或遗嘱信托当事人,仅为信托行为的效果归属要件,因此在信托成立时无须确定受益人姓名。因此,受益人不特定或尚未存在,并未违反受益人确定原则。而信托管理人或信托监察人(我国台湾地区)的设置,正是在此种情况下对未得确定的受益人进行保护的一种机制。

我国《信托法》于第9条规定了设立信托,其书面文件必须载明的事项,

---

① 日本《信托法》第8条,韩国《信托法》第18条以及我国台湾地区"信托法"第52条。

其中就包括受益人或者受益人范围的规定,并在第11条将受益人或者受益人范围不能确定作为信托无效的情形之一。由此,我国施行了较为严格的受益人确定的原则。

5.1.1.2 受益人的能力

信托的成立无需受益人为接受受益权的意思表示,所以各国及各地区对受益人并无行为能力的要求,只因受益人须能够享有受益权,所以须有权利能力。由此,在法律上为权利主体的自然人、法人或特定或可特定的多数人,都可成为信托的受益人。

5.1.1.3 受益人法律地位的被动性

从整个信托法律关系而言,受益人居于一种较为被动的法律地位。这一方面体现在信托的创设过程中,受益人并非信托的创设人,仅为信托契约的关系人,信托的成立与生效亦无需受益人为接受信托利益的意思表示;另一方面,也体现在信托的管理过程中,受益人为纯享利益之人,对于信托财产并无直接的管理及处分权限,对受托人符合信托本旨的管理方式亦无权干涉,仅在受托人行为违反信托本旨或不履行给付信托利益时,依法享有强制执行信托利益的权能。总体而言,受益人此种地位是消极与被动的,正是出于此特性,才引发了各国及地区立法以及学理对受托人控制及约束的广泛关注。

5.1.1.4 信托受益人与第三人利益契约中受益人的辨明

第三人利益契约是一方当事人不为自己设定权利,而为第三人设定权利,并使他方当事人向第三人履行义务的契约。这在运输合同和人寿保险合同中经常发生。在这种合同中,为第三人设定权利的一方当事人称为债权人或邀约人;第三人称为受益人。

信托受益人以及第三人利益契约受益人这两种法律主体由于具有纯享利益的特征,因而常常在性质认定上产生一定的混淆。如有学者认为,受益人的法律地位在信托法中被确定为是在信托中享有信托受益权的人,受益人主体及权利确立与信托文件的规定有关,信托文件无论是以信托合同或者是其他契约形式的法律文件表现,根据契约当事人不能为第三人设定义务的基本缔约原则,受益人只能是单纯的受益人,而不能对其附加义务,根本上说,受益人的法律地位正是由于他所享有权利决定的,或者说,受益人身份和他所享有的权利是密不可分的。因此,信托受益权是信托受益人依法享有的、不能附加任何义务的权利。① 这种分析就过于简单化了,并没有将二者有效地区分开来。然而,信托契约与第三人利益契约有所不同,就后者而言,于受益人表示享受其利益之前,当事人可以变更或撤销契约,所以须由第三人为利益享有的意思表示;而就信托契约而言,受益人无需为享受利益的意思表示。②

此种意思表示上的区别,并不足以概括二者区别的全貌。二者在权利性质的认定上的区别可能是更为本质的。二者主要具有以下区别:第一,信托受益人享有对受托人的债权请求权及对信托财产权物权请求权的双重权利;而第三人利益契约的第三人仅对债务人有债权请求权。第二,信托的受托人与受益人间有信任关系存在,而第三人利益契约与契约任何一方当事人都不存在信任关系。第三,第三人利益契约的第三人对契约当事人一方表示不接受契约利益,则视为自始未取得权利;并且在第三人没有表示接受利益之前,契约当事人可以变更和撤销契约。与此不同,信托受益人如果不接受信托利益,只是放弃其权利,并不视为自始未取得权利;而且信托受益人即使没有表示要接受利益,委托人和受托人也不得因此而撤销信托。第四,第三人利益契约只能通过生前的合同行为设定,而信托还可以通过死后行为设定(如遗嘱)。③

辨别信托受益权与第三人利益契约中第三人受益权一方面是厘清了概念,另一方面,这种物权性质与债权性质的差异,为我们对受益权性质上的认定从而对其权利保障机制的赋予的研究起到了启发性的作用。

---

① 朱旭东:《信托当事人及其权利义务》,载法律论文资料库,http://www.law_lib.com/lw/lw_view.asp? no=5449,最后访问时间2006年6月10日。
② 陈春山:《证券投资信托专论》,台湾五南图书出版公司1997年版,第398页。
③ 参见周小明:《信托制度的比较法研究》,法律出版社1996年版,第24页。

5.1.2 受益权的性质

受益权的性质,无论在英美法系还是在大陆法系,长期以来一直存在着争论。由于法律制度不同,有关财产性质权利的法律概念及其含义亦不相同。对于受益权,在英美法系主要是对人权与对物权的辩论;而在大陆法系则主要是债权还是物权的认定。

5.1.2.1 对人权还是对物权

英美法系的对人权与对物权的区分同大陆法系的物权债权的体系划分极为类似。对物权是针对特定的物享有的权利,可以针对任何人,由此也称为对世权。而对人权则只能针对特定的人。法定的所有权(普通法)通常被认为具有对世的效力,而衡平法上的所有权则被认为属于对人权的范畴,这同信托法上的受托人所享有的名义所有权以及受益人所享有的受益权的权能特征是相对应的。总的来说,受托人可以根据其所享有的普通法上的所有权(或者称名义所有权、形式所有权等等)借以对信托财产进行管理和处分,与第三人的交易均以受托人的名义来进行,受托人具有这种法定所有人的全部特征,而受益人则仅能通过向受托人行使请求权来实现其受益权,具有这种对人的特征。正是因为此,早期的信托理论观点认为,受益人只能针对受托人,受益权显然是一种对人的权利,而不是可以针对任何人的对物权。Maitland即是这一观点的主要倡导者。这种对人权的性质亦可以通过如下的具体情形体现出来:受益权不能对抗任何一位给付了对价并且不知道信托而购买了信托财产的善意购买者;在受托人未能及时向第三人请求信托财产上利益的情形,受益人亦不能直接以受益人的身份向第三人请求,而只能请求受托人向第三人请求权利,或起诉受托人未能履行职责。

然而,这种对人权的观点却遭到一些学者的反对,他们认为受益权属于对物权。受益权的对物权的性质认定主要源自受益人对于信托财产及利益的追踪权。受益人针对他人请求救济的范围日益扩大,受益人几乎可以针对任何人请求救济,可以几乎从任何获得信托财产的第三人那里,取回信托财产,在信托财产的形式已经转化的情形下,还可以取回信托财产的转化物,而这种举证责任的承担亦很明显的偏向受益人。① 他们对于对人权说的辩论是:受益人的追踪权表明受益人是一个优先于其他所有债权人优先受偿的债权人,受益人的这项权利显然超越了对人权的范围,用对人权无法解释受益人的追踪权;受益权针对不知情的善意购买者是无效的,但这只是个别的例外,并不影响其性质。②

关于受益权对人权还是对物权的争论实际上聚焦于受益人权利是否为财产性质的权利抑或单纯允诺性质的合同权利。③ 其实是从受益权的角度反映了信托与合同的区别与类似关系。信托与合同的相似性是19世纪末所讨论的话题,并且一直延续到20世纪。而处于这场对话的中心人物即上文提到的普通法的著名学者Federic W. Maitland 和 Austin W. Scott。前者认可信托权利的合同法基础,而后者则否认这一点,并将这一观点在《信托法重述》中得到表达。④ 承认信托的合同法基础,即信托从本旨上是一种合同,则意味着在对受益权的性质的看法上,认为尽管受益人可以在特定情形下追踪信托财产,但本质上是一种对人权利,如同债权一样的请求权利;而否定信托的合同法基础则强调受益人权利存在于信托财产本身,具有不同于合同权利或债权的优先性以及追及性。

受益权性质认定上的差别,可能并不仅仅纯粹为一种学理上的争论,更

---

① 如在 Lackey v. Lackey (Supreme Court of Mississippi,1997. 691 So. 2d 990)一案中,受托人窃取或挪用的信托基金已经同其他基金相混同并用混同基金购买人寿保单,并且没有证据明确两种不同来源基金各自所占比例,那么在这种情况下,应当由谁来承担不利后果? 是由受损害的受益人承担证明受托人使用混同基金中的信托基金部分购买了人寿保险的举证责任,还是由保单的受益人(即受托人的继承人)承担证明受托人使用混同基金中的信托基金以外的其他来源的基金购买了人寿保险的举证责任? 由于确实已经无法对混同基金中的信托基金部分以及其他部分的比例进行辨别,这两种举证责任的分配将给本案带来不同的处理结果,前者意味着受益人在无法证明受托人使用信托基金购买人寿保险的情况下,将无法追踪保险收益;后者意味着受托人的继承人在无法证明受托人使用信托基金以外的其他基金购买人寿保险的情况下,法院将推定受托人以信托基金购买了人寿保险,那么受益人将能够对保险收益进行追踪。密西西比最高法院最后的判决是由受托人的继承人(人寿保单的受益人)而非信托的受益人承担举证责任的不利后果,推定不忠的受托人用信托基金购买了人寿保单。
② 何宝玉:《信托法原理研究》,中国政法大学出版社2005年版,第45页。
③ 张天民:《失去衡平法的信托》,中信出版社2004年版,第17页。
④ John H. Langbein, "The Contractual basis of Trusts", 105 *Yale L. J.* (1995), p.644.

多的理论价值在于依赖何种理论来解释受益权对于受益权实现的保障机制的构架来说是至关重要的。

5.1.2.2 债权还是物权

信托作为一种法律制度,包括了信托财产的转移或其他处分,以及对信托财产的管理。信托的法律架构,尤其是英美法系传统的双重所有权的分割,对于严格区分物权债权体系的大陆法系而言,造成的冲击就不仅仅是简单地将受益权划于物权抑或债权体系的问题,而是引起了对于整个传统民法体系权利划分的再认识的问题。

在大陆法系,关于受益权的性质,主要有物权说和债权说两种性质认定的争议。① 不过就受益权的性质乃至信托的性质争议以及相关研究的结果来看,通常认为传统的大陆法系有关物权债权的划分已经难以准确的界定其具体内涵,单纯的解释为物权或债权都会遭遇与信托制度本身目的相背离的难题:一方面受益人对受托人违反信托本旨的处分行为,可以行使撤销权,从而可认为受益权具有物权的性质,但是另一方面,受益人并没有直接支配信托财产、直接享有信托利益的权利,而仅是静态的等待受托人履行信托职责,从而得以实现信托利益。正是基于此,我国台湾地区有学者认为,如果将受益权解释为债权,理论上,不宜赋予受益人过多的保障,以免过度破坏债权平等原则;相对的,如将受益权解释为物权,虽较符合保障受益人的立法政策,但却与传统物权法的法制体系,略有扞格。② 更有学者最终得出结论:信托构造无法纳入大陆法系民法的传统财产权关系中。这种构造既具有物权关系的内容,又具有债权关系的内容,还具有物权关系和债权关系所不能涵盖的内容(如信托财产独立性、委托人和受益人的监督权及查阅知情权等),因此必须承认信托是一种独立形态的权利组合。③

澄清上述有关受益权的权利性质的争议对于本书研究来说仅仅具有相当的理论背景意义。首先,关于受益权的物权或债权的性质的争议并不影

---

① 参见周小明:《信托制度的比较法研究》,法律出版社1996年版,第30—36页。
② 赖源河、王志诚:《现代信托法论》,中国政法大学出版社2002年版,第99页。
③ 周小明:《信托制度的比较法研究》,法律出版社1996年版,第36页。

响受益人享有信托利益而受托人负有履行信托职责依信托本旨为受益人利益行事的这一根本特性。其次,信托的设计中,由受托人取得信托财产所有权,为受益人利益或特定目的管理处分信托财产,而受益人享有信托利益,这一安排使得受托人居于主动或优势或控制信托财产的地位,而就受益人一方来说,则具有被动以及静态的特征,为使受益人具有适当的诱因与资格能力来监控受托人①,在信托关系中,受益人有直接请求受托人履行其信托义务的权利。② 在受托人违背信托本旨处分信托财产时,受托人不仅享有请求受托人损害赔偿的权利,亦有向非善意受让人追及的权利,这种权利的特性体现为受益人于信托财产上享有利益的追及性和优先性,也更进一步体现为信托制度中受托人管理人地位的工具性:信托制度的诸多设计大多考虑了受益人利益的如何实现。这就又回到前文有关信托本旨为受益人权利的实现的问题上来。

5.1.3 受益权所包含的具体内容

本书研究受益权概念及其性质,并不局限于仅仅停留在抽象层面上。如同任何一项权利一样,受益权这一概念之下,亦通过各种权能的形式,体现出受益权丰富的内容。而受益权的每一项权能,又都体现为受托人相应的义务。例如,受益人有权要求受托人谨慎处理信托事务,信托利益根据信托文件被公正分配,等等。而受益人的这些权利不能实现时,受益人可以通过司法诉讼程序,停止受托人的侵害行为,或要求受托人赔偿损失的方式,使受益权得以被强制执行。具体而言,受益权主要包括以下具体内容:

5.1.3.1 信托利益享有权

信托利益的享有权可谓受益权的核心内容,整个信托制度均围绕受益人信托利益的实现而构建。在英美法系中,根据双重所有权的划分,受益人对信托利益的享有权被理解为对信托财产的"实质所有权";在大陆法系,受

---

① 王文宇:《新公司与企业法》,中国政法大学出版社2003年版,第411页。
② 同上书,并参见 Restatement (Second) of Trusts §§197—199(1959)。

益人对信托利益的享有权一般理解为对信托财产各项权能中的一项,这种权能通常在对受益人的定义中就直接体现出来,如一般确定受益人为在信托中享有信托受益权的人,例如,我国《信托法》第43条的规定。从该种权利行使角度看,则为受益人静态、被动的一种权利,并在受托人违反信托而未将信托利益归于受益人情况下,受益人享有向受托人请求给付的权利。

5.1.3.2 对受托人的监控权

受益权行使的被动局面的最根本体现在于受益权的实现主要依赖于受托人对信托财产的管理和处分行为,由此,赋予受益人对受托人行为的监控权就成为信托法制的一个重要机制。受益人对受托人管理信托事务的监控主要体现在以下方面:一是知情权,即受益人有权随时请求受托人提交信托账簿以供查阅,也有权随时要求受托人报告信托事务的处理情况。受益人有权了解其信托财产的管理运用、处分及收支情况,并有权要求受托人作出说明。受益人有权查阅、抄录或者复制与其信托财产有关的信托账目以及处理信托事务的其他文件。二是解任请求权,即当受托人违反职责时,受益人有权通过法院要求解除受托人受托地位。例如,我国《信托法》规定,受托人违反信托目的处分信托财产或者管理运用、处分信托财产有重大过失的,受益人有权依照信托文件的规定解任受托人,或者申请人民法院解任受托人。三是信托财产管理方法的调整权,指在特殊事由出现时,可以对原定信托财产管理、处分方法予以调整,如我国《信托法》规定因设立信托时未能预见的特别事由,致使信托财产的管理方法不利于实现信托目的或者不符合受益人的利益时,受益人有权要求受托人调整该信托财产的管理方法。四是信托终止权,即受益人有权随时终止信托,并使信托财产转归自身名下。该点在英美法系基本确认。如美国《统一信托法》第412条规定在所有受益人一致同意的情况下,享有终止非公益并且可撤销的信托的权利,无论是否取得委托人的同意。在此种信托终止的情形下,受托人应当根据受益人的一致意见分配信托财产。所有受益人同意的情形下终止信托,必须要向法院证明信托的继续对于实现信托的任何主要目的来说并不必要。而在更改或终止信托的意见并没有得到所有受益人一致同意的情况下,法院可以批准信托的终止,但必须要保证不同意终止信托的受益人的利益得到足够的保护。但大陆法系通常将信托的终止权利赋予委托人及受益人共同行使,原则上不允许受益人终止信托。如我国台湾地区"信托法"第64条第1项规定:"信托利益非由委托人全部享有者,除信托行为另有订定外,委托人及受益人得随时共同终止信托。"在这种情况下欲终止信托,因涉及委托人以外者的利益,所以须委托人与受益人共同为之,而不得由委托人单独行使,亦不得由享有全部信托利益的受益人单独行使。① 我国《信托法》对此未予明确。

5.1.3.3 信托利益不能实现的救济权

即当受托人违反信托,造成信托财产的毁坏、权利减损时,受益人有权要求受托人赔偿信托财产的损失或恢复信托财产的原状。② 在英美法系,对受益人的这种救济,根据行使对象的不同,通常区分为针对受托人所提起的诉讼、针对信托财产的救济方式以及向第三人提起的诉讼,统一称为信托的执行。受益权的救济通常都涉及信托的强制执行,即以法院的禁令或判决的形式体现出来。针对受托人的救济包括:(1)要求受托人执行信托条款的判令;(2)要求受托人停止不当行为的禁令;(3)要求受托人损害赔偿的判决;(4)除去受托人的判令。③ 而涉及信托财产的救济则包括:(1)追踪;(2)代位求偿权;(3)资产的分派(Mashalling)。④ 针对第三人而为的救济则指第三人与受托人共同进行该第三人知道或应该知道构成违反信托的行为,应当对受益人承担损害赔偿责任或在受益人向该第三人进行信托财产的追踪时,承担恢复原状的责任。⑤

相应的,在大陆法系,对受益人权利的实现亦有多种救济方式。然而毕

---

① 赖源河、王志诚:《现代信托法论》,中国政法大学出版社2002年版,第189—190页。
② 在此仅对受益人的救济方式进行简略的较为宏观的说明,详见下文有关受益权的保障体系一节。
③ George Cleason Bogert, *Cases and Text on the Law of Trusts*, 7th ed., New York: Foundation Press, 2001, p.586.
④ Ibid., p.614.
⑤ Ibid., p.648.

竟信托法制兴盛时间不长,从而在受益人权利的实现方面,并未有如英美法系建立起方方面面救济和保障机制,主要集中于对受托人责任的规定,而在涉及信托财产的保护措施方面,亦利用大陆法系既有的撤销权制度,如日本、韩国以及我国台湾地区信托法都对受益人的撤销权进行了较为类似的规定。①

我国《信托法》亦对受益人撤销受托人违约或违法的对信托财产的处分行为进行了规定,并且委托人也享有此项撤销权,即受托人违反信托目的处分信托财产或者因违背管理职责、处理信托事务不当致使信托财产受到损失的,委托人和受益人都有权申请人民法院撤销该处分行为,并有权要求受托人恢复信托财产的原状或者予以赔偿。而在受益人与受托人意见不一致时,可以申请法院作出裁定。②

由此,就信托法赋予受益人的救济方式而言,大陆法系的实际做法是更侧重于从受托人义务责任进行规定,而缺乏从受益人的角度提供针对不同情况、不同对象(受托人、信托财产、第三人)体系化救济措施。正如有学者所言,英美法系在维护第三人利益、从而维护交易安全的同时,更注重对受益人的保护,法律规则的设计更加周密、全面,救济方式更加多样,在法律规则的具体化和操作性方面,比大陆法系更胜一筹。③

---

① 日本《信托法》第 31 条规定,受托人违反信托的宗旨处理信托财产时,受益人可撤销其对对方或转得者的处理。但对于有信托的登记或注册以及不应登记或不应注册的信托财产,只限于对方及转得者明知其处理违反信托宗旨或由于重大过失事前无从得知时适用。此条规定的撤销权,自受益人或信托管理人得知其撤销原因时,1 个月内不行使,则消失,自处理时起经过 1 年者亦同。如我国台湾地区"信托法"第 18 条的规定,受托人违反信托本旨处分信托财产时,受益人得申请法院撤销其处分……此项撤销权,自受益人知有撤销原因时起,1 年间不行使而消灭。自处分时起逾 10 年的,亦同。

② 我国《信托法》第 49 条。

③ 何宝玉:《信托法原理研究》,中国政法大学出版社 2005 年版,第 317 页。

5.2 受益权权利保障机制

虽然信托制度在对受托人的约束机制、第三人与受益人利益的平衡等诸多方面，均偏重向受益人平衡，整个信托法制的设计重心在于受益人利益的实现。然而受益人的利益并非绝对而毫无约束，受益权从性质、实现的方式均存在相当的局限性，最明显为其固有的被动和静态性；再者，没有无任何负担的权利，受益人无需承担信托管理的负担而单纯享受信托利益从另一面来看必然意味着某种控制权利的让渡，与受益权亦相对应一定义务与责任，如受托人管理信托事务费用的优先受偿权；在特定情形下，受益权亦面临第三人权利的限制，如在特定情形下受益人债权人对受益权的约束和限制、善意第三人对受益人追踪权的切断等等。本小节旨在从受益权特性、与受益权相对应的义务和责任以及受益人不能对抗第三人从而受益权不能实现的特定情形等方面，试图对受益权的局限性进行较为系统的归纳与总结，以更全面归纳受益权的秉性。

由于受益权的被动以及静态特性，信托法制对于受益权的保护，呈现出与其他权利保障机制相比，丰富而弹性的保障机制。首先，受益权并不单纯局限于向受托人请求信托利益给付以及未能实现时的损害赔偿权利，而在特定情形下具有追及信托财产及其代替物的效力；其次，信托财产独立运作体系使得信托财产独立于委托人、受托人、受益人自有财产，形成对受益人信托利益的有效保障；最后，由于所有与利益相分离的特殊设计，受托人法律地位至关重要，因而对受托人约束以及控制机制的建立，构成受益人权利保障机制的重要组成部分。受托人约束与控制机制对受益权所形成的有效保障将在第六章商业信托受托人制度构建中进行专述，本节仅论及受益人追踪权部分。

5.2.1 受益权的局限性

5.2.1.1 受益权的特性——被动和静态性

虽然整个信托制度围绕受益人权利实现而建立,然而处于核心的受益人所享有的受益权本身却具有被动和静态性。此可从如下方面来阐述:

其一,此特性基于信托制度所有与利益相分离的设计。现代信托早已脱离信托起源时期单纯传承财富或规避法律的目的,而演化成现代理财工具。信托制度最富灵活性设计在于其所有与利益相分离的机制。也即英美法系名义所有权与实质所有权双重所有权的设计,受托人以自己名义持有并管理处分信托财产而利益却归受益人所有。此所谓伴随所有权而生之负担责任与风险均归属于名义上的所有权人;而美好享受部分归属于受益人。[①] 虽受益人可谓免去管理信托的种种负担与责任,而纯享信托利益。然而,此种负担与责任的免去必然意味着相应控制权的丧失。在现代商业社会,资产管理以及投资事务日益专业化,信托制度中受益人此种消极、被动特征正是从某种程度上顺应了现代投资事业对于效率、专业性的要求。不可避免的是受益人受益权必然带有被动和静态性的特征,即受益权的实现依赖于受托人的行为。在现代商业信托受益权大众化的设计中,受益人亦难以享有如公司制度中股东所凭借股东大会所享有的诸多权利。因此,商业信托制度中受益权的这种被动以及静态特性的极限发展更加促使了对于受托人相应约束和控制机制设计的必要性。

其二,从受益人权利的内容来看,并无对信托财产及其收益直接支配的权利,受益人享有的权利大多为辅助性的、制约性的、第二位性的,即,在受托人按照信托本旨行为管理信托事务,分配信托利益的情形下,受益人无需行使其监控权,而信托法制的救济机制亦无需启动。

5.2.1.2 与受益权相对应的义务与责任

受益人原则上并不负担任何义务,但受托人就处理信托财产或信托事

---

① 方嘉麟:《信托法之理论与实务》,中国政法大学出版社 2004 年版,第 3 页。

务所支付费用及债务，得向受益人请求补偿或清偿债务或提供相当担保。如受益人如因而负担债务而不欲享有受益权时，可以抛弃受益权，而使其不受此补偿请求权的拘束。① 英美法系的信托制度亦支持受托人合理的报酬请求权。如美国《统一信托法》(2005 final)第 708 条就对受托人的报酬问题进行了规定，并于紧接着的第 709 条中规定了受托人报酬的支付方式，受托人有权从信托财产并在适当的情形下从信托利益中获得相关费用的支付，如果这些费用是于管理信托事务中合理发生的，以及为阻止对信托财产的不当得利所发生的必要费用。受托人对于上述费用的提前支付使得受托人对信托财产享有担保的权利以实现其受偿权及合理的利息。

5.2.1.3 受益权优先性的例外情形

信托制度中的信托财产独立性的特征，使得信托财产能够从委托人、受托人以及受益人的自有财产中分离出来，而成为一独立运作的财产，仅服从于信托目的。② 从而委托人、受托人及受益人三者任何一方的债权人都无法主张以信托财产偿债。③ 信托财产的独立性特征有效地保障了受益人对于信托财产的优先权利。然而，法律制度在对受益权的格外偏向的同时，也考虑到受益人与第三人的利益平衡的问题：对委托人的债权人的特定情况下的保护；受托人管理信托事务所发生费用及报酬对信托财产的优先受偿的权利；善意有偿第三人对受益人信托财产追踪权的切断；受益人的特定债权人对信托财产的特定权利等等。上述情形都意味着受益权优先性存在相当的例外情形，在特定情形下，法律制度亦考虑到第三人（委托人的债权人、受托人管理信托事务费用及报酬、受益人的债权人等）的利益问题。以下详述之。

1. 委托人的债权人

由于信托财产的独立性，信托极容易作为一种避债的工具。为防止信托沦为一种诈害债权人的工具，各国和各地区通常都赋予债权人撤销权。

---

① 陈春山：《证券投资信托专论》，台湾五南图书出版公司 1997 年版，第 401 页。
② 周小明：《信托制度的比较法研究》，法律出版社 1996 年版，第 13 页。
③ 同上书，第 14 页。

而当受诈害的债权人行使撤销权使信托归于无效时,此时必然涉及委托人的债权人和受益人的利益冲突问题。

委托人诈害债权人利益设立信托的情形属于信托不合法的情形。美国联邦以及州的法律针对欺诈委托人的债权人而设立信托的情形都作出了无效的规定。① 如果一项信托中的财产转让具有欺诈性,受到损害的债权人可以在其债权范围内对撤销此项转让。② 美国《统一信托法》针对委托人同时享有信托利益的情况,也作出了委托人的债权人可以对信托财产提出相应的权利请求。③

根据英国1925年《财产法》第172条规定,任何财产的让与,如果其目的是为了欺诈债权人,则债权人可以撤销该财产让与。但有两个基本限制:一是债权人只能基于财产让与作出时业已存在的债权,才能行使撤销权;二是受让人受让财产时支付了对价并且为善意,即不知委托人有欺诈的意图时,债权人不得行使撤销权。为了切实保障债权人利益,英国《破产法》规定,在特定条件下,对于无对价支持的信托(即受托人与受益人无偿受让信托财产时)可因委托人后来破产而被撤销。④

为防止以信托的方式避债、欺诈债权人,大陆法系信托法结合传统民法中撤销权的相关规定,赋予债权人撤销委托人(债务人)实施的有害债权实现的行为,而无论受托人受让财产是善意还是恶意。⑤ 债权人行使撤销权,信托自始无效,由此,受益人不得再从信托中受益。但对于撤销前已获得的信托利益,上述立法例均体现出保护善意受益人的政策。即撤销不影响受益人已取得的利益,但受益人取得利益时明知或本应知道有害债权的,应当

---

① George Cleason Bogert, *Cases and Text on the Law of Trusts*, 7th ed., New York: Foundation Press, 2001, p.277.

② See Uniform Fraudulent Transfer Act Section 7; First Nat. Bank v. Love, 232 Ala. 327, See also Rest. Tr. 2d Section 63, and comment b. 欺诈债权人或其他人的信托无效;但在没有实际债务以及财产免于强制执行的情况下,债权人不能追及相应的财产。

③ Uniform Trust Law, Section 505. Creditor's Claim Against Settlor.

④ 参见周小明:《信托制度的比较法研究》,法律出版社1996年版,第135页。

⑤ 日本《信托法》第12条第1款;韩国《信托法》第8条第1款;我国台湾地区"信托法"第6条。

用于清偿债务。我国《信托法》的相关规定也体现了对善意受益人的特别保护,我国的《信托法》第 12 条规定:"委托人设立信托损害其债权人利益的,债权人有权申请人民法院撤销该信托。人民法院依照前款规定撤销信托的,不影响善意受益人已经取得的信托利益。本条第 1 款规定的申请权,自债权人知道或者应当知道撤销原因之日起 1 年内不行使的,归于消灭。"该条一方面赋予了委托人的债权人撤销权,另一方面规定若在法定期限内不行使撤销权将产生的法律后果,而最具重要意义的是于法律上正式确立了对因善意而取得财产的受益人合法权益的保护。关于善意受益人方面的规定实质上是从法律上正式确立了动产善意取得制度①,对此种规定学者亦有负面评价,即保护善意受益人已取得的信托利益,不仅与民法的政策考虑相冲突,与信托法自身的政策考虑也不无矛盾。"大陆法系民法上债权人撤销权的行使,对无偿受让人无论善意还是恶意,都可为之;亦显然是鼓励人们透过信托谋取不当利益,并认为凸现出信托这一涉及三方关系人的设计,与大陆法系原则上只调整双方关系的传统的冲突以及融合的难度。"②

2. 受托人管理信托事务费用及报酬

受托人为他人管理以及处分信托财产,对于因管理以及处分信托财产所产生的相应费用,则自无由受托人自己承担的道理,各国及各地区信托法大多规定了此种费用受托人可以直接向所管理的信托财产进行求偿,并且对于此项费用,受托人有优先于无担保权债权人受偿的权利。又由于受益人享有根据信托关系所产生的信托利益,如果信托财产不足清偿受托人就信托财产或因处理信托事务所产生的费用,受托人有权向受益人请求补偿或清偿债务或提供相当担保。但在受益人抛弃受益权,则并不承担此项义

---

① 何玉鸣:《略论善意取得制度对信托善意受益人受益权的保护》,http://www.studa.net/jngjifa/061023/09485767.html,最后访问时间 2006 年 12 月 23 日。
② 周小明:《信托制度的比较法研究》,法律出版社 1996 年版,第 137 页。

务。① 对于同一债务人,债权人皆以平等分配债务人的责任财产为原则,但有时基于公平原理、社会政策、当事人间意思的推测等理由,乃以法律明文承认各种各样的优先受偿权。② 受托人享有优先于无担保债权人受清偿的权利,亦是本着公平原理,为免受托人置于过于不利的地位。③ 而受托人向受益人的费用补偿请求权,用意亦在平衡受益人与受托人间的利益。④

受托人报酬请求权对信托财产而言,本质上也属于信托财产费用的一种,基本上准用上述有关费用偿还请求权的规则。受托人报酬的此项请求权,并不具有优先于其他债权人受偿的效力。

3. 受益人的债权人

在受益人负有大量债务的情况下,受益人已经取得的信托利益,已经构成受益人财产的一部分,自可用于清偿债务,而如受益人根据信托文件能够取得信托利益,此种信托利益自然也构成受益人债权人一种合理的期待。各国及各地区信托法均允许受益人以信托受益权清偿债务。并且,由于受益权的财产性质,一般而言,具有行为能力的受益人可以将其部分或全部信托利益进行转让,受让人相应可以对信托利益进行权利请求。

美国《统一信托法》第 5 条对受益人债权人或受让人的相应权利进行了规定,根据第 501 条的规定,在受益人信托利益未受到"反浪费"条款约束的情况下,受益人的债权人或受让人可以享有对受益人当前或将来分配利益的权利。在没有有效的"反浪费"条款的约束下,债权人对于受益人信托利益的权利就如同对受益人的其他财产的权利一样,但这并不意味着债权人可以及于受益人的所有分配信托利益:信托利益可能过于不确定(Indefinite)或者具有或然性(contingent)而无法及于或者受到各州债权人豁免条

---

① 日本《信托法》第 36 条;韩国《信托法》第 42、43 条;我国台湾地区"信托法"第 39 条;我国《信托法》第 37 条。
② 王志诚:《优先受偿权制度之研究》,收录于苏永钦主编,《民法论文选辑》,台湾政治大学法律研究所,1991 年,第 209 页。
③ 赖源河、王志诚:《现代信托法论》,中国政法大学出版社 2002 年版,第 138 页。
④ 同上书,第 140 页。

款的保护。① 而有些州的债权人法将债权人的权利限制于特定的范围之内。② 此条款也赋予法官一定的自由裁量权,即应当考虑到受益人及其家庭的特定条件对于债权人的此项权利进行限制。

大陆法系对受益人债权人的权利亦进行了规定。如我国台湾地区"信托法"第 20 条规定:"'民法'第 294 条至第 299 条之规定,于受益权之让与,准用之。"我国《信托法》第 47 条规定:受益人不能清偿到期债务的,其信托受益权可以用于清偿债务,但法律、行政法规以及信托文件有限制性规定的除外。

5.2.2 受益人追踪权——受益权保障机制的突出体现

5.2.2.1 英美法系的受益人追踪权制度

受托人违反信托目的将信托财产处分给第三人的,受益人可以请求受托人赔偿信托财产的损失,但在受托人没有能力承担赔偿责任的情况下,英美信托法赋予受益人衡平法上追踪权的救济方式,即在受托人违反信托处分信托财产的情况下,为保护受益人的利益,衡平法允许受益人在一定的条件下进行追踪,并从第三人手中取回信托财产或信托财产的其他转化形式,但在向受托人请求损害赔偿和追踪信托财产这两种救济手段之间,只允许受益人择一行使。③

受益人追踪权包括了两种形式:一种是在受托人将信托财产与自有财产相混同的情况下,受益人直接追踪受托人;另一种是向第三人行使追踪权,即受托人违反信托目的将信托财产处分给第三人时,受益人可依衡平法对第三人进行追踪。受益人可以对其行使追踪权的第三人包括:其一,知道是受托人错误处分信托财产的无偿受让人,即知情的无偿受让人;其二,知

---

① *See* (Third) of Trusts § 56 (2003); Restatement (Second) of Trusts § §147—149, 162 (1959).
② *See*, Cal. Prob. Code Section 15306.5.
③ George Cleason Bogert, *Cases and Text on the Law of Trusts*, 7th ed., New York: Foundation Press, 2001, p.613.

道是受托人错误处分信托财产的购买人,即知情的购买者;其三,不知道受托人违反信托目的而错误处分信托财产,接收了信托财产,并未支付对价的第三人,即不知情的无偿受让人。

受益人追踪权是衡平法发展起来保护受益人权益的有效救济措施,在某种程度上这种救济方式相当于大陆法系中物权救济措施。受益权这种对外追及的效力,有学者称之为"信托利益"(即"实质上所有权")甚或可称为"超级所有权"。① 寻求之所以赋予受益人这种超级所有权的原因,对于大陆法系借鉴信托制度,保护受益人权益应当具有积极的作用。

首先,从信托本旨来看,信托制度的设计最终不过是为受益人利益的实现,受益权在衡平法上亦被认为是实质上的所有权,追及力根本上体现的是受益权的物权性质。其次,从信托制度内部关系进行分析,追踪权是在信托制度"控制和利益"相分离的设计下,赋予受益人额外的保护措施。再次,从信托制度外部关系而言,受益权追及力的赋予体现了对受益人权利实现的偏向。最后,这种利益平衡的偏重我们可以看做是衡平法长期发展中政策选择的结果。

当然,受益人追踪权的效力虽然十分强大,既可以在受托人将信托财产与固有财产混同的情形下追踪,也可以在受托人违反信托目的将财产处分给第三人的情况下,依据衡平法对第三人进行追踪,但受益人追踪权亦存在相当的限制。

首先,是受益人追踪权难以及于善意的有偿的第三人。其次,在追踪善意不知情的无偿受让人也可能受到一定的限制。例如,在善意无偿受让人将受让的信托基金与其自有财产混合,或者受托人将信托财产与其他非信托财产混合后转让的,在这种情况下,无偿受让人与受益人应当处于平等地位。② 给付对价并且不知情的善意购买人,传统上被称为"衡平法的宠儿",既是良好的法定所有权人,又无不合良心的情势,衡平法没有理由干预他的交易。③

---

① 方嘉麟:《信托法之理论与实务》,中国政法大学出版社 2004 年版,第 185 页。
② 何宝玉:《信托法原理研究》,中国政法大学出版社 2005 年版,第 287 页。
③ 同上书,第 289—290 页。

此外,在无偿受让人对信托基金进行处分的情况下,如果已经没有可供追踪的财产,例如,挥霍等情况,则自然不能够再进行追踪。

5.2.2.2 大陆法系受益人撤销权能否取代追踪权

信托制度受益权的界定对大陆法系的债权物权体系造成了相当大的影响,主要是应用既有的法律体系和制度理念对舶来的法律制度及权利性质进行解释的问题;而当既有的制度体系难以容纳移植过来的法律制度时,正是制度发展的大好时机。受益人对信托财产所享有的受益权利,一方面体现为请求受托人依照信托本旨给付信托利益的权利,而另一方面,在受托人违反信托本旨处分信托财产时,受益人不仅享有要求受托人损害赔偿的权利,亦享有向第三人(给付了对价的善意第三人除外)追及的权利。前者体现了信托的债权性质,而后者体现了物权的追及力和支配性。

相对于英美法系受益人追踪权制度中对受益人与第三人关系作出明确和全面的规定,大陆法系信托制度中,通常赋予受益人撤销信托的权利,即受托人违反信托处分信托财产时,受益人有权撤销受托人的处分,从取得信托财产的第三人手中追回信托财产。

大陆法系受益人的撤销权对于受益人权利的保护所发挥的功能,同英美法系受益人衡平法上的追踪权所起到的作用,基本上是一致的。通过撤销权或追踪权的行使,受益人都能够在一定条件下,从取得信托财产的第三人那里,追回被受托人错误处分的信托财产;在判定受益人权利是否及于第三人时,都借助于对第三人是否"知情"或"善意"的判断。

但大陆法系以撤销权制度来取代英美法系长期历史发展过程中所形成的受益人衡平法上追踪权制度,从制度设计本身以及功能发挥上,都存在着这样或那样的不足。

从制度设计本身而言,追踪权体现的物权性质,而撤销权从总体上而言是债法体系上保护债权人利益的一种方式或手段。无论是将物权的追及力作为一种独立的效力,[①] 还是认为此种效力只不过是包括在物权的优先效

---

① 王泽鉴:《民法物权》第 1 册,台湾三民书局 1992 年版,第 53 页。

力和物上请求权之中。① 物权具有追及性这一点却是毋庸置疑的,即物权的标的物不管辗转流通到什么人手中,所有人可以依法向物的占有人索取,请求其返还原物。② 当然,物权的追及效力并不是绝对的,要受到善意取得制度的限制。③

信托制度中受益人对信托财产在特定情形下的追及力以及在善意第三人对这种追及力的切断上,同物权追及效力对于物权人的保护方式和程度上,大致是相当的。但这并不意味着就可以将受益权等同于物权,毕竟,受益人并不能直接支配信托财产,对于信托财产及其收益等信托利益的享有都依赖于受托人的控制和管理,并根据信托文件向受托人请求而得享有。对于受益权的此种特性,笔者将其理解为信托制度设计上的必然,受益人不能直接支配信托财产及收益从某种意义上言,确实体现了对于受益人权利的限制,这种限制或者出于规避法律所不得已作出的折衷(历史上信托制度是规避法律或封建制度的产物),或出自于委托人对受益人管理能力或消费甚至挥霍能力方面的限制(遗嘱信托或其他他益信托情况下),但当信托运行偏离了信托设立的初衷(即受益人利益的实现)时,借助于受益人追踪权的保护,信托制度背后所隐藏的所有权保护的理念,得以发挥功效。受益人追踪权从根本上体现了物权性质的保护方式,这应当说是立法政策或制度设计上的选择。

相形之下,大陆法系受益人撤销权的行使,虽然能够在受托人违反信托本旨处分信托财产情况下,达到恢复信托财产原状的效果,但这种保护方式对受益人追踪信托财产方面所发挥的功效上,则是间接的。撤销权的规定,从制度设计上来说,是针对受托人违反信托本旨的处分行为发挥效力,虽然客观上能够起到恢复信托财产原状的作用,但并不直接解决受益人的权益与取得信托财产的第三人之间的关系问题。④ 在恢复不能的情形下,也只能

---

① 郑玉波:《民法物权》,台湾三民书局1997年版,第22页。
② 王利明:《物权法论》,中国政法大学出版社1998年版,第30页。
③ 同上书,第31页。
④ 何宝玉:《信托法原理研究》,中国政法大学出版社2005年版,第313页。

借助于赔偿损失的救济手段,所以,受益人撤销权行使,并不能够达到衡平法上追踪权追及信托财产及转化物的直接效力。

正是基于这种制度设计的直接目的以及功能上的不尽相同,大陆法系受益人撤销权的设置,并不能达到英美法系追踪权对于受益人所提供的全面保护。如在受托人采取欺诈隐瞒手段将信托基金转移到其他账户,并同该账户上的其他基金相混同,其后,用该账户上的基金购买保单的情形下,衡平法上追踪权的行使,将使得受益人能够追及受托人所购买的保单上的收益;而这种追及效力,则是大陆法上的受益人撤销权所无能为力的:即使赋予受益人撤销受托人购买保单行为的权利,但这种撤销仅能达到追及保险费用的效果,而无论如何达不到受益人追踪保险收益的效果。所以,大陆法系的受益人撤销权制度,并不能达到衡平法上受益人追踪权等同的效果,这应当说,是制度移植过程中的基于既有制度及背景所作的一种立法政策上的选择。

5.2.3 商业信托受益人权利

商业信托采取受托人发行受益凭证,投资人通过购买的方式成为受益凭证的持有人,并据此享有信托利益的收取权利,成为商业信托的受益人。

在商业信托运作的典型,以信托契约为当事人法律关系基础的证券投资信托中,受益人乃基于信托契约而享有信托利益的人,订立信托的目的在于使其享有信托利益,而为受益权归属的主体。[①] 在我国证券投资基金法制中,受益人称之为基金持有人,受益权的均等分割亦不称作受益凭证,而为基金单位,因而有学者认为不能反应投资基金的信托本质。[②]

无论是契约型还是公司制,商业信托仍然利用信托法制的基本原理,从而受益凭证持有人法律地位亦同于传统信托的一般原理,但由于商业组织

---

① 陈春山:《证券投资信托专论》,台湾五南图书出版公司 1997 年版,第 404 页。
② 周玉华:《投资信托基金法律应用》,人民法院出版社 2000 年版,第 460 页。

化因素的介入，仍具有不同于传统的法律特征。商业信托均以投资获利为目的，受益人因购买受益凭证而享有受益权，亦为商业信托基金的出资人（投资人）。但由于信托的运作方式，投资者投入的信托基金归于基金托管人名下，并由基金管理人进行实际运作，所以，投资者并非基金资产的所有人，并无权支配基金资产，仅享有受益权，而基金运作的风险由投资人承担。受益人的此种投资人的地位，同公司股东的法律地位相类似，然而相较于股东通过股东大会享有的对股份公司经营管理层的控制权利（尤其是大股东、控制股东的控制权力），受益人显然更远离对经营权的控制。

受益权为受益人所享有的信托利益，此种受益权按照信托基金的单位进行分割，受益人按其所持单位数行使该种权益。如同传统信托法对于受益权的权利性质莫衷一是一样，关于商业信托的受益权性质，亦存在着债权抑或物权性质的困扰。鉴于难以用单纯的物权或债权性质来概括受益权的各种具体权利内容，从而大多认为受益权兼有债权及准物权的性质。债权性质，为受益人请求经理公司及保管机构履行信托契约所规定的义务。而物权性质，即受益人对不法强制执行有权提起异议之诉。受托人破产时可以行使取回权等。[①] 各国及各地区商业信托法制大多对受益人具体可得行使的权利进行了详细规定，这些规定一般包括请求经理公司及保管机构履行其应尽义务；请求申购、赎回或者转让受益凭证；请求取得基金收益、请求信托基金清算的分配；在受益人大会上行使表决权、对基金经营状况、基金业务以及财务状况进行监督的权利等等。

正如同传统信托法律关系并不简单调整双方当事人法律关系，而是针对多方当事人的法律关系进行调整，并平衡各方当事人之间权利义务一样，商业信托的组织化运作过程中亦涉及多方当事人的权利义务平衡问题，由此，我们亦可从受益人对于信托财产、受托人以及第三人等不同角度观察受益人的权利特征。

---

① 周玉华：《投资信托基金法律应用》，人民法院出版社2000年版，第460页。

1. 对于信托财产的权利

由于信托制度的独特设计,商业信托受益人法律地位并非单纯的债权人、亦非商业信托的名义所有人,但对信托财产的经营管理所得利益按比例(基金单位持有数额)享有实质上的受领权利。此种对于信托财产的受益权利可谓受益人的核心权利,在受益人将受益凭证转让他人之前或在信托存续期间内,均享有之,即使商业信托终止、消灭或破产,受益人仍享有信托剩余财产的分配权利。

2. 对受托人的权利

商业信托受益人除享有典型信托受益人的权利外,原则上,受益凭证持有人对于商业信托的经营或信托事务的执行,并不能表示任何意见,但受益人仍得在下列情形下,对受托人行使相关权利。

(1) 选任受托人

如信托契约有约定受托人的人数,当信托成立时的原始受托人,事后因多数受益人决议解任、辞任或其他事由而不再续任时,原始受托人得推出不超过20名合乎资格的受托人候选人,由受益凭证持有人决议从中选任新任受托人以填补不足的受托人人数。

(2) 请求召开受益人会议

信托契约有约定者,得召集受益人会议行使受托人选举权或信托契约所约定的权限,通常信托契约会约定每年必须召开一次受益人会议,时间通常会约定于固定日期或假日,地点则约定于商业信托主要营业所在地,如果受托人忽略未依期举行每年应举行的受益人会议,或者有特殊事由而有必要召开受益人会议时,依契约约定一定比例以上的受益人得请求受托人召开受益人会议。

(3) 指定投资策略

受益人得要求受托人必须为受益人的利益经营管理受托财产,若受托人经营策略不当,受益人依信托契约的约定亦得反对该经营策略,不过必须经多数受益人表决通过。

(4) 核阅信托账册的权利

受托人依契约的约定有设置商业信托财产账册、资产负债表的义务,相对的,受益人得请求阅览、抄录或影印上述账册。

(5) 解任受托人职务

对于滥用权限或浪费信托基金的受托人,或有未依信托契约或法令规定执行信托事务的,或受托人具有信托契约约定的解任事由时,受益人查核属实,得由一定比例的受益凭证持有人出席,出席人数过半数决议解任受托人职务时,该受托人职务即解任。

(6) 终止、重组商业信托的权限

商业信托存续期间尚未届满前,因契约约定终止、重组等事由发生,或者商业信托因客观因素无法继续时,得经受益人决议终止或重组或与其他企业经营组织合并等。

5.3 商业信托内部权利制衡机制

商业信托内部主要涉及受益人与受托人的制衡关系。以投资获利为目的的商业信托,最根本利益在于维护受益人的权利,而商业信托较之公司相比所有与利益分离程度更甚,由此对商业受托人的约束与制约机制成为商业信托组织设计的重大课题。商业信托组织内部的制约机制包括赋予受益人相应的权利以制衡受托人。在商业信托组织化、大众化发展的背景下,主要体现为以受益人会议的形式集体行使制约功能,当然亦可在受托人违反信赖义务时以个人身份对之提起诉讼。而从受托人职位本身设计而言,首先,是对于商业环境下受托人信赖义务的新的含义的赋予;其次,是将受托人的管理和处分职能进行分解,分化出受托人内部的监督制约功能,如通常的基金运作中,基金管理人与基金托管人职位的分别设计,实际上起到了公司组织中监事会或独立董事的监督职能。更由于商业信托中受益人会议、受益人个人监督职能的弱化,商业信托内部制衡机制呈现出较多依赖受托人职位内部的约束机制的设计,尽管如此,与普通公司或信托相比,基金内部制衡机制(即以基金持有人和基金受托人为代表的民事机制)的实际作用受到不同程度的弱化,这也正是强化基金外部制约机制(即以证券主管机关为代表的行政机制)的重要原因。[①]

商业信托组织化、专业化运作的终极目的在于实现受益人利益,因而商业信托这种组织形式根本上具有工具性价值。与现代商业社会中任何专业化、机构化运作的组织形态一样,都不可避免面临所有与利益相分离所带来的道德风险、代理成本等利益冲突问题。

5.3.1 剩余控制权与剩余索取权的分离

以证券投资基金为典型的商业信托的显著特征在于:基金管理人拥有对基金资产的剩余控制权,而不享受基金剩余收入的索取权;基金投资者承担基金运作过程中的所有风险,而不拥有对基金的控制权。剩余控制权与剩余索取权不匹配是基金合约(契约)的本质特性。[②] 这一本质特征源于信托的基本原理即所有权与利益相分离:传统信托的设计中亦为受托人对信托财产进行实际管理和处分,而管理与处分的收益却归于受益人,即英美法系的双重所有权的设计。

剩余控制权与剩余索取权的不对称导致了三个具体的问题:(1) 转移剩余收入。基金管理人通过关联交易、内幕交易、互惠交易等形式将基金利润转移出去,使投资者无法获取全部应得的基金剩余收入。(2) 创造剩余收入激励不足。既然大部分的基金剩余收入都归基金投资者,基金管理人就没有什么动力去开发对基金资产有利可图的新用途。类似的,基金投资者也没有任何激励开发对基金资产有效运作的方法或投资目标,因为他必须就实施新的更有效的运作方法和投资目标与基金管理人协商,而这又涉及更改基金契约或基金章程的问题。相对于单个投资者而言,更改基金契

---

① 王苏生:《证券投资基金管理人的责任》,北京大学出版社2001年版,第155页。
② 李建国:《基金治理结构——一个分析框架及其对中国问题的解释》,中国社会科学出版社2003年版,第3页。

约或基金章程的成本是无穷大的。(3) 降低剩余收入的"质量"。基金管理人为了提取更多的管理费,利用对基金的剩余控制权,操纵净值,操纵市场。这些操作方法虽然短期内有可能增加基金剩余收入,但它是以投资者承担更高风险为代价的。①

5.3.1.1 信息不对称问题

所谓信息不对称是指双方当事人进行交易活动时,有关交易的信息在交易双方之间的分布是不对称的,一方当事人对于自身相关的信息占有量多于另一方当事人,即一方当事人无法观察到对方当事人的行为或无法获知对方当事人的完全信息;并且,交易双方对各自在信息占有方面的地位是清楚的,处于信息劣势的一方缺乏相关信息,但可以知道相关信息的概率分布,并据此对市场形成一定的预期。

商业信托中的信息不对称问题则是指在商业信托受益凭证的发行以及交易、受托人对信托财产进行管理和运营的过程中,管理人拥有投资人所不拥有的信息。信息不对称的问题在商业信托受益凭证的发行、资产管理与运营各个环节都存在。

(1) 商业信托的产生方式不同于传统的信托。最终的信托法律关系的形成并不遵从委托人明确的意思表示的设置方式,而是采取发行受益凭证、集合大众资金的方式。那么管理人作为出售方,而投资者则以购买受益凭证的方式获得受益人的身份。商业信托所赖以存在的信托契约亦由发起人或管理人所拟定。从商业信托的设立而言,显然存在卖方与买方的信息不对称问题。

(2) 商业信托的运营中投资人难以对管理人形成有效的约束。投资者选择何种商业信托进行投资,本质上是对商业信托的具体管理人进行选择。一方面看重的是管理人的投资理财的专业能力;另一方面,管理人的尽职尽责程度亦利益攸关。尤其在现代证券投资的运作过程中,基金受托人的职

---

① 李建国:《基金治理结构——一个分析框架及其对中国问题的解释》,中国社会科学出版社2003年版,第4页。

能被进一步分化和细化。基金管理人被分解为基金顾问商、基金制造商和基金销售商。基金销售商出售基金后将资金交给基金制造商,再由基金制造商选择并委托基金顾问商来管理。如此,投资者与最终投资组合管理人之间的距离进一步拉大,投资者了解最终投资组合管理人能力和尽职尽责程度更加困难,甚至变得不可能。①

不对称信息引发的问题包括逆向选择和道德风险问题。

(1) 逆向选择。投资者一般根据优质基金和劣质基金的概率分布估算出基金的预期价值进行投资选择。由于内幕人员、基金管理者所掌握的信息与一般投资者所掌握的信息处于非对称的状态,投资者往往只能按照所有发行基金的平均质量来决定其愿意支付的价格,从而抑制证券质量被低估的基金的积极性而鼓励资金向低质量基金流动。这就产生了不合理的资金配置机制,显然,这种"劣驱良"现象使得投资者得不到满意的回报,对市场丧失信心,无助于市场配置效率的提高。

(2) 道德风险。根据委托代理理论,商业信托如同股份公司一样实行所有权和经营权相分离的机制。经营者可以利用其信息优势逃避监督,追求自身而非所有者的利益最大化。作为代理人的管理人、托管人与普通投资者存在的信息不对称,导致普通投资者难以掌握企业内部真实、完整的信息,从而使代理人产生懒惰、懈怠、机会主义以及其他损害投资者利益的行为,产生代理人的道德风险。基金市场上的欺诈行为和内幕交易从本质上而言是不对称信息的直接产物。

5.3.1.2 利益冲突

信托制度独特的法律构造使其区别于其他法律制度,而从信托财产独立性出发,信托往往被认为具有主体上的独立性。在以信托财产的管理和处分为中心的信托制度运作过程中,往往会产生所有与控制的分离,这同委托代理、公司制度相类似。也即,我们必须面对信托制度双重所有

---

① 李建国:《基金治理结构——一个分析框架及其对中国问题的解释》,中国社会科学出版社2003年版,第57页。

权制度所带来的所有与利益相分离的代理成本控制问题。相较于传统信托制度,在信托的商业运用过程中,这一问题更显突出。以证券投资信托为例,无不利用了信托法理,而管理人则承担受人之托、代人理财的职责或功能,除了收取管理费用之外,此种专家理财所带来的收益则归属于受益人,也即投资人。商业信托受托人越是向专业化、机构化发展,所有和控制相分离的程度就越深,这种分离程度远甚于普通的公司制度运作。这种分离在很大程度上也是商业信托制度发展的必然。可以说是专家理财的应有之义。在证券投资信托的实际运作中,管理人完全掌握了对信托财产的运用,这在带来专家经营的高效率效果之外,也随之因管理人与投资人信息不对称、管理人身份与其自身身份集于一体而产生利益冲突发生的可能。以证券投资为业的证券投资信托又使得利益冲突交易的机会增多,在此情况下,利益冲突行为的约束和控制自然成为关注的重点。

1. 管理人双重人格极易造成利益冲突

管理人一方面是自己财产所有人,具有个人利益,另一方面又是基金的管理和实际控制人,而其管理和处分基金财产的收益却归属于受益人。这种自利与他益的双重人格要求集合于同一主体使得管理人能够利用其特殊地位损害受益人利益。

2. 他益性经营与获取固定报酬的矛盾

由于基金管理人对于基金的运营管理收益归于受益人,而管理人除按照约定收取一定比例的报酬外,不能享有基金投资增值所带来的利益,此种利益冲突容易弱化管理人对于基金增值的责任心。

3. 管理人的有限责任制、低资本金与受益人的矛盾

一般情况下,经理人对基金运作结果只承担有限责任,其损失风险由受益人承担,然而,当经理人违反基金宗旨违规操作导致基金资产或受益人损失时,则应承担无限责任,即应以基金管理人的注册资本金予以赔偿。

如前文所述,商业信托的实际运作中会产生受托人、管理人的道德风险问题,即委托人向受托人交付财产,在基金的运作情形下,投资者在购

买基金后,受托人、基金管理人可能作出不利于委托人、受益人、投资者的行为选择。更由于商业信托大多以组织化的形式,集合大众构成规模效应,多用于证券市场投资,在受托人、基金管理人控制信托财产、基金的运营与管理、而现代投资手段又如此多样化、可供投资的证券产品多元化的环境下,投资人更难对受托人的管理行为进行控制,因而基金管理人偏离投资者利益的行为在剩余索取权与剩余控制权极度分离的商业信托组织运作过程中,更容易产生。包括净值操纵、操纵市场、内幕交易、关联交易、互惠交易等都是由于实务运作中可能产生的道德风险问题,而列入各国法制规范的重点。①

5.3.2 机遇与风险并存——商业信托组织化发展两面观(基金持有人会议)

5.3.2.1 公司型基金股东大会

公司型证券投资信托主要为美国法制所采纳,其运作主要由1940年《投资公司法》和《投资顾问法》所约束。此种证券投资信托既采公司运作形态,因而其内部治理机构同股份公司组织结构较为类似。然而毕竟由于此种商业组织集合众人资金,投资公司与营业公司相比,虽然都采取公司制形式,但运作机理上有本质上差异,基金股东"将购买基金股份视为取得管理投资资本的手段,而不是取得营业的股本所有权"。② 由此,公司型基金股东大会所能发挥的制衡作用也极为有限,仅能在有限的情形下——如在选举董事、批准费用、改变投资政策等情形下——对投资公司董事会及投资顾问发挥监控及制衡作用。

---

① 实务操作中,基金管理费用通常按照基金净值的一定比例来提取,由于自利的驱动,基金管理人要想获取更高的管理费用,其唯一能利用的方法就是促使基金净值增长。但以这种方式来提高基金净值是以投资者承担更大的风险为代价的,这时基金管理人的投资行为并非出于管理人谨慎的投资行为,并非出于管理人对所投资股票价值的理性判断,而是基于管理人自身获利的短期行为,一方面会使基金的流动性变差,所持股票能否以高价变现很成问题,尤其当基金的持股较多时,抛售股票会直接影响个股的趋势,进而影响净值;另一方面,这种操纵行为也会增加基金的运营成本(包括管理费和交易手续费),从而降低基金投资者的回报率。

② 王苏生:《证券投资基金管理人的责任》,北京大学出版社2001年版,第156页。

5.3.2.2 商业信托受益凭证持有人大会

在商业信托采取契约型的安排下,受益人通常以受益凭证持有人大会的形式来行使受益人相应权利。如同传统信托中受益人享有信托利益的受益权、对信托事务的监控权以及受托人违反信托情形下的救济权等,商业信托中受益人也享有上述相关权利。商业信托以投资获利为基本目的,自然享有基金营利的分配权利,至于如何分配通常在基金契约中进行规定;而对基金管理人进行监督和制约主要通过对基金管理事务的监控权以及救济权等来实现。在商业信托组织化的情况下,虽受益人权利的基本内容并无本质区别,然而在行使方式上却具有同公司等商业组织下权利行使相同的特征,即以会议集体的方式来行使。如解任、选任受托人、请求权利、契约修改权、基金终止权等都必须由受益人集体即受益人会议或持有人会议行使;当然,单个受益人仍享有可单独行使的相关权利,如查阅知情权、损害赔偿请求权、追索权、撤销权等。所以,同传统的民事信托相比,受益人获得了以集体方式对受托人进行制衡的权利。这一方面体现了这种权力的扩张,然而另一方面,却在一定程度上因为受益人的分散、成本与收益的考量、单个受益权的微小导致了搭便车行为[①],这使得这种集体监督的行为难免流于形式,而单个受益人更愿意采用"以脚投票"的方式。

5.3.2.3 持有人大会功能实现障碍

基于信托财产独立运作的特征,信托在相当大的程度上被认为是具有独立人格的法律主体,而以信托构造为其基石的证券投资基金,亦在相当程度上被认为具有独立人格。因而,基金持有人会议便理所当然地是该主体的一个机关,其地位类似于公司的股东大会,基金持有人通过参加基金持有人会议,对基金运营的一些根本事项作出决定。[②]

---

① 搭便车(free rider)现象的经济学根源在于股东对公司治理的参与具有公共品(public goods)性质,公共品的明显特征就是非排他性(nonexclusivity)和非竞争性(nonrivalness)。上述公共品性质导致股东对公司治理参与不足。对于契约型基金持有人同样存在"搭便车"现象。公共品的一般理论参见〔美〕瓦尔特·尼尔森:《微观经济理论》,中国经济出版社1999年版,第773—741页,转引自王苏生:《证券投资基金管理人的责任》,北京大学出版社2001年版,第161页。

② 张国清:《投资基金治理结构之法律分析》,北京大学出版社2004年版,第167页。

证券投资基金中投资人对于投资获利的追求,而非寻求对资本运营或企业发展的直接控制,决定了持有人大会在股份公司股东大会功能弱化的基础上被进一步形式化。

从商业组织的角度而言,投资基金是在股份公司的基础上进一步专业分工发展而成的。股份公司股东的所有权分裂为资本的提供和投资两个功能,并将投资的功能职业化。在经济组织方面最明显的发展即在于,将如何投资的决策同是否提供资本以供投资的决策日益分离开来。资本的提供者不再选择其真正投资的企业,而是将他的资本交给金融中介,由金融中介作出投资的决策。因而,投资基金的组织一体化的程度也就比商事公司要弱。基金持有人大会也在一般商事公司股东大会的基础上进一步被形式化了,基金持有人更多通过用脚投票(包括在证券市场出售基金单位及请求基金管理人赎回其所持的基金单位)、对基金受托人及政府的监控来保护自己的利益,而参与基金持有人大会对基金运作过程中的重大事项作出决议并不是其保护自己利益的一种主要方式。可见,基金持有人大会在基金的治理结构中所起的作用更弱,希望通过基金持有人积极地参加基金持有人会议来保护其自己的合法权利并不现实。①

虽然契约型基金受益人会议的权力与普通信托相比得到极大的加强,但总的来说,由于投资基金的分散性、流动性以及投资业务性质等因素,作为监控基金管理人履行信赖义务的工具,基金持有人会议的实际作用非常有限。

(1) 由于基金持有人普遍存在"搭便车"心理,他们宁愿"用脚投票"而不是"用手投票",因此,基金持有人参与基金治理的积极性不高,缺乏利用持有人会议监控基金管理人行为的动力。

(2) 各国及地区基金法规一般不要求举行基金持有人年会,而且由于基金管理人、托管人极少更新等原因,需要举行持有人会议的情形很少发生,持有人会议不宜作为监督基金管理人的经常性手段。

---

① 张国清:《投资基金治理结构之法律分析》,北京大学出版社2004年版,第167—168页。

(3) 开放型基金一般没有控制股东(control shareholder)或持有人,因而在普通公司中大股东凭借股东会议参与公司治理的情形极少发生。基金持有人如果不满基金管理人行为,可以净资产赎回股份,而并无"控制权溢酬"(control premium)发生,因而与封闭型基金相比,开放型基金持有人更加缺乏监控动力。

(4) 由于基金份额一般高度分散,按照法定程序召开一次符合法定要求的持有人会议的成本过于高昂,并且困难重重(流会的可能性明显存在)。由于投资管理的复杂性以及投资市场的多变性,持有人会议对于指导基金管理人投资决策并无多大实益,基于成本与效益的权衡,股东表决的范围和意义相当有限。[1]

5.3.3 保障与约束共生——受托人功能的分解

5.3.3.1 商业受托人功能为何分化与细化

在契约型证券投资基金的组织架构中,通常存在三方当事人,即基金受益凭证持有人(基金份额持有人、基金投资人)、基金管理人以及基金托管人。此种三方法律关系如何与信托关系中的三方当事人即委托人、受托人和受益人相对应,就成为本书探讨商业信托中受益人权利保障机制以及受托人约束和控制机制的理论性前提。

各国及地区法制虽异,然而在对基金管理人承担何种义务上,均不会否认其承担某种基于对方当事人的信赖而产生的信赖义务,总体上而言,居于一种英美法系信赖义务关系中信赖义务人的法律地位。所以,英美法系大多以被信任者或独立的基于事实的被信任者来解释契约型基金中的基金管理人的法律地位。[2]

在大陆法系借鉴英美信托法制过程中,对于契约型证券投资基金主要有两种不同的信托结构安排模式:

---

[1] 王苏生:《证券投资基金管理人的责任》,北京大学出版社 2001 年版,第 160—161 页。
[2] 同上书,第 22 页。

其一,德国模式。根据德国 1956 年制定的《投资公司法》相关规定,在契约型投资基金中,有关当事人的权利、义务是通过两个契约进行构造:一是投资公司与受益凭证持有人之间的信托契约,据此,投资者通过购买受益凭证取得委托人以及受益人的地位,而投资公司则取得受托人的地位,负责基金的经营和管理。于此,将此种证券投资关系定位为自益信托。二是基金保管银行与投资公司之间的保管契约,二者之间的关系实际上等同于一般民事委托管理合同中受托人与委托人的关系。对于德国模式中此种关于投资公司与保管银行的功能解释,学界观点不一。有学者指出,此种模式最大的不足在于对基金托管人的功能定位不准确,有违信托法原理。因为,根据德国《投资公司法》的规定,基金保管人对投资公司享有监督权,并对投资公司的违法行为享有诉讼权和撤销权。而从信托法律关系来看,这一权利配置方式并没有法律依据。不仅如此,由于基金投资人与基金保管人之间并不存在直接的法律关系,这使得基金投资人无法直接向基金保管人主张权利,一旦保管人疏于对投资公司的监管,投资人很难要求保管人承担责任。这对基金投资人的保护具有明显的不周延性。①

其二,日本模式。根据日本 1951 年《证券投资信托法》的有关规定,其对投资基金的整体架构是以证券投资信托契约为核心,结合基金投资人、基金管理人以及基金保管人而形成的三位一体的关系。即用一个信托契约来调整所有关系人的权利和义务。就投资基金三方当事人的定位而言,基金投资人被定位为信托关系中的受益人,而基金管理人和基金托管人则被分别定位为信托关系中的委托人和受托人。对于这种解释所产生的问题是,为了使基金关系中的三方当事人与信托关系中的三方当事人相对应,与信托关系的基本原理相违背,一味追求形式上的相对应而难免有机械解释与生搬硬套之嫌。根据信托法原理,委托人原则上应当是信托财产的原始所有人,但在日本模式中,作为委托人的基金管理人显然对基金并不享有所有

---

① 参见易旭辉、吴红岩:《证券投资基金管理人与受益人利益的冲突与平衡》,载《当代法学》2001 年第 1 期。

权。在一般的信托合同中,通常是将受益人与受托人作为一对矛盾主体来确认彼此之间的权利义务关系,委托人与受益人之间并不发生直接的权利义务关系,因为受益人利益得以实现的关键在于受托人的管理行为。而在日本模式中,实际上是委托人处于基金运作的核心地位,而受托人只是遵照委托人的指示去取得和处理信托财产。在此情形下,日本模式也与传统的信托关系有着明显的不同。①

通过上述对各国及各地区法制的回顾,我们发现,对于以证券投资基金为典型的商业信托而言,在解释其构造尤其是基金管理人与基金托管人的法律地位时,至少存在如下几种解释及分析模式:

其一,大而化之,以衡平法上的信赖义务关系为理论基础,以被信任者的法律地位来进行解释。在这种解释基础上,当论及基金管理人与基金托管人的法律地位时,无疑二者都处于一种受托人的法律地位:基金托管人和基金管理人均为相对于基金受益人的共同受托人,其中基金托管人为持有信托财产的保管受托人,基金管理人为负责信托财产管理的经营受托人。②

其二,如上述德国的模式,信托关系仅适用于投资人与投资公司的关系,而以传统民法的委托保管理论来解释投资公司与保管银行之间的关系。这种解释下,显然投资公司仍处于受托人的地位,而投资公司与保管银行的关系则显然已经脱离了信托理论解释的范围。

其三,如日本模式的解释方法。这种解释方法最重要的特征在于从形式上而言,基金管理人处于委托人的法律地位,而从实质上而言又承担受托人的相应权利义务责任。日本证券投资信托造成的理论难题在于作为委托人的基金管理人为何要对基金受益人负类似于受托人义务的信赖义务。对此我国有学者认为,日本的这种二元结构论属于一种学理解释,其唯一目的就是为了合理解释基金管理人对于基金持有人的信赖义务。虽然日本法解

---

① 参见王明洁、牟新华:《略论信托法律制度与我国契约型投资基金法律关系的当事人》,载《当代法学》2000年第5期。
② 参见沈达明:《衡平法初论》,对外经济贸易大学出版社1997年版,第17页;方嘉麟:《信托之理论与实务》,中国政法大学出版社2004年版,第100页。

释内在逻辑并不完美,但其形式与实质并不矛盾。①

基于上述理论解释的种种难以周全之处,我国有学者对契约型投资基金的信托构造作出了新的阐释。基金托管人仍被纳入信托关系之中,而与基金管理人共同处于信托受托人的地位。投资基金在本质上为自益信托,只是与传统自益信托有所不同的是,其将受托人的功能一分为二,分别交由基金管理公司和基金托管公司分别承担。此是基于西方国家的数权分离、相互制衡的思想而得出的结论。②

商业信托受托人功能上的分化和细化是由信托以及商业信托的本质特征所决定的。一方面,在信托制度下,所有与利益的分离已经达到了相当的程度,受托人以名义上的所有权对信托财产所享有的持有、管理与处分的权能。受益人利益的实现一方面依赖于受托人据此权能的种种管理与处分行为,而另一方面,受托人行为相当程度上自由度的赋予、受托人自身人格以及受托人人格集中于单一主体之上所产生的利益冲突又使得受托人行为可能偏离受益人的利益,这种利益冲突存在的可能性使得传统信托制度发展出信赖义务法律关系对作为信赖义务人的受托人的行为规范进行严格的调整,正是从这种制度化的约束中,信托法律体系已经具备了组织法的特征。一方面,商业信托制度以信托制度为法理基础,仍然承继了所有与利益相分离的法律特征,仍依赖于信赖义务法律关系对商业受托人的行为进行控制和约束。而另一方面,商业信托法律关系中,受益凭证持有人人数众多,具有分散性和不确定性的特点。在这种情况下,受益人虽然人数众多但却普遍存在"搭便车"的行为。此外,作为投资理财的工具,商业信托具有高度专业化经营的特征,这使得缺乏相应专业知识的受益人(受益凭证持有人、投资人)即使采用受益人大会的集体行动的方式,亦难对受托人形成有效的监

---

① 王苏生:《证券投资基金管理人的责任》,北京大学出版社 2001 年版,第 26—27 页。
② 参见高良:《契约型投资基金的信托法构造》,载《政法论丛》1998 年第 2 期。也有学者认为在信托模式的选择上,应当确立由基金管理人和基金托管人共同作为受托人的"共同受托人模式"。参见卢映西:《契约型投资基金法律关系评析》,http://www.law-lib.com/lw/lw_view.asp?no=2069,最后访问时间 2006 年 6 月 10 日。

督。而单纯依赖衡平法下发展的信赖义务法律关系也难对商业受托人进行有效的专业化的监督。可以说,商业信托受托人功能的分化和细化正是顺应商业信托受益人权利保护需求的加强以及既有信托制度难以形成对商业受托人有效的约束和监督而产生的。

5.3.3.2 基金托管人职位的设置

商业受托人功能的分化和细化是通过基金托管人职位的设置来实现的,即通过托管人制度来达到商业信托财产的管理职能与保管职能的相互分离:管理人由专业的投资专家组成,负责基金资产的日常经营与管理,但其本身并不实际拥有基金资产;托管人负责基金资产的保管,依据基金管理人的指令处置基金资产并监督管理人的投资运作是否合法合规。

以公司型基金与契约型基金为例。在公司型基金中,基金公司作为中心签约人与基金管理人签订基金资产管理合约,与基金托管人签订基金资产保管合约。基金管理人与基金托管人是平等关系,二者相互独立,相互制衡,共同对基金公司负责,而基金公司最终对基金投资者负责。在这种关系构架下,基金托管人能够真正起到监督基金管理人投资运作的职能。

在契约型基金中,由于此时整个基金的运作均以信托契约为依据,基金管理人与基金托管人的关系通常在基金契约中进行规定。契约型基金的设立以发起人发起的方式设立,在基金发起人与基金管理人由不同的主体分别承担的情况下,基金管理人与托管人均由基金发起人选择,这时能够达到互相独立互相监督的效果。但在基金发起人担任基金管理人并由基金管理人来选择基金托管人的情况下,基金托管人出于自身利益的考虑,就很难起到监督基金管理人的作用。

如前所述,基金管理人与基金托管人的分别设置正是基于适应现代商业信托保障受益人权益的需要而对传统的信托关系的内部制约机制加以改造的体现。通过对受托人功能的细化,可以在其内部形成彼此有效的约束,从而确保基金投资者利益不被非法侵害。传统信托关系中对受托人的约束应当说是围绕委托人和受益人的制约机制而展开的,首先,委托人能够通过设立信托的行为并以信托文件的具体条款对受托人行为进行控制;其次,受益人所享有受益权的固有特征也能实现对受益权权益的有效保护。在投资基金关系中，信托设立方式的更改以及受益凭证的大众发行与持有的局面都使得传统规则难以对受托人形成有效约束，从而信托制度发展至此，对其内部监管机制的建构应围绕着对同处于受托人地位的基金管理人与托管人之间的制衡关系的规制而展开，以内部约束以及控制机制的加强来实现受益人利益保障的目的。

5.3.3.3 各国和各地区实践做法

如前所述，鉴于基金管理人在基金资产运营过程中强大的控制能力以及所拥有的对于投资决策的自由裁量权，通常存在基金管理人权力滥用的可能性。为了防止基金管理人滥用权力，各国及地区投资基金多采用基金资产的管理与分离的组织构架，在基金管理人之外设立一个专门负责保管基金资产并对基金管理人的管理活动进行监督的机构，以实现基金所有权、经营权和保管监督权三权分离、相互制约的机制。① 基金所有权与经营权的分离体现了现代商业组织专家理财、所有与利益相分离的结构特征，而经营权与保管监督权的分化则体现了对管理人日益膨胀的经营管理权的一种制度上的约束。如果说股份公司中，这种约束是通过监事会、独立董事的监督制约机制来实现的，那么在以证券投资基金为典型的商业信托中，托管人职位的设置则大体上实现了这种约束功能。对于这种约束和制约职能的实现，各国和各地区的立法以及实际操作并不完全相同；同时亦因为公司型以及契约型证券投资基金的差异而有所区别。

1. 美国 1940 年《投资公司法》的相关规定

公司型基金通常都要委托一个专门的基金保管机构负责保管基金资产。美国 1940 年《投资公司法》规定，每家已注册的管理公司要求将其证券和类似投资置于保管银行（资产不少于 50 万美元）和证券交易所会员经纪商处。② 总体上言，目前美国对基金托管业务实行注册制，基金托管人的资

---

① 张国清：《投资基金治理结构之法律分析》，北京大学出版社 2004 年版，第 123 页。
② 美国 1940 年《投资公司法》第 17 节（f）、26 节（a）。

格条件主要由市场竞争机制决定,法律对托管人的资本规模几乎没有要求。美国各州的实践不太一样,可充当托管人的有金融机构、经纪商、证券交易所、证券公司、期货公司、储蓄公司及投资公司本身。[1]

2. 契约型证券投资基金的相关做法

契约型基金以信托关系为其法律构造基石。简单而言,是将信托关系中受托人职能机构化、组织化的商业运作。这种机构化、组织化的设计无疑在简化交易成本的同时[2],也会存在商业组织运作的成本问题,从根本上而言,是由于所有与利益相分离所带来的代理成本问题。而这种代理成本问题又是传统的信托法律制度本身所难以解决的,必须依赖于商业组织的约束与控制制度的基本理念,权力的分化与细化、机构之间的相互监督与制衡无疑为商业组织设计中最为基本的理念。所以,我们发现商业信托相较于传统信托,在法律构架上显然要复杂得多,一方面受益人权利被复数化,受益凭证持有人大会无疑为受益权的实现提供了一种集体表决的方式,而另一方面,从受托人这一工具性职位而言,亦不单纯是传统信托的个人受托人的设置,而具有机构化的特征,这种机构受托人的职能更是进一步在职能上被细化和分化,最为明显地体现为对信托基金进行管理运作的职能与对信托基金进行保管的职能相互区分甚至相互制约,主要是从保管人方面对管理者处分信托基金的权能进行一定程度上的约束和监督。源于信托起源过程中信托受托人消极保管、传承财富的秉性,信托基金保管人这种保管职能的特征与既有的信托制度中单纯具有保管财产职能的受托人相类似,从而在制度设计上被认为是受托人,并认为信托型基金采用基金管理人和受托人分立的双重管理架构,受托人(保管人)负责对基金管理人进行监控并保管基金的资产,当然受托人也可以将保管基金资产的职能委托给其他专门的保管机关负责行使。[3] 虽然商业信托与传统信托制度中受托人职能的对

---

[1] 劭颖红:《证券投资基金托管人制度探讨》,载《证券市场导报》2002年4月号,第66—67页。
[2] 即商业组织的制度性安排节约单纯市场契约所带来的交易成本。
[3] 张国清:《投资基金治理结构之法律分析》,北京大学出版社2004年版,第123页。

应的困难导致了商业信托实践与理论研究中对管理人以及保管人的法律地位界定不清,甚至众说纷纭,然而在职位以及职能的设计上,管理与保管的分而设置仍然是各国以及地区商业信托设计中普遍存在的,应该说这种实务操作的某种程度上的一致性与理论诠释的争议体现了商业信托理论研究的欠缺,或者说实务的发展已经超越了既有理论的研究,这其实是符合哲学中实践发展与理性认识的辩证关系的。

如英国单位信托中的受托人负责监督基金管理人以保证其按照法律及基金契约的规定管理基金资产,同时负责保管基金资产及有关基金资产的所有权文件①,但有时基金受托人亦可委托专门的基金托管人负责保管基金资产,两者之间的关系通常为代理关系。②

我国香港的《单位信托及互惠基金守则》第 4.1 条也规定申请认可的集合投资计划,必须委任监察委员会接纳的受托人/代管人。根据信托成立的计划必须委任受托人,而互惠基金公司必须委任代管人。受托人将按照信托法的一般原则履行其职责。

而在大陆法系,亦有类似的构架。如我国证券投资基金的基金托管人、我国台湾地区证券投资信托基金的保管机构、德国的托管银行等。根据德国的《投资公司法》,基金资产必须由托管银行来保管,托管银行的介入使投资基金管理公司无法直接支配基金资产。托管银行的另一项重要的职能就是核定基金单位的净资产值。此外,托管银行行使一系列法定的控制权和参与权,从而强化了对基金制度性安全的保障。在特定情况下,托管银行还可以代表投资者的利益来主张权利,或者对执行基金资产的行为提起诉讼。③

5.3.3.4 基金托管人的具体职能

基金托管人的具体职能主要是对信托基金进行保管并对基金管理人的

---

① The finacial services (Regulated Schemes) Regulations 1991, Reissued text, Section 7.09, 7.10, 7.11.
② 张国清:《投资基金治理结构之法律分析》,北京大学出版社 2004 年版,第 123 页。
③ 德国《投资公司法》第 12(a)、(b)、(c)部分,转引自张国清:《投资基金治理结构之法律分析》,北京大学出版社 2004 年版,第 124—125 页。

行为进行监督。托管人行使监督职责通常是在契约型基金的情形下,在公司型基金情形中通常并不规定托管人的监督职责,因为公司董事会或第三方(例如独立董事)可充当此任。正是基于公司型与契约型投资基金托管人职能的此种差异,有学者认为在公司型组织形式下,基金托管人实际是代管人(depositary)。在契约型组织形式下,基金托管人被称为受托人(trustee),此时与信托原理中的受托人的地位是一致的。①

1. 保管基金资产的职能

公司型证券投资基金虽同普通的公司运作相区别,然而基本法律构架仍然大致相同,如董事会机关的设置,因而对基金管理人的监督的职能行使,就由董事会中的独立董事来承担。在这种情况下,保管人的职能就主要为保管基金资产,防止基金流为私用。

负责保管基金资产亦为信托型或契约型基金托管人的一项重要职能。如根据英国1991年《金融服务规章》第7.10条的相关规定,受托人须掌管或控制计划的所有资产,收取由此产生的所有收入并根据信托契约及规章的规定为持有人的利益以信托的方式持有这些收益。受托人须采取各种措施以及提供所有的文件,这些措施及文件为保证经理就其行使附随财产所有权的各种权利(包括投票权)得到执行所必须。单位信托契约中通常有一个表明信托的条款,受托人为受益人的利益以信托的方式持有财产。受托人的义务亦来自于其持有属于他人财产的这样一个事实。

日本公司型基金的资产由保管公司保管,此类保管公司须为从事信托业的银行、证券公司以及法律规定的其他机构。信托型基金的保管机构作为信托契约的受托人,基金资产自然应移转至受托人名下。根据德国的投资公司法,基金资产必须由托管银行来保管,托管银行的介入使投资基金管

---

① 参见张国清:《投资基金治理结构之法律分析》,北京大学出版社2004年版,第123页,以及劭颖红:《证券投资基金托管人制度探讨》,载《证券市场导报》2002年4月号,第67页。这种对托管人的法律地位的认识无疑是秉承了日本模式的三位一体的构造关系,将管理人视为委托人,而由委托人与托管人之间签订信托契约,从而托管人处于受托人的法律地位,如前文所述,这种理论模式的最大难题在于如何解释管理人的委托人地位与其所承担的受托人忠实(信赖)义务集于同一主体之上。

理公司无法直接支配基金资产。

2. 对基金管理人的监督职能

基金托管人监督的内容通常包括监督基金管理人是否遵守法规,基金资产的计算是否正确等。香港特别行政区规定的托管人监管职能有:监督基金管理人的工作,确保投资和借贷情况符合规定的范围,确保基金单位的发行、出售、赎回和注销严格遵照规定,审核基金单位价值的计算方法。新加坡规定受托人有义务确保管理人遵守基金契约的规定,如果管理人不能遵守基金契约规定,托管人应当召集紧急持有人大会以决定是否解散基金。英国法律则规定,托管人负责监督基金管理人履行基金契约和遵守法规的情况,如果基金管理人违规,托管人有向金融管理局报告的责任。

我国《证券投资基金法》第29条对托管人的职责进行了规定,希望托管人负起监督责任。但现实是我国现在的托管人银行没有履行其监督职责。例如,众多的托管人在2000年基金年报的《托管人报告》中却均出具无意见的托管人意见报告。许多基金的投资组合不在规定的范围之内,例如,安信基金2000年年度报告披露其持有东方电子达资产净值的13.04%,明显不符合《证券投资基金运作管理办法》规定的10%的投资限制,但托管人报告和内部监察报告均出具合规意见。各个基金托管人报告如出一辙,内容空洞,缺乏具体细节,监管机构和投资者从中根本无法获知基金具体遵守法规、基金契约的情况。①

5.3.4 我国商业信托法制受益权保障机制的现状与完善

我国商业信托法制主要是证券投资基金立法的发展,本书也将主要依据我国证券投资基金立法的相关规定进行探讨。

5.3.4.1 我国基金持有人权利的规定

基金持有人是基金单位的持有人和出资者,享有由基金资产投资产生的各种权益,并以其资产对基金债务承担有限责任。投资人在将资产投入

---

① 劭颖红:《证券投资基金托管人制度探讨》,载《证券市场导报》2002年4月号,第67页。

基金后,根据投资信托的基本原理,即将不再享有对其资产的所有和控制权力,而是由基金托管人保管并由基金管理人进行实际管理和运营。然而毕竟基金持有人是基金资产的最终拥有人,并且也由基金持有人对基金的投资风险承担最后的责任,所以,以实现投资者利益为宗旨的基金立法,必须对基金持有人的权利保障作出周全的规定。

我国证券投资基金以信托原理为基础,然而其作为商业组织的一种运作方式,亦具有信托制度所不能涵盖的诸多法律特征。从基金持有人的权利角度而言,证券投资基金的信托运作方式为私人投资提供了专家理财的可能性,所以,信托运作方式带来的必然是基金持有人相应权利的限制,如基金持有人无权指导基金管理人和基金托管人如何行使权力。然而作为基金商业组织的运营过程中又涉及以集体行使权利的方式对投资人利益进行保护,这点类似于股份公司的运作方式。所以,有学者认为:投资基金法对基金持有人权利义务的配置及其所提供的保护水平应介于公司法对股东及信托法对信托受益人的保护之间。①

我国《证券投资基金法》对基金持有人的权利进行了如下规定:

基金持有人的权利包括:分享基金财产收益;参与分配清算后的剩余基金财产;依法转让或者申请赎回其持有的基金份额;按照规定要求召开基金份额持有人大会;对基金份额持有人大会审议事项行使表决权;查阅或者复制公开披露的基金信息资料;对基金管理人、基金托管人、基金份额发售机构损害其合法权益的行为依法提起诉讼;基金合同约定的其他权利。

5.3.4.2 问题及建议

在新的基金立法中,立法机关对这种权利加以扩大,体现了立法机关保护投资者的用心。

然而,在投资者利益保护方面,这种立法目的能否通过简单的权利赋予

---

① Sarah Worthington, "Public Unit Trusts: Principles, Policy and Reform of the Trustee and Manager Roles", UNSW Law Journal, [1991 Volume15(1)], p.266. 转引自张国清:《投资基金治理结构之法律分析》,北京大学出版社 2004 年版,第 154—155 页。

的方式得以实现,确实是实践中不得不考虑的问题。在基金持有人权利的规定以及实现方面,我国基金立法及实现尚存在如下问题:

1. 持有人利益代表缺位

在我国基金发展过程中,投资基金的当事人有过一定的变化,在《证券投资基金法》通过之前,发起人在基金设立中起着重要作用。这是由我国特定的基金发展背景所决定的,一方面早期的基金运作出现问题,被监管部门中止发展;另一方面,新的基金管理公司尚未成立,也没有现成的模式可供借鉴。在此情况下,设立基金客观上需要有一个发起人,来负责联络一批最早的出资者,共同进行资金筹集活动。这种基金治理结构中直接由发起人代表持有人的利益,由于发起人本身的独立性差,与相关各方又存在千丝万缕的利益关系,因此很难代表持有人的利益。

从早期试点的开元、金泰和兴华基金的运作情况来看,基金发起人可以联合组成基金管理公司,作为基金的管理人,负责基金的投资运作。但随着基金管理公司的设立、运作走上正轨,以及基金数量的逐渐增多,发起人的作用逐渐淡化,其职责也逐渐为基金管理公司所代替,以后的基金基本上都由基金管理公司发起设立。所以,在我国基金立法过程中,大多数人士认为,这种发起人的职责完全可以并入基金管理公司,所以证券投资基金法中并没有就发起人进行规定。①

这种契约型基金的运作模式中,基金资金实际上由基金管理公司控制和运作。基金管理公司可以有两种取向:一是在信托关系制约下,受到受托人义务规范的约束,重视维护基金持有人权益,积极为基金持有人谋取尽可能高的收益,同时,严格防范基金资金的运作风险,体现了信托关系的他益性特征;二是在基金资产作为一种可由自己控制运作的资产的表面特征下,在不公开或不直接违反基金法律规定及有关文件规定的条件下,尽可能为自己谋取利益,甚至通过某种方式"转移"基金资产的收益,这体现了信托管理关系中自益与他益性要求集中于同一法律主体上

---

① 参见朱少平主编:《〈证券投资基金法〉解读》,中国金融出版社2004年版,第32页。

的角色冲突。《证券投资基金法》将发起人职责并入基金管理人的职责范围,因而从制度上难以回避这种角色冲突问题。正是从此点出发,有观点认为,契约型基金存在着严重的缺陷,也正因为契约型基金在组织制度上存在的明显缺陷,因此,在20世纪90年代以后,英国、日本及其他实行契约型模式的国家和地区纷纷加大设立公司型基金的力度,并采取各种措施引入公司型基金的某些机制来改造已有的契约型基金(从而使契约型基金转变为信托型基金)。公司型基金成为世界各国(和地区)基金组织模式的主要发展趋势。①

2. 基金持有人难以有效监督

基金持有人往往人数众多并且高度分散,基金持有人大会往往流于形式。并且只有当基金管理人出现严重失职或违法违规时,基金持有人大会才能以多数决议将其撤换。所以,基金持有人对基金管理人的监督是事后的、有限的,带有极大的滞后性、软弱性。正因为此,我国在证券基金立法过程中,就曾经对是否需要对基金份额持有人大会进行规定进行了激烈的争论。② 不过最终出于保护投资人及其相关当事人的合法权益的目的,《证券投资基金法》最终采用了信托型基金召开基金份额持有人大会的方案,并对此制度进行了专章规定,在第71条规定:(1)提前终止基金合同;(2)基金扩募或者延长基金合同期限;(3)转换基金运作方式;(4)提高基金管理人、基金托管人的报酬标准;(5)更换基金管理人、基金托管人;(6)基金合同约定的其他事项等情形下,应当召开基金持有人大会。

不过,上述规定仍然存在需要完善的地方。

首先,基金持有人大会召开的情形以及决议事项的具体内容需要完善。对基金投资政策和投资目标的改变,基金的合并,基金资产的重整等重大事

---

① 参见王国刚:《公司型:中国证券投资基金组织模式的基本选择》,载《财贸经济》2002年第10期,第24页。

② 参见朱少平主编:《〈证券投资基金法〉解读》,中国金融出版社2004年版,第263页以下。

项,现行法并未作出规定。①

其次,基金持有人大会的法定数问题。《证券投资基金法》第75条规定,基金份额持有人大会应当有代表50%以上基金份额的持有人参加,方可召开;大会就审议事项作出决定,应当经参加大会的基金份额持有人所持表决权的50%以上通过;而转换基金运作方式、更换基金管理人或者基金托管人、提前终止基金合同,应当经参加大会的基金份额持有人所持表决权的2/3以上通过。通常认为这一比例要求过高,而在未达到此比例情况下应当如何处理并未进行规定,也没有对基金管理人以及与表决事项有利害关系人所持基金单位是否参与表决及是否计入法定数作出规定。

本书认为,无论是契约型基金还是公司型基金都面临着基金管理人他益性要求与自益性倾向相冲突的问题,从较为宏观角度而言,二者同为商业组织运行形式,这种冲突实际上是商业组织运营所难以回避的制度性成本问题,而与采用契约抑或公司的形态并无直接关系。所以,契约型基金与公司型基金的发展实际上是并行不悖的。

从商业信托的运作来看,信托制度本身所带来的代理成本问题,以及信托制度商业组织化对代理成本问题的扩大,都使得难以从受益人权利保护和实现本身来获得问题的解决方式,受益权的被动性以及静态性的法律特征都加大了对受托人约束的必要性,而这种必要性在商业信托的运作中更随着商业组织所带来的受益权大众发行所带来的集体决策方式难以奏效、搭便车行为等被加倍放大,由此,商业信托这种组织模式的运营发展必然带来的是对受托人法律监管的强化和细化,甚至包括新的控制机制的引入,最典型不过是证券投资信托中受托人职能的细化和分化。

从上述对基金持有人权利的分析来看,单从受益人权利建设方面难以构建受益人权益保障的完整体系:受益人对于所投入资产控制及运营权利

---

① 参见张国清:《投资基金治理结构之法律分析》,北京大学出版社2004年版,第174页。

的让渡以及由此而来的商业组织本身所存在的所有与利益分离制度设计都难以从受益人权利角度加强基金持有人对基金管理人以及托管人的有效监督。商业信托体现了信托的组织化运用,由此的组织化成本必然需要从商业组织的成本控制和制度约束入手,以解决基金持有人监督效力缺乏的问题。

第6章　商业信托受托人制度构建

本书的研究遵循了这样一个逻辑顺序：商业信托作为信托制度的商业化应用形式，具有商业组织的特征，这个概念包含了两方面的意义：一是信托制度作为商业信托的制度性基础；二是商业信托的组织化、机构化、制度化的运作特征。而这两方面意义的结合又都以实现受益人权益为目的，由此而言，信托制度与商业组织的结合具有工具性的价值，从前者而言，信托的制度基础使得我们关注信赖关系对于整个商业信托构建的理论以及实践价值；从后者而言，商业组织的运作方式必然要求我们从组织机构的构建来关注受托人控制以及约束问题。这构成本章商业信托受托人制度的宏观构建基础。

6.1　商业信托受托人制度构建的法律规则基础

商业信托以信托为其组织运营的法理基础，信托法的相应规则无疑为商业信托制度构建的制度性基础；随着商业信托组织化程度的提高，对于商业信托中构建独立的"治理机构"的建议亦逐渐取得共识。①

基于商业信托关乎公众利益,对商业信托的调整虽难完全遵循当事人的意思自治,必然涉及强制性法律规范,然而商事法的领域亦大量倚赖私法的规则。商业信托为受托人(具体为基金管理人、托管人等)控制、管理、保管的信托组织形式,受托人为对信托基金持有人(或受益凭证持有人)负有信赖义务的被信任者。在此种组织结构中,亦难单纯由信托关系或信赖关系解决当事人间法律关系的所有问题,而是由私法的诸多规则对其进行调整,主要包括被信任者法、信托法、商业组织法以及合同法的相关法律规则。而信托法、合同法由于其灵活性以及任意性,对于商业信托的发起人以及管理人而言,相对形成较少的约束,但被信任者法以及组织法对于受托人以及商业信托的运营而言,有着较多的强制性的约束。信赖关系法主要着眼于受托人的行为约束和控制,商业组织法则对商业组织运营的一般性规则,包括商业组织设置的前置条件、法律构架以及有限责任制度带来的商业组织内部(投资人与受托人,乃至作为实体的商业信托或组织本身)与外部(第三人)的利益平衡的冲突解决规则的设定等等。

6.1.1 合同法的规则

合同法的规则对商业信托的调整似乎并不明显。无论是信托法、信赖关系法还是组织法的领域,都充斥了强制性的法律规定。从受益人利益的实现到受托人义务的履行,都难以脱离强制性规则的调整。然而,信托制度同合同制度的比较、合同规则对信托契约的影响历来不是陌生的话题。信托的两个基本特征决定了可以应用合同法的规则对信托进行解释。首先,存在于委托人与受益人之间的信托交易是自愿的。没有人被逼迫接受受托

---

① "治理机构"为一个中性的概念,其具有董事会或者受托人的权力以及责任,其设置的目的是保证基金(商业信托)为单位持有人的最大利益而治理(运营)。参见 David P. Stevens, "Trust Law Implications of Proposed Regulatory Reform of Mutual Fund Governance Structures, A Background Research Report to Concept Proposal 81-402 of the Canadian Securities Administrators", http://www.osc.gov.on.ca/Regulation/Rulemaking/Current/Part8/cp-20020301-81-402_Legal_Report.pdf, p. 1,最后访问时间 2006 年 10 月 12 日。

人的职位。由此,信托和合同一样,为一种协商一致的关系。信托法的另一个特征是几乎所有的规定都是默示条款,即双方可以通过约定排除适用。而双方协议以及意思自治的特性则是合同法的决定性特征。

当然,在合同法领域也存在着强制性规则,即不容当事人以意思自治加以变更的规定。信托法的领域,当事人之间的意思自治也并非完全毫无限制。出于公共政策的考虑,具有非法目的的信托显然是被禁止的。信托的成立也必须符合最低的法定的要求,例如,信托财产以及能够对信托进行强制执行的受益人的确定性。此外,信托法中也存在"反永续"规则,而信托必须为受益人的利益也是信托法的应有之义。然而,信托的合同法论者仍然认为这些强制性规定的存在并没有影响到整个信托法"默示法"的特征。[①]

在大陆法系借鉴信托法制的过程中,这种信托合同论的观点亦受到广泛的关注。信托合同这一概念被认为是受托人以自己的名义管理由委托人提供的财产,并将由此所得利益交付给受益人的合同。被规定于信托合同中且因这种合同的履行产生的由委托人提供财产、由受托人以自己的名义管理该项财产并由受益人享有这一管理所得利益的内容的财产关系即为信托,所以,信托合同是由委托人出于设立信托目的与受托人签订的合同。[②]

信托契约构成商业信托的结构性基础,是决定商业信托企业组织形态的重要根据,商业信托契约中包含了受托人与受益人权利义务关系,信托资产运作、经营、管理的具体规定。相较于公司法繁琐的法定要件规定而言,商业信托主要以信托契约为依据,所以商业信托成立后,根据不同需要或一定事由发生时,商业信托当事人可以合意修改、变更信托契约的内容,使商业信托发展符合当事人的意思,以促进有效率的经营和信托目的的成就。传统信托的成立方式中,由于是由委托人与受托人之间达成意思表示一致而成,或者由委托人单方面宣言,不需要受托人承诺即可成立,受益人的权

---

① John Langbein,"The Contractarian Basis of the Law of Trusts", 105 *YALE L. J.* 34 (1995), p. 651.
② 张淳:《信托合同论——来自信托法适用角度的审视》,载《中国法学》2004 年第 3 期,第 93 页。

利义务来自于委托人的指定。所以,在传统信托中,受益人并非自己意思表示而取得受益权,亦非信托契约的当事人。委托人在他益信托的情形下,在信托成立并完成信托财产转移于受托人后,即脱离信托的法律关系。当然其设立信托时委托人所设定的条件在信托存续期间发挥约束受托人行为、受益人利益享有的作用。但总体而言,信托关系期间最为密切的并非信托契约的当事人,而是受托人与受益人之间的法律关系。但是由于商业信托在设立方式以及当事人法律关系的基本构造与传统信托大有不同,商业信托的成立可以说是投资人与受益人基于合同自由的原则,双方意思表示达成一致而成立。所以,在商业信托的情形下,合同法规则的适用似乎是顺理成章的。

6.1.2 信托法的规则

当我们发现合同法的相关规则在信托法律制度实践过程中具有广泛的适用可能性时,我们并非天真地认为合同法的规则能够用来解决信托实践中的所有疑问。合同法规则对信托制度乃至商业信托制度的最大贡献在于对这一制度中广为关注的灵活性以及弹性的解释,而这种灵活性以及弹性无不来源于当事人的意思一致以及意思自治。正如我们在论及合同法对信托制度的解释中所述,信托制度中当事人的意思一致以及意思自治这两点构成了其合同性质的基本性质。然而,单纯这两大特征并不能够对信托制度作出全面的解释。信托制度作为衡平法上发展起来的独特制度,具有独有的特征,这些特征必须由信托法的独特规则来解释。

6.1.2.1 受益权利性质

受益权的性质曾经引起了英美法系以及大陆法系广泛的争议。当我们用合同法的规则来解释信托法律制度时,就很难逃离以合同权利来解释受益权性质的观点。然而受益人除了享有对受托人请求支付信托利益的权利之外,受益人权利中所包含的广泛的内容难以用合同权利性质来概括。最明显如受益人追踪权,在大陆法系中被转换为受益人有权撤销受托人违反信托本旨处分信托财产的行为,从而追回被处分的信托财产,这种追及特定物的权利,显然难以合同权利性质来解释。

　　信托监督权亦难以以既有的合同法的规则来解释。信托受益人对信托事务的监控权是基于信托而享有的一项固有的权利,而委托人只要在信托文件中保留了此种权利,则同样享有。传统民法中债权或合同关系并不能涵盖委托人和受益人的监督权。虽然有些学者认为,随着债的理论和实践的演进发展,典型的债的形式——借贷,已经出现了作为贷款人(即债权人)的银行对借款人(债务人)进行监督,享有对其财务状况与有关生产经营状况进行监督的权利,即债权人在法律有规定的情况下,可以享有对债务人的与合同履行休戚相关的方面进行监督的权利。① 然而,这种法律直接规定的方式实际上已经超越了当事人直接以合同来对双方权利义务进行约束的范围。再者,在商业信托的模式下,作为一种集合投资工具,受托人享有对信托资金运营管理的强大的权利,而分散的投资人(受益人)又难以对受托人形成有效的监督。为了加强对受益人权益的合法保障,在商业信托中,受益人的权利更呈现出多种多样的特色,早已超越了合同权利的范围。如果说信托基金的资产利益享有权仍然在传统的合同法的范围之内,而受益人享有的对受托人管理信托事务的监控权,以及违反信托契约的救济权都必须以特定的信托法乃至商业信托法制构造来进行解释。因商业信托中大众发行的方式,受益凭证持有人的大众以及分散性,商业信托中无不注重受益人监控权的设计,包括请求召开持有人会议的权利,表决权利,监督基金经营情况,获取基金业务及财务状况资料的权利;提请基金管理人或基金托管人履行按本契约规定应尽的义务;基金合并、更换运作方式以及终止请求权;基金契约的修改权;选任和解任基金管理人和基金托管人的请求权等。② 这些复杂多样的权利已难单纯用合同法规则来解释。如果将这些权利视为法律直接的规定的话,那么将其视为商业信托制度独特的法律构造可能更为确切。

---

　① 梁敏虹:《合同与信托的关系及其应用》,载《经济论坛》2005 年第 6 期,第 122 页。
　② 张国清:《投资基金治理结构之法律分析》,北京大学出版社 2004 年版,第 158 页。

6.1.2.2 信托制度所有与利益相分离的设计

英美法系信托制度设计最重大的特征在于双重所有权制度的构造。信托一旦设立,信托财产即由委托人转移给受托人,受托人享有信托财产法律上(或者名义上)的所有权,对信托财产进行管理和处分,而第三人均与受托人就信托财产进行交易。但是受托人管理处分信托财产的收益均归于受益人。所有权与利益相分离、信托财产的权利主体与利益主体相分离,正是信托区别于类似财产管理制度的根本特质。[①] 信托法这种双重所有权的制度构架构成了信托制度有限责任的基础。即委托人、受托人以及受益人都仅以信托财产对信托事务处理所发生的债务承担责任。信托制度的此种双重所有权设计以及有限责任的特征都难以单纯用合同法的规则来进行描述。

6.1.3 被信任者法规则

信赖义务适用于任何处于信赖关系之中的个人。公司的董事或管理人员以及信托的受托人因其职务本身的性质当然为信赖义务人,但许多其他人是由于他们与其他人之间的法律关系的事实或者环境而成为信赖义务人。确定的一点是,任何对基金资产享有控制利益或权力的人就成为与基金投资人形成信赖关系的表面证据。因此,他们对受益人具有信赖法律责任。通常认为信赖法律责任由两部分组成:忠诚义务以及胜任(competence)的义务。从正面角度而言,忠诚义务要求信赖义务人完全为受益人的最大利益行事;反观之,忠诚义务则意味着:(1)信赖义务人不能将自己置于他们对受益人的义务与其个人利益相冲突的地位(position)(冲突规则);(2)信赖义务人不能从其职位获利("获利"规则,profit rule);(3)信赖义务人不能将其职责委托给他人(亲自履行规则,personal performance rule);(4)信赖义务人必须无区别地对待受益人(平等规则,even hand rule);(5)信赖义务人不能滥用其自由裁量权。从受益人救济权角度而言,忠诚

---

① 周小明:《信托制度的比较法研究》,法律出版社1996年版,第12页。

义务使得信赖义务人负有披露相关信息的义务、解释其行为的义务、返还任何从其违背忠诚义务行为所获利益的责任。英美法系一般认为返还利益的责任构成对受益人的推定信托(constructive trust)。①

胜任的义务从逻辑上被分为两个组成部分,拥有相关技能的义务以及谨慎行使技能的义务。前者是资质的要求,而后者则是对行为人行为时主观状态的要求。胜任的义务要求信赖义务人按照必要的技能水平为受益人的利益行使职权。违反胜任的义务则引起损害赔偿责任。

忠诚义务最为重要的即为获利规则和冲突规则。英美法系的学者对其有如下描述:

信赖义务人所负有的忠诚义务一般有如下两项要求:处于信赖义务人地位的人不能从此职位获取个人利益以及信赖义务人不能有同受益人利益相冲突的行为。简而言之,信赖义务人不能进行未披露的自我交易行为并且不能通过其职位进行秘密牟利行为。如果有上述违反义务的行为,受害人所享有的主要救济方式为推定信托或利益返还(profits accounting),要求不忠的信赖义务人返还(disgorge)其违反义务行为所获得的利益。这两种救济方式都具有衡平法救济的性质。二者之间的区别在于返还利益为金钱的救济方式,而推定信托则为财产上的救济方式,确定了被告(不忠的信赖义务人)作为其所持有的特定财产的推定受托人,受益人为受到损害的原告。当自我交易涉及同本人(受益人)进行财产的交易时,则可判令撤销。②

而关于冲突规则,则被认为是不容变更的规则,即除非特别进行相反规定,处于信赖法律关系地位的信赖义务人,不允许将其置于个人义务与其职责相冲突的位置。冲突规则并非建立在道德准则基础之上,相反,这一规则是基于对人的本性的考虑基础之上的,即信赖义务人有可能基于利益驱动

---

① Tarmar Frankel, "Fiduciary Law", 71 *Cal. L. Rev.* (1983), p.795; J. C. Shepherd, *The Law of Fiduciaries*, Toronto: Carswell, 1981; E. J. Weinrib, "The Fiduciary Obligation", 25 *U. T. L. J.* (1975), p.1; and A. W. Scott, "The Fiduciary Principle", 37 *Cal L. Rev.* (1949), p.539.

② J. McCanus, "Equitable Compensation and Restitutionary Remedies: Recent Developments", *Special Lectures of the Law Society of Upper Canada*, Toronto: Carswell, 1995, p.300.

而违背义务,由此侵害其本应该进行保护的人的利益。所以必须要确立此种冲突规则。①

信赖义务的承担同合同关系实际上是密切相关的。至少人们常常在信赖关系是否建立在合同基础之上仍存在一定的分歧。② 以律师与其客户的关系为例,律师有代表客户行为的权力,律师的行为直接关系到客户的利益,而客户则处于一种较为脆弱(弱势)的地位。然而律师的忠诚以及胜任义务并非产生于这一事实,而是基于律师同客户签订了代表客户行为的合同,或进行了此种承诺。在这种承诺或合同中,律师针对客户对其赋予的代表权力,许诺忠诚以及胜任。因而,信赖义务的核心是关于其行使权力时所负有的忠诚和胜任责任,而这一责任在律师同客户的关系以及其他大量的情形中,源自于合同或信赖义务人的自愿承担。

6.1.4 商业组织法的规则

第四章商业信托制度发展对受托人法律地位的影响中曾经探讨了商业组织的资产分割问题。简而言之,商业组织具有消极以及积极的资产分割功能。前者接近于有限责任的概念,即商业组织的设立限制了商业组织的债权人对商业组织的所有人或其他受益人(如公司的股东、信托的受益人、证券投资基金信托下的基金持有人或受益凭证持有人等)的个人资产进行追偿的能力;组织法更为关键的功能在于后者,即有限责任的反面,他使得商业组织的财产能够同商业组织实体的所有人或管理人的财产区分开来,以免商业实体的所有人或管理人能够对商业组织的财产进行追偿。无论是积极的资产分割还是消极的资产分割,无疑都起到商业组织及财产独立以及区分出来的作用。从受托人约束和规范角度言,商业组织的运作一方面要依赖于受托人的行为,此即受托人的工具性价值;另一方面,受托人运营商业组织的行为又要避免侵害商业组织及财产利益的可能性,这就涉及商

---

① Frame v. Smith [1987] 2 S.C.R. 99 42 D.L.R. (4th) 81.
② See A. W. Scott, "The Fiduciary Principle", 37 *Cal L. Rev.* (1949), p.539.

业组织中制度构架设计对于受托人的制度约束的问题。实际上是商业信托的内部结构问题,这种内部结构的建设能够起到对受托人的约束。对于商业信托中的法律形式或机构如何建设这一问题,有学者认为存在着两种可供选择的方式。其一是商业信托的组织形式中,设置大部分由个人组成的受托人①,这些受托人或其大部分独立于基金管理人;其二,是要求所有的基金设置由个人组成的治理机构,这些个人未必以受托人的身份出现,但其完全或大部分独立于基金管理人。在第一种方式下,权力以及责任的内容问题就转换为对独立的受托人将权力与责任委托给基金管理人的范围问题;在第二种方式下,权力以及责任的内容问题就成为如何合理区分受托人和基金管理人职责。②

商业信托的内部结构建设问题实际上反应了商业信托作为一种商业组织,亟须组织法的调整。在公司型的证券投资基金的模式中,内部组织结构问题稍显简单,公司法的独立董事制度能够对基金管理人滥用职权问题进行有效的解决,核心问题转化为如何保障独立董事的独立性。而在契约型的证券投资基金中,则涉及如何对信托契约以及管理人和托管人的法律地位的认识问题。而这些问题都远超出了合同法以及信赖关系法的范畴,体现为商业组织的法律制度建设问题。

6.2 受托人职权的演化——信托财产管理职能的扩张

商业信托受托人在相当大的程度上受到信赖法律关系的约束,然而信赖法律关系一方面是一个含义十分广泛的范畴,包括了任何为他人利益行

---

① 即证券投资基金中基金管理人的管理职能与基金托管人的托管与监督功能的区分。
② David P. Stevens, "Trust Law Implications of Proposed Regulatory Reform of Mutual Fund Governance Structures, A Background Research Report to Concept Proposal 81-402 of the Canadian Securities Administrators", http://www.osc.gov.on.ca/Regulation/Rulemaking/Current/Part8/cp-20020301-81-402_Legal_Report.pdf, p.2,最后访问时间 2006 年 10 月 12 日。

事或处于一种特定的同他人具有信任、信心或责任关系的个人或实体。① 普通法上的信赖关系包括了受托人与受益人、保管人以及被保管人、代理人和本人、执行人与遗产,以及合伙关系中的合伙人。这些不同种类的信赖义务人的功能在很多方面是相同的,因此,与他们责任相关的规则也通常认为是相同的。但当信赖义务人被赋予充分的法定的自由裁量权时,就必须区分这些不同的信赖义务人之间所内在的重大区别。任何试图对这种自由裁量权进行规定的努力都会遭遇到内在于信赖关系法的价值冲突:当今社会中的一些价值取向支持并保护社会成员的依赖于他人的地位;而另外一些价值则崇尚个人的自由和独立。信赖关系法就必须通过在家长制的专制以及自由的原则中寻求平衡的方式来反映或解决这种冲突,但是这种平衡是不确定的,并且处于变化中,因为法律本身也必须要适应社会的结构性变更。②

以一种历史观点来看,适用于不同类型信赖义务人的法律规则仅仅在实体法的领域内发展。法院在构建现代信赖关系法中,以既存的信赖关系为范本,并通过与这些原型进行类比的方式来创建新的规则。这种创立规则的技术在过去是行之有效的,因为这些信赖关系的种类被确认的历史并不长,然而在当今社会这种类比就未必那么有效;因为现有的规则并不总能解决新型的信赖关系所带来的新的问题。因此,所涌现的种种规则是混乱的、不清晰的、僵化的、并源自于种种并不协和的原则。所以,有必要对信赖义务关系的规则进行重新检讨。法院以及立法都需要发展一致并且具有灵活性的一整套规则来对信赖法律关系进行调整。

在信托法领域,信赖义务人的行为准则的变化极为明显地反映了这种变迁的平衡。传统的信托法并没有赋予受托人更多的投资获利的工具性价值,信托制度更多地体现为一种传承财富、保管财产的工具,而受托人的职能也相对较为保守;在涉及受托人的自由裁量权时,只要受托人被认为是诚

---

① Albom v. Katz Corp., 39 Conn. Supp. 533, 466 A. 2d 1206 (1983); see A. W. Scott, "The Fiduciary Principle", 37 *Calif. L. Rev.* (1949), p.541.

② Leslie Joyner Bobo, "Nontraditional Investments of Fiduciaries: Re-Examining the Prudent Investor Rule", 33 *Emory L. J.* (Fall,1984), p.1069.

实地、合理地履行了受托职能,行使了裁量权,受托人对于信托财产的损失不承担任何责任,除非该结果是由于受托人恶意或没有行使该合理的裁量权。

然而当信托被越来越多地应用于商业目的时,通常要求受托人具有专家技能,投资获利被认为是受托人或基金管理人的首要的职责。受托人行为的规则所适用的商业领域完全异于传统的信托法所适用的背景。对受托人是否履行受托职能的判断标准就更为专业,"谨慎投资人"这一标准被赋予了更多的含义,并随着现代投资理论的发展,被赋予越来越多的更为细化的含义,最为突出的就是现代投资组合理论对受托人义务所产生的影响。

本节正是在对受托人行为准则或标准的历史发展轮廓进行检讨的基础上,试图对现代受托人义务发展提出建议。

6.2.1 传统信托法中的受托人职权

6.2.1.1 谨慎投资人规则的历史发展

1. 法定列表时期

1830 年马塞诸塞州最高法院在 Harvard College v. Amory[①] 一案中确立了如下的受托人投资的谨慎人规则:

所有对受托人投资提出的要求为,受托人应当忠诚行事并行使其合理的自由裁量权。他应当尽处理自己事务所应尽的谨慎、自由(裁量权 discretion)以及智慧,不得进行投机行为,在对他们所管理的基金进行永久性处置(permanent disposition)行为时,应当综合考虑合理的收入以及准备进行投资的本金的安全。

此案中争议的问题是受托人是否有权对从事制造和保险业的公司股票进行投资。法院支持了受托人的投资行为。这一立场同 18 世纪较早期的英国判例的立场截然相反,后者将受托人的投资限制在政府证券。[②] 法院进

---

① 26 Mass. 454, 9 Pick. 446 (1830).
② Paul G. Haskell, "The Prudent Person Rule for Trustee Investment and Modern Portfolio Theory", 69 *N. C. L. Rev.* (1990), p.87.

行了如下的阐述:

并不能够想当然地认为这些股票并不安全而禁止对其投资,而是经营管理的董事的行为可能导致完全的损失。而对不动产按揭进行投资也不一定总是安全的。其价值可能比保险业投资市场的波动更大。同时,尽管经过了最为详尽的调查,也可能涉及不动产的所有权问题,如果最终未能享有的话,投资自然失败,而我们曾经认为这种对不动产的投资如泥土本身一样坚固。

1869 年纽约上诉法院在 King v. Talbot 一案中确立了同 Harvard College 一案相类似的受托人投资标准:

公平以及真实的规则是:受托人必须在其管理行为中尽到管理自己事务的一般谨慎人的勤勉和注意。

这就将所有的投机行为、对具有不确定性以及有问题的市场进行的投资以及任何没有考虑到信托的性质以及目的的行为、有关投资的选择性错误行为及其结果排除在外。

然而,这并不意味着由于谨慎人可能并且确实在处理自己事务时,期望财富的增长,因而愿意承担他们认为有前景的投资所伴随的风险,受托人也可以如此行为。对于资金的保值,以及获取稳定的收入是创建信托时的主要目的,应当首先遵循这一目的。

但纽约法院仍认为,根据上述原则,仅允许受托人投资于政府债务以及有不动产抵押担保的公司或者个人债务,法院的理由如下:

当以信托的方式持有基金时,根据信托的性质,任何以基金的本金进行投资的行为,如果可能造成基金的损失风险,或者由于被投资对象的经营风险,基金的本金有可能完全不能收回,那么这种行为并不符合信托的性质,也不符合谨慎的原则。

当基金被投资于银行、保险业或者铁路公司的股票时,就已经脱离了受托人的控制;基金的安全与否,或者损失的风险都不再依赖于受托人的技能、注意或者自由裁量权,也不依赖于受托人的保管或经营行为,只有当投资到期时才回归于受托人。①

纽约的限制性立场很快在各州流行。大多数州通过了所谓的"法定名单",将受托人的投资行为限制于所列出的债务工具投资种类。到1900年为止,仅有少数州允许受托人投资于普通股票,当然,这仍然需要信托文件允许此种投资。这一模式直到1940年以后才有所改变。② 现今,只有三个州仍然有将投资限制于债券证券的"法定名单",另两个州的法定名单上列举了债权证券以及普通股票所占的最大比例。其他各州则实行谨慎人规则,大多数法规特别规定了投资于普通股票以及其他财产。③

数个最近通过的法规对谨慎人原则进行了补充,规定受托人的投资决定在投资组合的基础上进行整体判断。④ 这种规定意味着将现代投资组合理论在一定程度上引进了谨慎人规则。而数个州的立法更是对传统的规则进行了补充,允许投资于新企业,期权以及期货⑤,而所有这些投资对象在谨慎人规则下因为投机性而被禁止。

美国《信托法重述》第1版以及第2版采纳了谨慎人原则,1935年发布的《信托法重述》第227条对谨慎人原则进行了如下规定:

受托人在对信托基金进行投资时对受益人负有如下义务:除非信托条款或法律进行相反规定,应当以管理自己财产谨慎人的注意进行投资,应当主要考虑财产的保值以及可能获取收益的数量和经常性。

1935年美国《信托法重述》的评论表明投资于保守的普通股票符合谨慎人规则,但是也承认许多州通过法规将信托投资限制于特定的债权证券。⑥ 1957年美国《信托法重述》(第2版)的评论中注意到立法采纳谨慎人

---

① 40 N. Y. 76 (1869), p.88.
② Shattuck, "The Development of the Prudent Man Rule for Fiduciary Investment in the United States in the Twentieth Century", 12 *OHIO ST. L. J.* (1951), p.491.
③ Paul G. Haskell, "The Prudent Person Rule for Trustee Investment and Modern Portfolio Theory", 69 *North Carolina L. R.* (1990), p.91.
④ Cal L. Prob. Code § 16040(d)(West 1990); DelL. Code Ann. tit. 12, § 3302(c) (1974).
⑤ Del. Code Ann. tit. 12, § 3302(b) (1974).
⑥ Restatement of Trusts, § 227 comments 1 & n (1935).

规则的趋势。① 两版美国《信托法重述》都明确禁止"投机",比如投资于新的以及未经检验过的企业,用保证金(margin)来购买证券,以再出售为目的购买财产,以及将信托财产应用于交易或者营业。两版美国《信托法重述》都要求分散投资:"除非信托条款另有规定,受托人对受益人负有通过合理分散投资来分散损失风险的义务,除非在特定情形下,不进行分散投资是谨慎合理的。"并进行如下规定:"通常受托人不应将全部或者不合理的大部分信托财产投资于一种类型的证券或者依赖于某一企业或某一类企业的营业情况的数种证券,如此做的后果就是增加了大量损失的风险。"②

评论也阐明分散投资是对谨慎人标准的应用。③ 美国《信托法重述》的立场反应了许多法院的意见。然而纽约以及宾夕法尼亚州法院却持相反意见,认为并不存在这种分散投资的义务,但是在特定情况下谨慎的标准可能会有这样的要求。④

分散投资避免了集中投资由于相同经济因素所带来的大量损失的风险。如果投资分布于数种不同的行业和种类的证券,受到不同的经济因素的影响,一些投资可能带来损失,而另一些投资则可能获利,所以投资组合更为安全,也即,较少波动性。分散性这一在普通法中进行粗略规定的规则,在投资组合理论中被演化为数学原则。

6.2.1.2 谨慎人规则及其功能分析

谨慎人规则在相当程度上并非很恰当的概念。谨慎的投资人经常将他们的一小部分资金用于投机。美国《信托法重述》(第2版)第227条第5款评论对此进行了简短的解释:

进行投资时,总有可能发生损失,因为在任何投资活动中总是存在一定的风险。而风险有多大只不过是程度的问题。当损失的风险超过收益的机

---

① Restatement (Second) of Trusts §227 comment p (1959).
② Restatement of Trusts, §228 comment e (1935); Restatement (Second) of Trusts §228 comment e (1959).
③ Restatement of Trusts, §228 comment c (1935); Restatement (Second) of Trusts §228 comment c (1959).
④ 435 N.Y.S.2d 632, 637 (1980).

会比例时，任何明智的人都不会对财产作出处分行为。然而，当风险并没有超出收益的比例范围时，从其使财产增值而非仅仅保存财产来看，明智的人作出的投资可能具有投机性。这种处分并不是妥当的信托投资行为，因为其并没有将基金的保值作为主要的考虑。

受托人可能将资金借给政府或者借给声誉好的公司或者借给足够安全的可信赖的非公司主体。受托人可能投资于有良好历史记录的公司的股票证券，其目的是分享企业的收益和成长。这种投资必须分散以将实质性损失的风险降低到最小。对新企业的投资则是禁止的。以保证金进行买卖，购买期权以及期货，以及以短期出售的目的买入都被看做是以资金交换为媒介的赌博形式，因而都是被禁止的。

谨慎标准被适用于各个单独的投资行为。每一项投资或者符合标准或者不符合，并不对其与投资组合中的其他投资的相互关系进行考虑。投资人对任何不当的投资损失承担责任，并不考虑到其他投资行为，无论适当与否，也不对投资组合进行整体考虑。投资策略在大体上是成功的受托人仍然要对单个不符合谨慎标准的投资造成的资产货币贬值承担责任。

谨慎规则的目的是创收以及保值。本金的风险被看做是公司金融能力的下降。由于通货膨胀所带来的本金保值的风险并不是法律所主要考虑的问题。并没有强制性规定要求受托人负有使本金免受通货膨胀所带来的风险的义务。货币价值的波动也是进行投资判断时的一个适当考虑因素，这一点也被得到承认，但是这毕竟不同于要求受托人投资时应当要对通货膨胀进行防御。毫无疑问，实务中，受托人将组合的一大部分投资于普通股票受到货币波动以及企业增值的双重驱动。然而，在恶性通货膨胀的情况下，受到经济不确定以及不稳定因素的影响，股票也不太可能有很好的走势。债权证券所支付的利率反映了对通货膨胀程度的预期，9%的利率可能考虑到6%的通货膨胀率以及3%的实际收益。在恶性通货膨胀的时期，债权证券相对于普通股票而言，可能更能防御通货膨胀。而受托人所面临的问题则是所有的收入都支付给受益人,立即被征收所得税。[1]

谨慎人规则同现代经济学的组合投资理论完全不同。根据谨慎人规则,任何投机性的投资都构成对信托的违反。而根据组合投资理论,风险并不针对单个投资的不稳定性而言,而是针对整个投资组合而言。单个不稳定的投资如果有利于组合投资的分散性可能不会增加整个投资组合的风险。与之相反,谨慎人规则虽然要求分散性,但仅限于非投机性的投资,因为并不允许进行其他的投资。

现代经济理念也包括了进行广泛市场投资的消极策略,例如,对标准普尔的500支股票进行投资,对近期表现并不理想的股票并不进行调整。这种策略假定对市场构成部分进行定价的有效性,以及部分不可能比市场整体做得更好,于是通过昂贵的研究试图寻找被低估的股票。这种对市场进行广泛投资的策略,毫无疑问,提供了分散性。长期的经验提供了对这一命题的支持,即从长期来看,不可能通过选择股票的方式来超越市场。这种消极的投资策略在谨慎人规则下也是不被允许的,因为并没有考虑到单个投资行为的投机性或其他不尽如人意的性质。[2]

6.2.1.3 投资组合理论的影响

Markowitz(1952)的"证券组合选择"一文被视为标准的或现代金融理论的开端,同时 Markowitz 也被称为"现代投资组合理论(modern portfolio theory,MPT)之父"。[3] Markowitz 假定市场中每种证券的收益率都服从正态分布,以收益率的期望均值代表证券的未来收益,以收益率的方差代表证券的风险,并且各种证券的收益率间具有相关性,并用相关系数来表示。这些假设使得每个资产组合均可以用两个指标:期望均值和方差来唯一标度(具有相同期望均值和方差的组合被看做是同一种组合,若二者之中有一个指标相异则被看做不同的组合)。因为正态分布是可以完全由这两个指标来

---

[1] B. Malklel, *A Random Walk Down Wall Street*, 5th ed., New York: Norton, 1990, p.94.
[2] Langbein & Posner, "Market Funds and Trust Investment Law", 1976 AM. B. FOUND. RES. J. 1, p.16.
[3] 徐少君:《投资组合理论发展综述》,载《浙江社会科学》2004年第4期,第198页。

描述的,从而由资产组合的方差说明了分散投资可降低风险。除此之外,Markowitz还假定投资者的目标是风险最小化的同时使收益达到最大。为保证这个目标的实现,市场被假定为没有税收和交易成本,资金与信息流动不受限制,资产可任意分割的市场。在这些条件下,Markowitz建立了均值—方差模型,得出了可供投资者进行资产组合选择的有效边界。①

通过对早期的谨慎投资人规则的研讨,我们发现在其灵活性的表面下却是各项具体而又僵化的规则。实际上,从20世纪下半期以来,一些熟悉现代投资组合理论的专家和学者已经呼吁引入该理论对谨慎投资人规则进行变革。② 这一理论的支持者相信风险同回报具有正相关关系,而非系统化的风险可以通过分散投资的方式进行消解。由此对特定投资是否谨慎的评估需要对整个投资组合进行考虑,同时也要考虑到受益人对风险的容忍度以及信托的目的等。同时,他们也指出,根据传统的谨慎投资人标准,对长期、具有固定利率的债务进行小风险的项目进行投资实际上会为信托带来相当的通货膨胀的风险。

针对上述意见,20世纪80年代中期,美国一些州废止了传统的谨慎投资人规则,而提出符合现代组合投资理念的谨慎投资人规则。但大规模的变革发生在20世纪90年代早期。以下两个标志性事件代表了传统规则完全丧失领地:(1)美国《信托法重述》(第3版)有关谨慎投资规则的修订;(2)1994年统一谨慎投资人法案的通过。二者都很快得到各州的承认,这表明现代谨慎投资人规则已经在很大程度上得到认可。新的谨慎投资人规则规定:"对受托人单个资产的投资和管理并不作孤立的评价,而是将信托投资组合作为整体来看待,并将其作为整体投资战略的一部分,其风险和回报目标应适合于信托。"③

---

① Markowitz H. M.,"Portfolio Selection",*Journal of Finance*,1952,7(1),pp.77—91.
② Bevis Longstreth,*Modern Trust Investment Management and the Prudent Man Rule*,Oxford University Press,1986,pp.232—266.
③ Uniform Prudent Investor Act §2 (1994);Restatement (Third) of Trusts: PrudentInvestor Rule §227(a) (1992).

随着现代经济理论与实践的发展,关于投资人谨慎投资义务的具体内容亦发生了相当大的变化。而这种变化亦构成现代商业信托受托人义务发展的重要组成部分,受托人谨慎投资义务因而也包含了更为丰富的内容。

6.2.2 现代信托法中受托人义务的发展

6.2.2.1 英国信托投资的发展

法定投资列表制度正源于英国信托投资法律的规定。信托投资被严格地限制于列表项目,最初是政府的债券,1859年增加了东印度公司的股票。随后确立了受托人在管理信托事务中必须以一个通常谨慎的商人在管理自己事务时的方式行为的原则。随着资本市场的发展,人们对投资于股票市场逐渐接受。1961年,英国颁布了《受托人投资法》,原则上允许受托人投资于公司股票,但仍有金额的限制性规定,即投资以信托本金的一半为限。2001年生效的《受托人法》规定了"法定的注意义务"来控制受托人行为的标准,对传统的受托人"谨慎商人"的标准进行了修正。但《受托人法》中仍然存在专业受托人和外行的受托人之间的差别,有偿受托人应具有更高的标准的原则。

6.2.2.2 美国信托投资的发展

美国在19世纪和20世纪初期,与英国一样执行所谓法律列表方式的信托投资规则,但在1830年的著名的College Harvard v. Amory案中,麻州最高法院认定,受托人"应当尽处理自己事务所应尽的谨慎、自由(裁量权 discretion)以及智慧,不得进行投机行为,而是在对他们所管理的基金的进行永久性处置(permanent disposition)行为时,应当综合考虑合理的收入以及准备进行投资的本金的安全"(见前文对该案的评述)。这一谨慎人规则,在相当长的时间,被认为是受托人投资义务的指导性原则。但对于本金的过分强调使得信托投资的大部分过于强调长期的政府和公司债券,但第二次世界大战后通货膨胀使债券持有人承受了巨大的风险。股权投资的长期真实回报率远远超过债券。这导致了信托账户向股权投资比例的松动。1935年和1959年美国在《信托法重述》中两次规定:"在没有信托条款规定或者成文法另有规定的情况下,受托人应当作出并且只能作出这样的投资,即如一个谨慎的人将对自己的财产作出的投资,同时考虑信托本金的保全和产生的收益的数额和频度。"1990年美国法律协会用谨慎投资人规则替代了谨慎人规则,1992年《信托法重述》(第3版)规定,受托人对受益人负有一个谨慎投资人的义务,按照信托的目的、条款、分配要求和其他情形,投资和管理信托财产。而1994年,统一州法全国大会批准了《谨慎投资人法》,并在所有的州推荐实施。《谨慎投资人法》有如下重大变化:首先,是明确规定了受托人的一项重大的扩张义务——分散信托投资;其次,是针对以前对投资行为进行孤立判断的做法,代之以针对具体信托的风险宽容的态度,即在适合于信托的风险和回报目标的整体战略投资计划下来对受托人是否符合谨慎投资规则进行判断;最后,是改变了不得再委托的规则,事实上鼓励受托人委托专业人士进行投资。

从上述各国及地区谨慎投资规则发展的历史轨迹,我们发现,首先,在相当程度上,受托人获得了更为广泛的投资权利,这体现在对投资对象的放宽,从单一的法定列表时期逐渐到允许投资于债券、股票等等,并且逐步确立了根据投资战略的整体部署对受托人单个投资行为进行评价的规则,而非孤立来判断;然而这种赋予受托人更大的自由裁量权的规则并非完全放任受托人进行冒险投资,规避风险仍是最基本的要求。所以这种看似更为宽泛、灵活的新的谨慎投资规则,并非对受托人义务标准的放宽,而是意味着更为具体和导入了现代组合投资理论元素的要求,后者直接体现为分散投资的要求。

6.2.2.3 对我国证券投资基金发展的借鉴

信托制度谨慎投资规则的变迁表明了信托制度从传统的财富保管和传承的目的已经转向对投资获利的关注,受托人的忠诚是首要的或者基本的,然而,谨慎投资规则一方面仍然体现了信托制度相较于公司制度(尤其是风险投资企业)趋于保守的风格,此即为对谨慎义务的关注,然而另一方面,随着商业信托的大量发展,除了本金安全的考虑之外,也考虑到收益的目的。对于借鉴英美法系信托制度的大陆法系而言,也多将信托制度应用于商业目的,由此谨慎投资规则的变迁对大陆法系构建商业信托法制亦具有启发性的意义。对于我国引入信托制度而言,信托投资规则的确立亦是值得相当关注的问题。一方面,我国《信托法》中并没有对信托投资的基本规则作出原则性、提纲挈领的规定;而《信托投资管理办法》和《证券投资基金法》中也缺乏能够具有英美法系谨慎投资规则同等效用的相似规则。这在信托制度被广泛作为投资理财工具的商业化发展背景下,显然不利于对受托人进行有效的约束,从而使得受托人有可能滥用管理权利,出现损害受益人利益的情况。而另一方面,也不能够对受托人的投资行为提供明确的指导,从而出现受托人义务规范不完备,缺乏明确的行为准则指引。建议借鉴域外立法例,导入信托制度受托人谨慎投资人规则,对受托人谨慎投资的各项具体要求进行明确的规定。

6.3 受托人义务之构建

本节是基于我们对信赖法律关系进行了全面的阐述,在信赖关系的基础上来进行受托人法律地位以及义务的构建,信赖关系理论构成了整个受托人制度构建的法理基础。受托人的信赖义务人的法律地位,确定了受托人为他人利益行事的基本要求,而信赖义务人所应承担的信赖义务,也构成受托人的主要义务。当然基于信托的具体法律规定,受托人受到各种具体的义务规范的调整。

无论在私人信托还是在现代商业信托制度中,受托人都处于信托法律制度的核心主体位置,对受托人信赖义务的法律规范,即起到对受托人的行为进行约束以实现受益人的信托利益的作用。受托人所负有的信赖义务,一方面是对受托人所负义务的总体描述,另一方面,作为较为概括、抽象的标准,构成受托人各项具体义务的理论基石,而当具体的法律规范并无明确的规定时,又成为判断受托人行为的标准。所以关于受托人的义务构建,将首先对信赖义务进行总体的规范;这其中也包括对一般而论的信赖义务的两方面,即忠诚义务和注意义务进行具体的分析。信赖义务这一较为概括和抽象的标准,在具体的信托法制中,必然具体化为各项具体的制度,包括信托法制中对受托人进行实际经营时管理行为准则的确定、自我交易行为制度规范、受托人费用的规范等等,本节将对受托人的具体义务标准进行描述。

6.3.1 受托人信赖义务概述

信赖关系是指当一方信赖另一方并将自己权利授予其行使的情形在双方之间所产生的法律关系。于此种法律关系行使权利的一方应当以他人利益优先于自己利益,对其尽到忠诚而笃实的义务。信托制度的核心在于为他人理财,而在现代商业信托制度下大多由管理公司集合多数人基金成立基金,并以专家理财技术进行经营,投资人将其资产交于管理公司,构成基金的一部分,目的在于依赖专业管理公司的理财技能,而管理公司除收受事先约定的管理费用之外,对因管理基金所获收益并不享有权利,而统归于受益人(投资人)。信托的这种法律构架,为典型的信赖关系的法律构架,受托人对受益人负有信赖义务。在商业信托的情形下,则是管理公司或商业受托人对投资人(受益人、受益凭证持有人、基金持有人)负有信赖义务,当现代商业信托引入托管公司形成受托人制度内部的制衡机制时,管理公司与保管机构实居于共同受托人地位,所以管理公司与保管机构都应对受益人负有信赖义务。

受托人作为为他人利益而行使对信托财产的管理和处分权力的人,信赖义务实际上确定了其行为标准。这种行为标准如果仅限于理论上的探讨,而无实际立法的确定,那无异于空中楼阁,难以对受托人形成有效的约束。

以日本证券投资信托法制发展为例,日本证券投资信托理论中对于管理公司(委托公司)的法律地位一度有争议,尤其是到底具有受托人还是委托人地位,争论迭起。证券业者认为,委托公司对受益人仅负道德上责任,并无法律上义务,而学界认为委托公司受有报酬,无法律上的责任以及义务,并不公平,其后于证券投资信托法中明文规范委托公司对受益人的信赖义务,使受益人权益保障更为彻底。①

美国《投资公司法》亦对经营者的信赖义务进行规定。第 36 条(a)项规定证监会得因投资公司的职员、董事、投资顾问委员会成员、投资顾问、基金保管人或主承销商等有违反信赖义务的个人不当行为,对其提起诉讼或禁令。第 36 条(b)项规定证监会及代表基金的股东对投资顾问(或与投资顾问相关联的人)及上述(a)项所列的人,因违反信赖义务而收受超额费用得提起诉讼。

学理上通常将信赖义务区分为注意义务和忠诚义务。注意义务是要求信赖义务人在具体管理受托付事务时,其行为标准为了托付人的利益,采取适当的方式并尽到合理的注意。而忠诚义务则主要针对受托人与托付人利益冲突的情形,要求托付人必须优先考虑对方利益,不得将自己利益置于对方利益之上。

6.3.2 受托人注意义务

6.3.2.1 英美法系

信托关系受托人应具通常的技术及谨慎的注意义务,在设定信托时,受托人如许诺具有特殊能力,则受托人应当履行较高的注意义务。②

一般认为,受托人按照谨慎标准,他应当像一个谨慎的普通商人处理自己事务一样,处理信托的各项事务。这里确定的标准人物是一个谨慎的商人,而不是一个谨慎的农妇。司法实践中,法院根据具体情况,针对不同的受托人可能采用不同的谨慎标准。对于普通受托人,特别是由普通社会公众个人担任受托人的,适用上述一般标准。即受托人应当像一个谨慎的商人那样处理信托事务,一个谨慎的商人遇到类似情况时为了自己的利益会怎样做,受托人就应当怎样做。受托人如果是具有某种专业资格的从业人

---

① 陈春山:《证券投资信托专论》,台湾五南图书出版公司 1997 年版,第 330 页。
② Goerge G. Bogert, Goerge T. Bogert, *Law of Trust*, St. Paul, Minn.: West Publishing Co., 1973, p.337.

员,法律对这些专业受托人提出了更高的要求,在处理信托事务时,他们应当体现出该专业的从业人员应当具备的业务素质和谨慎要求,他们的谨慎标准应当是其所处行业从业人员的职业技能和谨慎要求。受托人如果声称自己具备更高的技能和谨慎标准,则应体现出该技能和标准。信托事务涉及信托财产投资的,受托人应遵循更高的谨慎标准。① 这正是我们前文提到的英国受托人法案中专业受托人和非专业受托人的不同要求标准的区分,对于有偿受托人显然提出了较高的要求。

由于信托制度的基本功能已经由财富的保管转向投资获利,所以注意义务的主要内容也主要偏向于对受托人对信托财产进行投资时义务的规范,即谨慎投资人规则。美国于1940年之后,经由州银行及信托公司的建议,多数州的立法机关或法院采取了谨慎投资人规则。②

此种谨慎投资人规则,主要包括了以下要点:(1)注意之需要:受托人于投资之前,应对投资的对象进行调查,如购买证券时,应研究该证券的盈利记录以及将来的展望,并参考各方面所提供的意见,不过在作决定时,不得全凭该等意见,并且应考虑提供意见的人,与投资对象有无利害关系。(2)技能之需要:受托人须具有合理的技能进行投资的调查及判断,这种技能的标准为客观的标准,但受托人如具有更高的技能,则需全力以赴,不得保留,公司受托人、银行应具有比个人投资更高的技能。(3)谨慎之需要:受托人与投机者不同,投机者可以不顾风险运用资金,以图增加财产价值,而受托人应以合理的方法以获得合理的收入。③

6.3.2.2 大陆法系

在大陆法系引入信托制度的过程中,对受托人的这种注意义务多以大陆法系既有的善良管理人义务替代。如日本《信托法》第20条规定:"受托人须按照信托的宗旨,以善良的管理者应有的慎重处理信托事务。"韩国、我

---

① 何宝玉:《信托法原理研究》,中国政法大学出版社2005年版,第208页。
② Goerge G. Bogert, Goerge T. Bogert, *Law of Trust*, St. Paul, Minn.: West Publishing Co., 1973, p.389.
③ 陈春山:《证券投资信托专论》,台湾五南图书出版公司1997年版,第334页。

国台湾地区信托法亦有关于受托人善良管理人标准的描述。

善良管理人的概念源自罗马法"善良家父"的概念:"人对事务的认识程度应为既不是最细致周到的,又不是最粗枝大叶的,而是通过一般的注意就能获得的。"①善良家父代表的是一个抽象的精明、谨慎的人的概念,并以此为标准来判断行为人是否有过失以及是否承担责任。善良家父的这种注意义务具有一般知识与经验的人诚实地处理事务时所具有的注意,是遵循善意原则,小心谨慎、行为端正的主观状态。

罗马法上的"注意",分为如下几种:其一,"疏忽之人"可有的注意。就是说,一个行为极明显地不合法律并有损于他人,即使一个疏忽之人也能够加以避免。如果连这种注意都没有尽到,就构成重过失。其二,"善良家父"之注意。"善良家父"是"谨慎之人"的别称。在古罗马,家父享有处理家族事务的全权,因而要求他具有比一般人较高的责任心。所以,善良家父之注意就是一个谨慎之人所能达到的注意;如果没有达到这种注意,就构成轻过失。而善良家父之注意又按一般标准和特殊标准分为两种:(1)处理通常事务之注意。这是按一般的"善良家父"处理这种事务时所能达到的谨慎和勤勉来衡量的。所以,违反这种注意,称为"抽象轻过失"。(2)处理自己事务。这是指行为人处理某件事务时,按照事务的性质和他的职责与能力对他提出的注意要求。如果没有达到这种要求,就构成"具体轻过失"。

显然,信托法制中受托人注意义务,应当以一种较为客观的标准来进行判断,即受托人在管理信托事务时应当以一个合理谨慎的人在相似的情形下所应表现出的谨慎、勤勉以及技能履行其管理职责。

关于注意义务应当采取的标准,通常有主观说和客观说之分。注意义务判断标准的主观说和客观说之分实际上根源于传统民法上对于过错的主观标准和客观标准之分。主观说认为,过错在本质上是一种应受谴责的个

---

① 陈朝璧:《罗马法原理》(上册),商务印书馆1936年版,第148页。

人心理状态。① 客观说则把过错看成是违反社会准则的行为意志状态。主观说倾向于对特定行为人行为、能力以及内心活动的判断,而客观说则以一个正常的人在相同情况下应具有的通常审慎程度的标准来对特定行为人的行为进行判断。此外,还有学者认为主观说和客观说是可以统一起来的:"过错虽然是一种心理状态,但它是通过行为人违反义务的行为表现出来的。"②

如对受托人注意义务采取主观判断标准,则意味着对受托人的要求应当因人而异,不同经验和能力的受托人应适用不同的标准;客观标准则以统一的标准人尺度对受托人进行统一要求。单一地采用客观标准,那么高水平受托人本能尽到注意义务却未尽到,但因满足了统一的客观上的注意标准,因而有放纵高水平受托人之嫌;而如果单纯地采取主观标准,一方面,主观标准以受托人主观上是否尽到最大努力作为判断标准,而主观活动作为人的内心活动较难推测;另一方面,主观标准为能力、知识、经验不同的受托人设置了不同的标准,这意味着受托人水平越低,所适用的标准越低,而对高水平受托人则适用高标准,亦不利于激励和约束人才。实际上,作为公司受托人首先有任职资格方面的要求,如专业能力以及从业经验等,这些标准在某种程度上属于客观标准的范围。

6.3.3 受托人忠诚义务

6.3.3.1 忠诚义务的基本含义

在信赖义务关系中,受益人通常授予受托人对财产的控制权利,此种财产的管理又常常包含了风险和不确定的因素。由此,在信赖义务关系中,会产生两种特定类型的不当行为,其一,为占用资产或其价值的行为,其二,为疏于管理。前者由忠诚义务来控制而后者则由注意义务所控制。③ 忠诚义

---

① 王卫国:《过错责任原则:第三次勃兴》,中国法制出版社 2000 年版,第 250 页。
② 王利明、方流芳、郭明瑞:《民法新论》(上册),中国政法大学出版社 1988 年版,第 471 页。
③ Robert Cooter, Bradley J. Freedman, "An Economic Model of the Fiduciary's Duty of Loyalty", 10 *Tel Aviv. Studies in Law* (1991), p.297.

务,是指受托人必须以受益人的利益作为处理信托事务的唯一依据①,而不得在处理事务时,考虑自己的利益或为受益人之外的其他人谋利益,即必须避免与受益人利益冲突的情形。② 所以忠诚义务适用的情形主要是利益冲突情形。

6.3.3.2 "唯一利益"规则

"唯一利益"规则由此被广泛视为信托法的最根本的规则,这一规则发展并最终确定于18世纪以及19世纪早期的英国大法官法院,禁止受托人使自己置于其个人利益与受益人利益冲突或可能冲突的地位。这一规则不仅仅适用于受托人占用信托财产的情形,也适用于并不存在受托人占用信托财产的情形,例如,在信托并没有遭受损失甚至在某些同利益冲突受托人交易中信托实际获利的情形。在唯一利益规则下,具有冲突交易绝对无效的假定。这种交易被无可辩驳地认为受到受托人个人利益和信托利益冲突的影响,受托人行为是否善意以及是否支付公平对价都并不重要③,由此"唯一利益"规则又被称为"禁止进一步询问"规则(no further inquiry rule)。这一名词意味着,同信托财产进行交易如果涉及受托人自身利益,则当然无效,而无须其他证据。④ 法院通常认定一项利益冲突交易无效而并不考虑该项交易的价值,而交易无效的原因,"并非由于这些交易具有欺诈性,而是由于可能具有欺诈性"⑤。"衡平法认为否定所有的不忠诚行为,要优于试图通过允许受托人为其双方代理行为进行合理解释的方式来区分无害和有害的利益冲突交易行为。"⑥

在这种"唯一利益"规则的指导下,忠诚义务的履行与图利他人或自己交易是否公平、是否有害于受益人、是否有利于受托人并无关系。当受托人

---

① Restatement (Second) of Trusts § 170(1) (1959); Unif. Trust Code § 802(a)(2000), 7C U. L. A. 229 (Supp. 2004) ("受托人必须以受益人的利益为管理信托财产的唯一依据")。
② George Cleason Bogert, *Cases and Text on the Law of Trusts*, 7th ed., New York: Foundation Press, 2001, p.343.
③ Unif Trust Code § 802 cmt., 7C U. L. A. 230.
④ Ibid.
⑤ Piatt v. Longworth's Devisees, 27 Ohio St. 159, 195—196 (1875)。
⑥ Borgert, § 543, p.228.

处理信托事务,而该事务又涉及自身利益,基于人类的天性,受托人往往无法进行公平的处理。而在该事务涉及第三人利益,受托人也可能因某种原因而图利他人,虽然未必有害于受益人,但具有高度的危险性并且为道德所非难。

"唯一利益"规则的适用是出于如下的考虑:如果没有对受托人个人利益行为的普遍性禁止,具有冲突利益的受托人有可能利用其对信托管理的控制来隐藏其不当行为,而其不当行为难为人知,这样难于对受益人提供救济。在确立"唯一利益"规则的 Davoue v. Fanning 一案中,Kent 法官陈述到:"可能存在欺诈行为,但是受益人难以证明。"由此 Kent 法官允许受益人撤销利益冲突交易而无须证明实际损失。① 在美国法评论中,Kent 指出:"唯一利益规则建立在欺诈存在的危险的假定之上,而法院对此难以查证。"② 所以,特定的历史背景成就了"唯一利益"规则的适用,亦可能说是由于举证技术手段的缺乏而作的一种无奈之举。

该规则的逻辑推理是:因为一些受托人的不当行为可能被隐藏,法律应当拒绝对受托人的所有冲突交易行为的价值进行考察,即使并不存在不当行为隐藏的情形。这之中犯了以偏概全的逻辑错误。这种推理除了逻辑上的不周严之外,其所确立的特定历史背景在现代信托制度之下也发生了重大的变化。"唯一利益"规则适用的重要原因在于举证的困难,然而 1820 年英国开始了衡平程序法的变革,这一变革以衡平法与普通法相融合为顶点,1930 年美国《联邦民事程序法》的规则的发布标志着这一变革的完成。③ 衡平法和普通法的融合将普通法中的审理程序规则引入到衡平法程序中,尤其是口头公开审理中的询问和交叉询问。在同一时期,英国以及美国的立法都纠正了普通法中最为人诟病的事实发现特征,即利益冲突一方的证词

---

① 2 Johns. Ch. 252, 261 (N.Y. Ch. 1816).
② Langbein, "Questioning the Trust Law Duty of Loyalty: Sole Interest or Best Interst", 114 *Yale. L. J.* (2006).
③ Stephen B. Burbank, "The Rules Enabling Act of 1934", 130 *U. PA. L. REV.* 1015 (1982); Stephen N. Subrin, "How Equity Conquered Common Law: The Federal Rules of Civil Procedure in Historical Perspective", 135 *U. PA. L. REV.* (1987), p.909.

无效制度。① 在现代信赖义务法昂贵的信息披露标准要求下,这一标准更由于对受托人广泛的保存记录义务的要求得到加强,所以,受托人负有提供适当记录的义务。更由于任何一个试图违背上述义务和标准的受托人都必然面临现代民事程序法中的事实发现以及审理技术的考察,现代信托法赖以存在的这些环境因素都极大地打消了18世纪以及19世纪早期法官们对受托人具有隐藏其不当行为的顾虑。②

"唯一利益"规则以其严格性著称,因为它排除了一切受托人具有利益冲突的交易行为,而不论及该种交易是否有利于信托以及受益人利益。然而这一严格的规则却大行其道将近两个世纪,原因在于这一严格规则亦存在例外情形。信托法所建立的主要三种例外情形为委托人授权、受益人同意以及法院的事前批准。在这三种例外情形中,最具意义的是受托人在首先征得法院同意的前提下可以就信托财产进行自我交易行为。此种规则同公司法中的利益冲突交易规则相类似,在公司法的情形,董事自我交易行为须征得独立董事的同意,而在信托法中,法院则扮演了中立的第三者的角色。其中隐含的看法是:"在法院的监督和控制下,信赖义务人利用其地位谋取私利的危险被消除了。"③而法院在行使这一职权时,其所关注的实质性标准是是否符合"受益人的最大利益"。④ 这一标准表明了忠诚义务之下的政策性价值。相较于认为受益人的利益难以调查的问题,事先同意的程序使得法院可以根据其价值来判断交易是否符合受益人的最大利益。由此,程序上的变革引发了不同但是更为精炼的实体性标准:最大利益取代了唯一利益。

事先批准成为受托人的安全港,但是并非灵丹妙药。由于程序上要求法院进行决定,这种司法程序的进行必然在公开性、不及时以及费用等三方

---

① John Henry Wigmore, *A Treatise on the Anglo-American System of Evidence in Trials at Common Law*, 3d ed., Boston: Little, Brown and Company, 1940, pp. 575—576.
② Langbein, "Questioning the Trust Law Duty of Loyalty: Sole Interest or Best Interest", 114 *Yale L. J.* (2005), p. 951.
③ Terry v. Terry, 25 N. E. 2d 205, 207 (Mass. 1940).
④ Restatement (Second) of Trusts (1959) § 170(1) cmt. f.

面引人担忧。虽然如此,忠诚义务却仍然从"唯一利益"朝着"最大利益"的方向发展。与通过事先取得法院同意这一程序相比,在20世纪,法院以及立法机构通过创建越来越多的个别以及类型化的例外规则,来排除"唯一利益"规则的适用。前者针对特定案例来适用,要求在特定的情形下,说服法院特定的交易实际上符合"受益人的最大利益"[1]。而类型化的例外规则,则隐含了立法以及司法的判断,某一种类的利益冲突交易在很大程度上有利于受益人,应当取消"唯一利益"规则,并无须事前征得对特定情形的同意。在类型化的例外规则中(categoric exceptions),忠诚义务得到遵守,而受托人,尽管存在利益冲突,在进行此种冲突交易过程中,仍然被要求以受益人的最大利益行使权力。这些规则取代了"无须进一步询问"规则,而代之以标准的允许性的询问此种利益冲突交易是否符合受益人的最大利益。

其一,金融服务下的例外规则。现代商业信托的发展大量运用到金融机构提供的信托经营管理职能。而这些组织在提供信托服务时,又往往进行银行业、经纪业投资顾问以及其他金融服务,这些业务的统一以及融合有利于信托受益人,然而这些金融服务的提供者存在着自身的部门利益,其对信托提供越多服务,就能够收取更多的费用。然而,在严格的"唯一利益"规则下,这种综合性服务的提供是不可能的。针对此种情形,法院以及立法机构创建了类型化的例外规则,允许此种综合性服务的提供。这些例外情形包括自我存款行为、集合工具的应用(有担保抵押权参与Mortgage participation、普通信托基金、共同基金等)。例如,虽然自我存款行为由于银行部门作为其自身的商业部门具有符合利益冲突行为,而存款行为构成了受托人对受益人的借债从而违反了"唯一利益"规则,但这已经得到逐渐改变。统一信托法已经追随了各州的立法将"在受托人运营的金融服务机构存放信托基金"的行为免受"唯一利益"规则的约束。[2] 将信托基金投资于与受托人毫无关系的共同基金,显然不会引发忠诚问题。然而,如果受托人将信托

---

[1] U. S. Restatement (Second) of Trusts § 170(1) (1959) cmt. f.
[2] U. S. Unif Trust Code § 802(h)(4) (2000), 7C U. L. A. 230 (Supp. 2004).

基金投资于与受托人在商业上具有从属关系的共同基金,就会涉及"唯一利益"规则的应用问题。几乎所有的州都对此投资行为进行了豁免。统一信托法也采取了这种观点。受托人对与其具有关联关系的共同基金进行投资并不被假定为受到受托人个人利益与信赖利益的冲突的影响。然而受托人仍然受到谨慎投资标准的约束。[1] 不过,受托人忠诚义务仍然要求受托人不得将其个人利益置于受益人利益之上。由此,虽然立法废除了"唯一利益"规则,但受托人在决定是否投资于有关联关系的基金时,负有为受益人最大利益行事的义务。

其二,专业服务。在传统的信托制度下,受托人通常是无偿的。因为从管理信托事务中获取报酬意味着与受益人利益的冲突。然而在现代商业信托应用职业化、机构化的受托人情形下,按照一定的比例收取费用已经成为商业信托的常态。但是受托人收取费用的利益驱动并不总是同受益人利益相一致,增加的费用无疑都将增加受益人的支出。受托人于管理费用上的利益在特定情形下也会影响到其关于是否进行自由裁量分配的决定,因为这种决定通常会减少受托人管理的资产,而影响到受托人的管理费用。然而,通过这种内在的冲突交易行为,如果受益人的信托利益能够更好的得到维护,那么这种交易行为就是被允许的。合理性标准的功能是将受托人费用限制在一定范围之内,能够确保受益人的最大利益。[2]

其三,关联人。"唯一利益"规则拒绝关联交易。然而美国 1964 年《统一受托人权力法》开始了对这一严格标准的弱化。1964 年法案授权受托人"雇佣他人,包括律师、审计师、投资顾问或者代理人,即使这些人同受托人有关联关系"[3]。这一规定表明了这样的判断,即在公司受托人或其他机构的受托人内部提供对受益人综合的服务,这能够使受益人从中获益,这构成

---

[1] U.S. Unif Trust Code § 802(f), 7C U.L.A. 229 (Supp.).

[2] 法院有权决定在受托人违反信托的情况下,减少或否定受托人的费用。U.S. Restatement (Second) of Trusts § (1959) § 243. 这种减少或否定不仅是对违反信托的额外的惩罚,并且是基于受托人收取了报酬,但没有提供或没有适当的提供服务。

[3] U.S. Unif. Trs.' Powers Act § 3(24) (1964), 7C U.L.A. 402 (2000).

在公司或机构内部提供综合服务的理由。而统一信托法对这一问题的解决方式稍有不同。当受托人的代理人或律师，或者对受托人拥有重大利益的公司或其他人同信托财产进行交易时，这一交易首先被假定会受到个人利益和信赖利益冲突的影响。但是，这种假定可以得到消除，如果受托人能够证明交易并没有受到利益冲突的影响。① 这一规定同样表明了最大利益取代了唯一利益的判断标准。

6.3.3.3 "最大利益"规则

由于"唯一利益"规则存在如此多的例外和类型化的豁免（或例外），很难再被看成统一的整体，这一概念也已经无法再概括立法以及实践本身了。② 取而代之的是"最大利益"规则。这一规则至少包括了如下要件：

其一，最大利益。由于"唯一利益"规则过于严格，甚至忽视了受益人的根本利益。而最大利益应用的前提是冲突利益不一定损害受益人的利益这一假定。前者禁止进一步询问，而后者则要求询问，允许被指控违反忠诚义务的受托人证明冲突交易为符合受益人最大利益的谨慎交易。最大利益实际上构成受托人的抗辩。这一规则不仅要求受托人应当负有为受益人最大利益管理信托事务的义务，同时，如果受托人管理信托事务时并非以受益人利益为唯一依据，这并不意味着不符合受益人的最大利益。受托人需要证明并非以受益人利益为唯一依据（冲突情形）的交易为符合受益人最大利益的谨慎交易行为。

其二，举证责任。进行"最大利益"抗辩的受托人应当承担举证责任。这种举证责任初看去似乎是要求受托人对自己的主观动机进行证明。然而，对受托人主观状况的证明在大多数情况下都转换成客观的标准，例如，税收或者分配的需要等。然而毕竟这属于一种回溯性而非展望性的审查（inquiry），在交易并没有产生预期的良好结果时，由于信托法并不崇尚"后

---

① U. S. Unif. Trust Code § 802 cmt., 7C U. L. A. 230 (Supp.).
② Langbein, "Questioning the Trust Law Duty of Loyalty: Sole Interest or Best Interest", 114 *Yale L. J.* (2005), p.980.

见之明"①,由此引发受托人于当时的认知问题。即使某项投资并没有使受益人获益,谨慎追求受益人最大利益的受托人也会免责。受托人的行为是否谨慎根据特定交易时的情境来进行判断。这种判断是客观而非主观的。问题并不仅仅在于特定的受托人于当时认为特定交易能够使受益人获利,而在于一个谨慎的受托人在特定交易情境下同样会如此认为。

6.3.3.4 忠诚义务与注意义务的辨别

信赖义务关系与这种关系之下的忠诚义务和注意义务在英美法系范畴中并不是太难辨析。在大陆法系,既有的善良管理人概念与注意义务存在某种程度上的交叉,同时缺乏严格规范化的信赖义务关系以及忠诚义务的概念。随着大陆法系借鉴英美法系公司法以及信托法实践的增多,关于忠诚义务以及注意义务的概念关系,一直以来存有争议。

本土的大陆法系公司法对于注意义务的规定远远超过了英美法系中注意义务的概念,如较少受到英美法系影响的德国《股份法》对注意义务包含了如下的内容:主要有:(1)执行业务时尽通常及认真的业务执行人的注意;(2)保守秘密;(3)违反该法的规定给公司造成损失的,负有赔偿责任,但经股东大会同意的可以免责。在本条一共列举了九种原则上禁止的行为,如违法向股东返还出资,分配公司财产,在公司无支付能力时进行支付,等等。② 该法没有使用"忠诚义务"的概念。不过第87条规定了董事会成员薪酬的原则,第88条规定了竞业禁止,第89条规定了对董事会成员给予贷款的禁止。所以,大陆法系原本意义上的注意义务所包含的范围非常广泛,基本上包括了英美法系信赖义务关系下注意义务和忠诚义务的内容。正是因为此,当我们大量引进英美法系公司法、信托法中信赖义务关系的概念时,对英美法系中界定比较清楚的注意义务与忠诚义务的认识产生了分

---

① 非后见之明是在统一谨慎投资人法中所表达有关投资事务的理念:"是否遵循谨慎投资人规则由受托人作出投资或行为时的事实以及情境而非以后见之明来进行判断。"Unif. Prudent Investor Act § 8 (1994), 7B U. L. A. 302 (2000).

② 《股份公司法和有限公司法》(Aktiengesetz und GmbH Gesetz, 32. Auflage, Deutscher Taschenbuch Verlag, 2000, S. 34).

歧。主要有同质说和异质说两种。同质说认为:管理公司居于专家的地位,对此应科有加重的注意义务,管理公司所负有的忠实义务(也即本书中所称的忠诚义务),应理解为加重的注意义务,同时也为管理公司抽象的善良管理人注意义务的具体体现。再者,忠实义务并非大陆法的概念,且过于空泛,不易捕摸,民法中自己代理和双方代理禁止规定,足以代表忠实义务的含义,而民法的这些规定亦为善良管理人注意义务所包含,所以忠实义务与善良管理人注意义务应为同质。异质说则认为,管理公司的地位及权限优于受任人,其义务与责任亦重于受任人,委任及善良管理人注意义务的规定并不足以规范管理公司所有图利自己或他人的行为。忠实义务为英美法系的概念,基于继受法解释的原则,应另科管理公司忠实义务。再者,管理公司虽负有善良管理人的注意义务,但在法院裁判上,除非有明显过失及违法,恐难科以违反注意义务的民事责任。鉴于注意义务事实上的缓和,应另规定较为严格的忠实义务,以平衡及确保受益人权益。又二者在规范方式及赔偿范围也有不同:违反注意义务应承担民事上损害赔偿责任;然为使遵守忠实义务,则有各种利害冲突排除的规定,是一种预防未然的规范方式。在赔偿责任的成立及范围上,前者以故意或过失为必要,且以实际损害为赔偿额,而后者责任的成立,并非以故意过失为必要,求偿额包含所受损害及管理公司所得的利益。①

而在英美法系,注意义务与忠诚义务的概念则有着较为明确的区别。简单而言,忠诚义务是对占用行为的控制,而注意义务则是对疏于管理信托事务的约束。这种区分同公司法中董事的忠诚义务与注意义务的区分并无太多区别。根据较为经典的陈述,注意义务(duty of care)是指董事履行义务时必须:"(1)怀有善意;(2)要像一个正常的谨慎之人在类似的处境下应有的谨慎那样去履行义务;(3)采用良好的方式,这是他有理由相信符合公司利益的最佳方式。"对忠诚义务(duty of loyalty)的违反一般包括四类情形:"(1)涉及董事与公司之间的交易;(2)涉及拥有一个或者多个共同董

---

① 陈春山:《证券投资信托专论》,台湾五南图书出版公司1997年版,第115—337页。

事的公司之间的交易;(3)涉及董事利用了本应属于公司的机会牟利;(4)涉及董事与公司进行同业竞争。"而这四项又可以被合并为两项:自我交易和与公司竞争。①

信赖关系的调整一直被认为是衡平法的范畴,或者从另一方面看,是衡平法院基于道德和良心发展的特殊法律规则。然而随着普通法与衡平法的融合,尤其是信托这种典型的信赖义务法律关系被越来越多地应用于商业领域,正如前文所述的,商业信托法中不再简单是信托法或信赖法律关系制度所能调整的,它必然涉及组织法、合同法规则的调整。在这种法律制度的融合过程中,原本泾渭分明的注意义务与忠诚义务,似乎在区分上也有了困难。信赖义务人所负有的义务不仅仅是公平以及诚实,更约束其为受益人的最大利益行事。② 坚持严格区分注意义务和忠诚义务的学说认为这种提法已经混淆了二者的区别:信赖法律关系中,信赖义务人承担数种义务,其中至关重要的为忠诚义务,它意味着对受益人单向的忠诚。而注意义务则是一个疏忽的问题。③

6.4 商业信托受托人信赖义务体系构建
——以证券投资信托为例

信托关系总体而言是建立在委托人信赖受托人、受托人负有忠实处理信托事务之上的信赖关系。此种法律结构带来受托人能否忠于职守完全为受益人利益行事的问题。尤其是随着信托越来越多进入到商业领域,受托人呈现出专业化、机构化的趋向,管理权限日益扩大,自由裁量权增加,而受

---

① 〔美〕R. W. 汉密尔顿:《公司法》(影印注释本),中国人民大学出版社 2001 年版,第 398 页。
② Deborah A. DeMott, "Beyond Metaphor: An Analysis of Fiduciary Obligation", *Duke L. J.* (1988), pp. 879, 882.
③ William A. Gregory, "The Fiduciary Duty of Care: A Perversion of Words", 38 *Akron L. Rev.* (2005), p. 183.

益权的大众化所带来的"搭便车"行为以及信息不对称等因素,对受托人进行信赖义务的约束更显重要。商业信托虽呈现出上述特点,但受托人信赖义务的基本构架仍建立在传统信托中受托人的义务制度之上,根据我们上述对受托人信赖义务的分析,仍将其分为注意义务与忠诚义务两大类,前者主要是谨慎管理的义务,由于商业信托与生产营业性公司的区别在于其主要是运用投资于证券市场获利的工具,因而谨慎管理信托财产也就主要体现为谨慎投资义务,更由于现代投资组合的引入,这一规则被加入分散投资、流动性以及防范风险等诸多注意义务的具体要求;后者主要应用于利益冲突的情形。本节以证券投资信托为例,对商业信托受托人信赖义务体系进行初步构架。

6.4.1 注意义务

6.4.1.1 专家的注意标准

受托人注意义务已经呈现出标准客观化的倾向,即并不以受托人的个人能力为考量,而系以从事该等职业之人,通常所应具备的专业注意义务为标准。[①] 投资者将资金托付给基金管理人,通常是基于对其拥有的专业投资知识和技能的信赖,并希望通过专家理财的方式进行投资获利,那么基金管理人作为受人之托、代人理财的投资专家,对其所负有的勤勉与注意义务标准,自然应当采用高于普通人的专家标准。

对于这种高于普通人的专家标准,应当至少包括以下两点含义:

其一,基金管理人在处理基金事务过程中应当采取投资管理业一般程度的注意义务,而非与处理自己事务同等程度的注意义务。即这种标准是客观的而非主观的,这实际上是符合大陆法系"善良管理人"的概念的。

其二,基金管理人注意义务应当采用高于普通受托人的专家的标准。英国学者 Jackson 和 Powell 在《职业过失》(Professional Negligence)一书中对专家的特征进行了如下的描述:(1)工作性质属于高度的专门性,其中心不

[①] 谢哲胜:《受托人权利义务及责任》,载台湾《月旦法学》1990 年 10 月第 65 期,第 118 页。

是体力劳动而是脑力劳动;(2)重视高度的职业道德和与客户的信赖关系:(3)大多要求一定的资格,并且由专家集团维持一定的水平;(4)具有较高的社会地位。① 而如果基金管理人的实际注意义务高于投资管理业的一般水准,那么基金管理人应按其实际注意能力履行注意义务,即对基金管理人注意义务的衡量标准以主观标准和客观标准中较高者为准。如美国1940年《投资公司法》的相关规定。②

6.4.1.2 围绕投资行为设定的投资义务

对于以投资获利为主要目的的证券投资基金来说,基金投资无疑构成基金管理的最主要的内容。注意义务的一般准则的确定为受托人管理信托事务所应尽注意的抽象标准,但这种标准毕竟是抽象的,难以把握的,甚至更多的是一种对基金管理人行为进行事后判断的标准。虽在一定程度上亦能提醒受托人谨慎行事,然而毕竟不是一种详细而准确的对投资行为的指导标准。对违反注意义务的受托人进行责任的追究并非立法以及投资者进行投资的本意。当我们以投资管理业通常所能达到的标准来要求基金管理人时,也需要提供足以指导基金管理人如何进行投资行为的一套细化、量化的标准。正如前文所述,在现代商业信托发展的历史过程中,投资标准也经历了从法定投资列表到谨慎投资规则乃至现代组合投资理论对谨慎投资规则发生重大影响的不同阶段。

法定投资列表起源于英国。首先是衡平法院对受托人可以进行投资的种类进行规定,后来以成文法方式列明投资清单。这一做法随之为美国衡平法院以及各州法院所借鉴。在法定列表规则下,受托人投资对象完全限制在列表范围之内,任何违反法定列表的投资行为即意味着对注意义务的违反。这种做法在削弱受托人自由裁量权的同时,也减轻了受托人的注意义务,因为此时注意义务仅仅意味着对法定投资列表的遵守,实际上对法定列表内的投资不必尽到注意义务;一概对法定投资列表以外的投资行为进

---

① Jackson & Powell, *Professional Negligence*, 4th ed., London: Sweet & Maxwell, 1996, p.1.
② 15 U.S.C. 80a—36(a)(1998).

行禁止,这种以法院和立法来代替受托人投资判断的方式也存在着消极、僵硬的一面。

法定投资列表的消极和僵硬性引发了对这一规则的变革。这场变革的主要体现是谨慎投资规则的建立。主要是确定了受托人谨慎投资注意义务的基本原则,即注意的需要、技能的需要以及谨慎的需要等。这一规则在美国《信托法重述》第2版中得到了采纳,主要包括:应处理不适当投资;使信托财产具有收益能力;分散损失风险;平衡收益受益人与本金受益人的利益,应争取兼顾稳定的收入流和本金的合理安全这两个目标。①

然而此时确立的谨慎投资规则仍然偏重于如政府债券等"安全"的投资,而不看重"投机性"的股票。法院根据每一项单独的投资而不是将投资看做组合的整体来评判是否谨慎。而最近二十年以来,除密西西比州以外的所有州都抛弃了传统的谨慎人规则,取而代之的是新的谨慎投资人规则。建立在现代投资组合理论基础上的新的谨慎投资人规则要求投资人根据风险以及收益回报等目标来合理判断适合信托的投资对象进行投资,并要求法院将信托投资组合看成一个统一的整体来对判断投资行为是否谨慎。新的谨慎投资人规则舍弃了以前对投资对象的种种类型化的限制,更为重要的是,其消除了对以股票为对象的投资行为的敌意。②

6.4.1.3 注意义务的具体要求

通过对受托人注意义务从法定投资列表到传统的谨慎投资规则以及投资组合理论的引入的历史发展进程的简单回顾,我们发现受托人投资行为的判断标准具有抽象化、灵活化的发展趋势。上述对受托人注意义务的一般性要求,经由各国以及地区证券投资基金立法的各项具体规定得以细化。尤其是在现代投资组合理论的影响下,谨慎投资义务主要体现为对分散投资、投资对象的流动性以及投资风险的控制等方面,在法律规则日益量化发展的趋势下,这些抽象的标准亦体现为较为量化的要求。

---

① Restatement of Trusts(second) (1959), §230,180,228.
② Max M. Schanzenbach, Robert H. Sitkoff, "Did Reform of Prudent Trust Investment Laws Change Trust Portfolio Allocation?" 50 *Journal of Law and Economics* (2007), p.2.

1. 分散投资的要求

各国及地区证券投资基金立法均对分散投资的原则进行了具体的规定。如美国 1940 年《投资公司法》第 5 条规定分散型管理公司总资产的 75% 以上,应当为现金以及现金项目、政府证券、其他投资公司的证券,而每种证券的投资不得超过投资公司资产的 5%,对每一公司的投资不得超过被投资公司已发行有表决权股份总数的 10%。上述规定的目的,在于使分散型管理公司分散投资、分散危险,体现了现代投资组合理论的基本思想。

日本《证券投资信托法》对分散投资有如下规定:其一,对取得同一企业发行的股票的限制。一家委托公司将其运用下的投资基金用于认购同一企业发行的股票时,其取得数量不得超过该企业已发行股票总数的 10%。其二,对一只投资基金投资于同一牌名股票的限制。这是为了分散信托资产运用上的风险,而限制对同一牌名股票的集中投资的规定。

我国《证券投资基金运作管理办法》中对分散投资也作出了相应的规定。其中包括对一只基金持有一家上市公司的股票,其市值不得超过基金资产净值的 10%;以及同一基金管理人管理的全部基金持有一家公司发行的证券,不得超过该证券的 10% 的规定。

我国台湾地区证券投资信托法制中并无任何条文规范"经理公司"所负的注意义务,有学者认为实属重大缺陷。① 然而其"证券投资信托基金管理办法"第 15 条第 1 项,对各种降低危险注意义务的要求进行了规定,如除依证管会规定外,不得投资于未上市、未上柜股票或其他证券投资信托基金之受益凭证公司股票;不得为放款或提供担保;不得从事证券信用交易;投资于任一上市公司股票之总金额,不得超过该证券投资信托基金净资产价值之 10%;运用每一证券投资信托基金,投资于任一上市公司股票之股份总额,不得超过该公司已发行股份总数之 10%。

---

① 陈春山:《证券投资信托专论》,台湾五南图书出版公司 1997 年版,第 342 页。

2. 投资受限制证券的规定

对投资于受限制证券的规定实际上是为了保证基金资产的流动性,而不至于因为没有可供转让的市场而难以变现,从而引发贬值的风险。根据美国 1933 年《证券法》登记而对公众发行的证券,可在公开的证券市场进行自由转让,具有相当的流动性。然而并没有依上述规定公开发行的证券,其转让受到多种限制,包括流通市场的缺失。如投资公司基于内部投资分析而决定购买上述受限制定证券,将会产生诸多问题,如基金资产价值,因受限制的证券并没有公司市场交易而很难衡量。并且此种证券并非对公众发行,其转售成为问题,因而降低投资公司资产的流动性,并且不利于开放型管理公司投资人的买回。所以,美国证监会制定命令,规定开放型管理公司取得受限制的证券不得超过其资产的 10%。①

3. 保证金信用交易及卖空交易的限制(即融资融券行为)

美国《投资公司法》对投资公司的保证金交易及卖空交易有严格限制,以开放型管理公司为例,第 18 条规定,开放型管理公司的资产须为所借金额的 300%,且只能向银行借款;《投资公司法》第 12 条授权证监会管理卖空交易,根据证监会的命令,开放型管理公司无法以借贷进行卖空交易,非借贷方式的卖空交易额不得超过资产的 35%。此种限制,目的在降低开放型管理公司的危险。② 日本法规定基金一般不得进行融资,只有在下述特定情况下才允许办理:股东名义转换中的股票、转换公司债转换手续中的股票、分割手续中的股票等。

6.4.2 商业信托受托人的忠诚义务要求

现代证券投资要求明显的趋势是基金管理人自由裁量权扩大,这种专家理财的现象应当说适应了投资日益专业化的发展趋向,而且也满足了投资者对于专业、效率的要求。但这种机制能否良好运作取决于基金管理人

---

① SEC Investment Companies Act of 1940 Release No. 5847.
② 参见陈春山:《证券投资信托专论》,台湾五南图书出版公司 1997 年版,第 339 页。

能否确保利益冲突的情形下不会偏离投资者的利益。有三种可供选择的途径:其一,是通过基金持有人大会来对基金管理人进行监督;其二,是基金托管人制度对基金管理人的制衡;其三,是受托人忠诚义务的约束。

从很大程度上而言,基金持有人大会和基金受托人的监督作用在一定程度上是弱化的。基金持有人会议的公共品特征,加上基金持有人和基金管理人之间的信息不对称现象的存在,基金持有人会议难以对基金管理人发挥有效的制衡作用,正是基于此,我国基金立法时曾对是否要规定基金持有人会议制度进行了激烈的辩论。①

而在现代证券投资信托受托人职能分化与细化的机制控制下,虽然证券投资基金托管人可以对基金管理公司进行一定程度上的监督和制约,然而由于利益独立性以及信息对称难以得到保证等原因,基金托管人的作用往往限于对基金管理人明显的、重大违反忠诚义务的防范,并且多体现为一种事后的监督。

所以,在对基金管理人进行制度约束时,我们发现受益人以及托管人对管理人的牵制都不尽如人意。由此,我们将制度约束的重点转移到对管理人义务责任体系的完善上来。那么忠诚义务作为商业受托人信赖义务的重要组成部分,解决的也是利益冲突的问题。如在证券投资信托基金的情形中,基金管理人在经营时,如果自身利益和基金利益相冲突,基金管理人必须以基金持有人的最佳利益为重,因为这种利他性,在某种程度上体现了一种道德的要求,根本的目的就是改善、禁止或消除基金管理人和基金持有人之间现实的或潜在的利益冲突。②

对于基金管理人忠诚义务的约束无非是为了投资人权利的保障,对于受托人违反忠诚义务之后的损害赔偿责任的追究实属不得已的无奈之举,而制度设计的根本尚在于如何通过相应义务规范体系的建立,使得基金管理人能够避免处于与受益人利益冲突的地位,或者尽可能地降低受托人利

---

① 朱少平:《〈证券投资基金法〉解读》,中国金融出版社 2004 年版,第 263—265 页。
② 巴曙松:《强化基金管理人的"忠实义务"》,载《证券日报》2004 年 6 月 9 日。

用优势地位谋求自己利益的机会。关于冲突交易的规则经历了一个从全面禁止到诸如取得委托人、受益人或法院事先的许可或指示等例外的允许的历史过程。

对于基金管理人忠诚义务的规定主要表现为对利益冲突交易行为的规范。所以,有关基金管理人忠诚义务法律规定最终就落实到利益冲突交易的规范上来。而关于利益冲突交易规范制度,基本的研究构架是:利益冲突交易的主体范围,利益冲突交易的种类,利益冲突交易的具体规则,违反利益冲突交易规则的法律责任。

6.4.2.1 利益冲突交易的主体范围

利益冲突交易主体范围的确定实际上决定了对利益冲突交易调整的范围。基金管理人同基金进行交易自然应当属于利益冲突交易的范围,然而利益冲突交易的范围若仅限于此的话,那么基金管理人可以通过其关联人士来达到规避法律的目的。所以,利益冲突交易的主体范围问题最终转化为关联人士的范围以及法律规制问题。

基金管理人的关联人士是指所有与基金管理人存在关联关系的法人或自然人。而是否存在关联关系,一般以是否具有"控制"或"重大影响"因素作为判断标准。建立在控制因素基础之上的关联人士一般包括如下三种:(1)控制基金管理人的人;(2)被基金管理人所控制的人;(3)与基金管理人共同被第三人控制的人。而这种控制或影响的途径则包括信托关系、股权关系或持有关系、代理关系等。而在关联企业中工作的自然人,可能因为职务关系而与基金产生利害关系,则通常也被包含在基金关联人的概念中。

参照各国及地区立法例,对关联人士的范围规定大多有如下特点:

其一,比较明确地规定了可能的关联方。如美国《投资公司法》将董事、经理、投资顾问等均包含在关联人的范围内,而我国香港地区《单位信托及互惠基金守则》规定了董事、首席执行官、大股东以及任何子公司或组织的发起人为关联方。而日本则将委托公司的原任高级管理人或雇员,以及现任高级管理者或雇员担任该委托公司的高级管理人并且持有该委托公司的股票者均包含在"利害关系人"的范围中。

其二,对股份持有关系多规定在关联关系范畴内,并且对关联方持有的份额多作出了明确的规定。如美国1940年《投资公司法》中的关联人士包括:直接或间接拥有、控制、掌握某人5%或5%以上的已售出的具有选举权的证券的人士;被某人拥有、控制、掌握5%或5%以上的已售出的具有选举权的证券的人士。日本定义为持有25%以上份额的公司为关联方。我国香港地区则将其定义为直接或间接拥有该公司普通股本20%或以上的人士或公司。我国台湾地区规定为持有证券投资信托事业已发行股份总数5%以上股份的公司。

其三,通常还对第三层次的关联人士进行了规定。如果我们将基金管理人本身看做第一层次的关联人士的话,那么基金管理人的关联人士则被称为第二层次的关联人士,那么控制或影响第二层次的关联人士则被称为第三层次的关联人士。如美国将直接或间接控制上述关联人士或者为其所控制的人士包含在关联人士的范围内。至于何为控制,规定任何人直接拥有或间接控制一家投资公司25%或更多的具有选举权的证券,就被视为控制了这家投资公司。日本、我国香港地区等均有类似的规定。

我国相关法律、法规中对关联交易并没有形成比较统一的规定。较为明确的是在会计准则中将关联方定义为:"在企业财务和经营决策中,如果一方有能力直接或间接控制、共同控制另一方,或对另一方施加重大影响,本准则将其视为关联方,如果双方或多方同受一方控制,本准则也将其视为关联方。"我国证券交易所的上市规则将上市公司的关联方界定为:"直接或间接控制上市公司的法人,与上市公司同受某一企业控制的其他法人;持有上市公司5%以上股份的个人股东及其亲密家庭成员,上市公司的董事、监事、高级管理人员及其亲密家属成员直接或间接控制的企业;与上述法人签署协议或作出安排,在协议生效后符合以上关联人规定的,为上市公司潜在关联人。"

如果说证券业法律规范尚对关联方及关联人士范围作出较为明确规定,而对基金行业的关联交易的监管,则显得更为简陋和粗糙。从我国《证券投资基金管理暂行办法》到《证券投资基金法》,对基金行业中的关联方或者关联交易都没有明确的定义,含糊规定为"有重大利害关系的公司",这种过于原则化、模糊化的定义,导致了现实中缺乏操作性。

除了对利益冲突交易(关联交易)的范围(主要是关联交易主体范围的确定)缺乏细致和明确的规定外,在如何对利益冲突交易进行监管方面,我国基金立法也存在亟待完善之处。原《证券投资基金管理暂行办法》第24条禁止"将基金资产投资于与基金托管人或者基金管理人有利害关系的公司发行的证券",而《证券投资基金法》则在第59条中修改为禁止"向其基金管理人、基金托管人出资或者买卖其基金管理人、基金托管人发行的股票或者债券";禁止"买卖与其基金管理人、基金托管人有控股关系的股东或者与其基金管理人、基金托管人有其他重大利害关系的公司发行的证券或者承销期内承销的证券";禁止"从事内幕交易、操纵证券交易价格及其他不正当的证券交易活动"。

再者,我国基金立法缺乏对利益冲突交易信息披露的相关规定。以关联交易为核心的利益冲突交易已经由既往的禁止行为演化为一种比较中性的行为,从对其进行全面的禁止到适度的控制是基于对其本身具有降低成本提高效率作用的认同,然而,由于利益冲突行为毕竟可能存在受益人利益损害的可能,所以,有必要对此种行为进行控制。而比较好的方法就是加强信息披露制度的建设,对信息披露的范围、方式、内容等作出详尽的规定。

6.4.2.2 利益冲突交易的种类及法律规制

根据基金管理人及其关联人士在交易中所处的位置的不同,利益冲突交易一般分为本人交易、共同交易、代理交易三种形态。当然,随着基金管理人权力的扩大,以及基金费用问题的日益突出,基金管理费用的利益冲突问题、基金经理图利问题也日益受到关注。

1. 本人交易

在此类交易中,基金管理人及其关联人士与基金互为交易的对方,并且基金管理人在交易中作为本人出现。

本人交易是投资基金领域中最为典型的一种利益冲突形态。本人交易主要体现为如下几种形态:(1)基金管理人与投资基金之间的交易;(2)同一基金管理人管理的两个基金之间的交易;(3)基金管理人使用证券投资基金的资金买卖与基金管理人有利害关系公司所发行的证券;(4)基金管理人的内部人员与投资基金之间的交易等。

由于基金管理人作为基金管理的内部人士,往往掌握基金内部的信息,如果对这种本人交易不加限制的话,基金管理人完全可能利用其优势地位,损害基金受益人的利益,各国和地区对本人交易都进行了严格的规范。

虽然各国及地区立法对本人交易的规范,在主体范围、交易的种类、规范方式以及严格程度上有所区别,但一般来说,对本人交易的规范,首先,是原则上的禁止;其次,是对某些本质上并不会损害受益人利益的交易,授权主管机关或托管人进行豁免或批准。① 所以,不会违背忠实义务的本人交易需满足实质和程序两方面的要件,前者要求交易公平,这就意味着本人交易的条件至少不能低于一般的外部人交易所提供的条件。而有些学者则提出,基于本人交易在投资基金领域的巨大的潜在风险,法律应采取比现行适用于商事公司的本人交易更为严格的立法政策,应基本上采用对投资基金本人交易绝对禁止的原则,在少数特殊情况下授权行政主管机关对符合豁免条件的本人交易进行豁免。豁免条件应比现行的规定更为严格,只有当证明本人交易的条件比一般的外部人交易对投资基金更为优惠,本人交易能比一般外部人交易产生更大的价值,而且投资基金能分享部分价值时,才能获得主管机关的豁免,而不是像现行规则那样仅仅当交易条件被证明公平合理时即可获得豁免。② 程序方面的要件则意味着本人交易需要获得一定的豁免或批准。

我国证券投资基金立法从较早的《证券投资基金管理暂行办法》到《证券投资基金法》对本人交易都有一定的规定。然而,也存在一定的问题。首先是缺乏对本人交易比较统一的原则性的规定,通过对禁止基金管理人从事的具体利益冲突交易的方式难免流于具体而不能应对现实中多种多样的

---

① 具体规定参见美国 1940 年《投资公司法》第 17 条以及 1940 年《投资顾问法》第 206 条;日本《证券投资信托法》第 17 条以及我国台湾地区"证券投资信托事业管理规则"第 27 条。
② 张国清:《投资基金治理结构之法律分析》,北京大学出版社 2004 年版,第 101—102 页。

可能存在利益冲突交易行为。在我国《证券投资基金法》第 59 条规定的禁止交易行为中，包括了基金资金投资买卖与基金托管人或者基金管理人有关联的公司发行的证券，但是并没有包括基金资金投资买卖基金管理人所管理的其他基金所投资的公司所发行的证券，而这同样会影响到基金持有人的利益。此外，对"与基金管理人有利害关系的公司"的具体含义，并没有作出相应的规定。

2. 共同交易

在共同交易中，基金管理人也是以本人的身份出现，但其与基金是处于交易的同一方而不是对方。对此，美国 1940 年《投资公司法》作出了专门的规定。根据其第 17 条的有关规定，一家已注册的投资公司的关联人士、主承销商和前两者的关联人士不得以本人身份进行下列交易，否则视为违法：在交易中，这家公司或受它控制的另一家公司与上述人士共同参与并且公司承担连带责任，这种交易违背了委员会旨在限制或阻止这家公司在不利条件下参与交易的规则。共同利益的衡量标准并不是看基金管理人是否与基金共同参与某项交易，而是基金管理人与基金是否在交易中具有共同利益。即使基金管理人并未直接参与基金所进行的交易，只要基金管理人能够从该交易中获益，那么这种交易亦构成共同交易。①

3. 代理交易

在此种交易中基金是交易的一方，而基金管理人或其关联人士则是以基金的代理人而非本人的身份参与交易。美国 1940 年《投资公司法》第 17 条第 5 项对此作了专门的规定，根据该条的规定，代理交易主要有两种形式：已注册投资公司的关联人士（或关联人士的关联人士）以代理人身份为该公司或受它控制的另一公司买卖资产而获取报酬，或者以经纪人身份为该公司或受它控制的另一家公司出售证券并收取佣金、服务费或其他报酬。在这两种代理交易中，都容易产生利益冲突的问题。在前一种情况下，基金管理人的受信任人地位决定基金管理人必须为基金谋取最大利益，如允许

---

① 王苏生：《证券投资基金管理人的责任》，北京大学出版社 2001 年版，第 92 页。

基金管理人在代理基金进行交易过程中收取除正常基金管理费外的任何其他好处,那么势必使基金与基金管理人之间产生利益冲突。在后一种情况下,基金管理人可能通过进行一些不必要的频繁交易,人为地为其关联经纪商创造佣金收入。基于此,美国 1940 年《投资公司法》第 17 条第 5 项原则上禁止基金管理人及其关联人士与基金之间的上述代理交易。日本和我国香港地区也有类似规定。①

4. 基金经理图利问题

基金经理与基金管理人是两个相互关联而又不同的概念,基金管理人是指证券投资基金中承担基金运营管理的一方,在现代投资理财的运作中,通常以法人的身份出现。而基金经理则是基金管理人中直接负责基金投资操作的经理人员,那么实际中可能包含了更为广泛的内容,如基金管理人中直接或间接处理基金事务的雇员、接近人员、关联人士等都包含在内。如前所述,在一些立法例中,关联人士的概念中实际上包含了基金管理人的董事、高级职员等范围,所以通过这种关联人士范围的扩大,实际上可以把基金经理图利行为统一纳入到利益冲突交易的规范中来。那么这种纳入到关联交易中的基金经理图利行为一般而言,是其为基金管理人账户而与基金进行的交易。实际上基金经理也可能利用职务之便,以其个人账户与基金进行交易,这种交易行为可能更为隐蔽,此类交易所造成的基金管理人雇员利益与基金利益冲突,与上述基金管理人与基金利益冲突尚有差别。基金管理人对基金所负有的忠诚义务不仅要求其处理后一种利益冲突行为,而对雇员利益与基金利益的冲突,亦应提供一定的解决方式。

基金管理人与基金的法律关系为信赖关系,但这并不必然推出作为基金雇员的经理就一定也对基金承担信赖义务。毕竟在商业信托的模式下,信托契约存在于受益人与基金管理人之间,而并非与基金经理发生信托关系。从此点而言,基金经理与基金以及基金受益人(或持有人)并不具有直接的法律关系。然而,基金经理处于直接负责基金资产的运营和管理的地

---

① 张国清:《投资基金治理结构之法律分析》,北京大学出版社 2004 年版,第 94 页。

位又使得其行为能够直接对基金以及基金受益人产生影响。此种情况,许多立法例采取直接以法律明确规定基金经理对基金承担信赖义务的方式,来对基金经理图利行为进行防范和规制。

如美国首先是在联邦证券法的层次上对基金经理的图利行为进行规范。这包括1933年《证券法》第17条第1项、1934年《证券交易法》第10条第2项以及规则10b-5的禁止欺诈条款的普遍性规定。此外是关于个人交易的一些专门规则和条款。如1940年《投资公司法》第17条(j)项和规则17j-1,1940年《投资顾问法》第204节A和规则204-2。规则17j-1采用了接近人士(access person)一词来界定个人交易的主体,其范围包括:(1)基金或基金投资顾问的任何董事、官员、普通合伙人或顾问人员;(2)基金主承销商的任何董事、官员或普通合伙人。而基金或基金投资顾问的顾问人士则包括:基金或投资顾问(或任何对基金或投资顾问存在控制关系的公司)的任何雇员以及任何对基金或投资顾问存在控制关系的自然人。根据该规则的规定,基金的任何关联人士或主承销商,或基金投资顾问的任何关联人士或主承销商,在该人直接或间接从事基金持有或将持有的证券买卖活动中,从事下列行为均为违法:(1)利用任何设计、计划或诡计欺诈基金;(2)对基金作重大事实的虚假陈述或者遗漏重要的事实;(3)从事任何行为、做法或营业活动,而上述活动构成对基金的欺诈或欺骗;(4)针对基金从事任何操纵行为。

日本《证券交易法》第50条第3款、第54条及有关健全证券公司准则均明文禁止证券公司的董事、监事以及内部职员,因职务便利知悉顾客买卖动向,为投资利益而加以利用的行为。美、日两国法制规定不同在于,美国将各种图利行为广泛规定于《投资公司法》中,而日本法制则在证券投资信托协会业务规程中加以规范。

我国台湾地区法制亦对内部人员图利行为作出规定:

(1)经理公司内部人员与信托基金股票交易之防免:"证券投资信托事业管理规则"第9条规定:"证券投资信托事业之董事、监察人、经理人或持有已发行股份总数5%以上股份之股东,除经证管会核准者外,于证券投资信托事业决定运用证券投资信托基金买卖某种上市公司股票时起,至证券投资信托事业不再持有该种上市公司股票时止,不得参与同种股票之买卖。"根据此规定,经理公司的内部人员无法与信托基金进行股票交易。

(2)经理公司内部人员图利之防免:"证券投资信托事业管理规则"除为防免经理公司内部人员与信托基金进行股票交易,亦可防止该内部利用信托基金运作的消息,而图利自己,该规则第10条规定:"证券投资信托事业之董事、监察人、经理人及其他决定证券投资信托基金运用的人员,如有担任证券发行公司之董事、监察人、经理人或持有已发行股份总数5%以上股份之股东者,于证券投资信托事业运用证券投资信托基金买卖该发行公司所发行之证券时,不得参与买卖之决定。"

我国有关基金经理图利行为的控制,并无比较系统的规定。仅在中国证监会发布的《基金从业人员资格管理暂行规定》第19条中对基金从业人员遵守国家有关法律、法规及行业规范,诚实信用、勤勉尽责进行了规定。证监会发布的《关于规范证券投资基金运作中证券交易行为的通知》以及其他相关指导意见中均有相关规定。然而这种通过行政规章进行规范的方式,难免效力层次低,我国证券投资基金法规也未对该问题进行专门的规定。具体法律规则的缺乏导致实践中难以对基金经理图利行为进行有效防范和约束。由此,我国在未来的基金立法中,应当对基金经理图利行为进行较为完备的规范,至少应当就以下方面进行规范:其一,通过法律强行规定的方式,规定基金经理的信赖义务人法律地位,明确基金经理对基金负有信赖义务;基金经理因其不法行为造成基金以及基金持有人损失时,应当承担损害赔偿责任。其二,参照国外及地区立法例,对基金经理的范围进行扩大解释,负有此种个人图利行为禁止义务的人不仅仅包括基金经理,还包括各种内部人员及与内部人员有利害关系的人,而此种利害关系的确定标准,可参照关联关系中的控制以及影响因素的确定标准。其三,应当对各种图利行为进行禁止的原则性规定。并规定基金经理及内部人员及与上述人员有利害关系的人的信息披露义务,基金经理应当定期向基金管理人披露自己及其利害关系人持有证券及与基金是否存在利益冲突交易的情形,并要求其编制、申报各种必要交易、营业、财务资料。

当我们对商业信托的法律规则调整进行体系化研究的时候，发现商业信托的法律规范形式并非单一的。由于商业信托糅合了信托制度和商业组织制度的双重制度特征，因而调整商业信托的法律规范体现出多层次性，首先，是合同法的规则，因为信托制度乃至商业组织法制本身，都可以并曾经在合同法的原理下进行过分析，二者确实在某种程度上体现了与合同制度相似的特性。最明显为当事人之间协商一致设立信托或商业组织，这使得信托或任何一种商业组织都或多或少具有合同或合同束的特征，而商业信托的设立以及运作则更是同信托契约对各方当事人法律关系、权利义务的确定密不可分，由此，合同法律规范构成了商业信托制度的基础性规范之一。其次，是信赖法律关系制度的规范，这主要是源于信托制度为信赖法律关系的典范，而这一层次的法律规范的引入，使得受托人义务具备了强烈的道德色彩。再次，是信托制度规则，信托制度中双重所有权的设计、所有与利益相分离、信托财产独立性特征都在相当程度上体现了组织化的特征，可以说正是信托制度的组织化特征，为信托制度广泛应用于商业目的，为商业信托的大力发展，甚至可与公司制度相提并论的地位提供了极好的契机。最后，是商业组织法律规范的调整，商业信托大众发行方式、受托人的专业化与机构化，都使得传统的合同制度、信赖法律关系制度以及信托制度难以对商业信托组织化所带来的具体问题进行全面解决，而必须倚赖于商业组织内部机制的设立和完善，证券投资信托中受益人大会、托管人职位的设置等等都无不体现了这种寻求组织内部解决机制的思路。

商业信托法律规则多层次性调整的整体分析对我们来探讨商业信托中受托人制度构建具有极为重要的启发意义。首先，是合同规则仍然可以对受托人权利义务进行一定层次的调整。其次，是建立在信赖法律关系基础之上的受托人义务包含了信赖义务的大部分规则要求，而同时又依赖于极为浓厚的道德性的要求。最后，是现代商业组织制度的发展使得构建商业受托人法律义务时，更为借重商业组织内部制度的安排。这种分析层次，希望能够对我国证券投资信托以及将来发展多种形式的商业信托模式，构建受托人的法律义务层次，具有启发性意义。

结　语

从最初的"用益"设计得不到法律的保护,到最终通过衡平法对信托制度的确立,信托制度经历了一个从规避法律的消极应用到积极的财产移转和管理方式的历史发展过程。在现代商业环境下,信托制度从传统的私人民事信托,已经逐渐形成商业信托广泛应用的局面。商业信托的发展的一个重大特征是受托人法律地位的日益突出,这包括受托人宽泛的信托事务管理权,以及信托财产形式所有人的外观。借鉴信托制度的大陆法系,因其并无信托的民间设计传统,也多集中于商业信托的设计,并致力于发展及完善各国及地区的信托业体系。然而大陆法系对于信托制度的理解,多难准确领会其实质性特征,而往往与既有的委托代理制度相混淆。由此,本书研究受托人法律地位必然在商业信托发展以及信托制度在大陆法系的应用这两个背景下进行。信托制度从消极避法到积极管理、商业化应用的过程,实际上也完成了管理权力和利益享有的分离,而这正是信托制度强化受托人约束机制的关键原因。在全书对受托人法律地位进行全面分析的基础之上,于此提出本书如下方面的总结性意见。

一、被信任者法对受托人的基础性规范作用

受托人职能发挥的最终目的，是受益人信托利益的实现。受托人——受益人之间所存在的法律关系以及受托人对受益人所负义务，在英美法系，通常同"fiduciary，fiduciary duty，fiduciary relationship"等词语相连。然而，大陆法系在借鉴过程中，对上述术语有多种理解与表述，如受信人、信义义务、信义关系；被信任者法概念的援引；以及我国台湾学者提出的忠实关系和忠实义务的概念。本书认为，这些表述方式的多样性并不影响其在含义上的一致性，都体现了英美法系围绕一方信赖他方之间所形成的社会关系，所形成的较为上位的法律规范，在相当程度上对代理关系、信托关系都能进行调整，而大陆法系却没有对等的立法规范。本书将源于英美衡平法的此种特有的法律规范（fiduciary law）称之为被信任者法，以体现此种法律制度对于被信任者约束与规范的关注，所形成的法律关系称之为信赖关系，指当一方信赖他方并将自己权利托付他方的情形，双方所产生的法律关系，体现了一方信赖另一方的本质特征，而随之被信任者所负担的法律义务则称之为信赖义务，是指被信赖托付的一方对他方所应尽的忠实以及注意义务，是一种以他人利益优先于自己利益而行为、极具道德色彩的义务。信赖关系除了能够应用于合同关系以及公司制度中，对相关当事人所有与利益相分离、广泛授权等情形进行约束以及控制之外，信赖关系也被广泛应用于代理、监护、合伙、特许经营等法律关系中，用来解释当事人之间的权利义务关系。大陆法系由于缺乏可同英美法系相对等的类似信赖关系法律制度，因而往往难以区分信托与委托、代理制度。既有的委托代理制度影响到对信托制度构架及本质法律特征的理解，在某种程度上淡化了信托制度的特殊设计，削减了信托制度应有的弹性和吸引力。本书对被信任者法以及信赖关系的研究正有助于恢复信托制度设计的本来面目，并构成理解受托人法律地位的基础性制度。

二、商业信托的基本概念以及法律构架

本书既在商业信托的背景下对受托人法律地位研究,必然难以回避对商业信托基本概念的界定以及法律制度的构架。本书并不拘泥于对商业信托的狭义界定,而界定了一个较为宽泛的范畴。从内涵而言,这种界定上的商业信托主要具备商业投资目的、信托经营形式、商业经营组织这三大法律特征;而从外延而言,此种界定的商业信托不仅包含了法定商业信托(如在美国的情形,根据各州商业信托立法所组建的商业信托组织),即我们前述的狭义商业信托,而且也包含了各种投资信托形态。商业信托最主要特征在于同时借重信托与企业组织运营的双重特征。而由有经验之人集合不特定多数投资人资金用于投资证券的证券投资信托,满足了商业信托的上述最显著特征。

三、商业信托提供的资产分割、专业经营、组织化运营功能突出了受托人的法律地位

从功能方面言,商业信托提供了类似于公司有限责任制度所提供的资产分割功能,从而使得信托财产具备自成体系、独立运作的特征;亦由于受托人专业化、机构化的发展趋向而提供了专业经营的功能;商业信托作为企业经营形态,亦具备组织化的功能,这必然涉及对受托人成本约束和权力控制等问题的思考。商业信托受托人在上述信托功能实现的过程中,起到了工具性价值的作用,受托人持有信托财产并对其经营管理方能实现上述功能。受托人法律地位的此种借重必然带来商业信托组织化过程中的代理成本问题。受托人的专业管理和控制带来效率的同时,亦不可避免专家控制权力(或者说经营管理权力)滥用的道德危机。对专业经

营信托的机构受托人的法律调整同各国及地区对信托业的调整范围几近一致。商业信托受益权大众化使得商业信托的专业经营关乎公共利益,从而国家公权力对于信托业的法律调整,相对于传统的个人信托而言,更多强制性的规定。这包括信托业准入强制性标准的设立、更为严格的商业受托人行为准则的确定、在信托业与其他金融行业混业经营潮流中更为关注业务经营的严格法律规范等。

四、受益权被动及静态特征要求加强受托人约束和控制机制

受托人功能实现的最终目的不过是实现受益人的信托利益。因而对受益人权利保障机制的研究亦能从侧面折射出对受托人的约束和控制机制。由于受益权的被动性质以及静态特征,受益权保障机制呈现出丰富而弹性的特征,这包括受益人信托财产追踪权以及信托财产独立性对受益权的特殊保护。然而受益权此种固有的被动和静态性亦从另一方面折射出信托受益权辅助性的、制约性的、第二位性的特征。即使在商业信托的情况下,受益人可以通过持有人大会等形式来集体行使权利,却在一定程度上因为受益人的分散、成本与收益的考量、单个受益权的微小所导致的搭便车行为,使得这种集体监督的行为难免流于形式,而单个受益人更愿意采用"以脚投票"的方式。由此,信托制度中受益权保障的实现最终仍通过对受托人的约束和控制来实现,而非寄托于受益权本身的特质,尤其在商业信托的情形下,更是顺应商业信托受益人权利保护需求的加强以及既有信托制度难以形成对商业受托人有效的约束和监督的要求,对受托人的职能进一步分化和细化,主要体现为商业信托中托管人职位的设置和功能的实现。

五、商业信托融合信托和商业组织双重制度特征，其法律规范调整具有多层次性

在对信托制度以及商业信托基本法律框架进行研究的基础上，本书最终提出商业受托人制度构建的结论性意见。由于商业信托糅合了信托制度和商业组织制度的双重制度特征。因而调整商业信托的法律规范体现出多层次性。主要包括合同制度规范、信托制度规范、被信任者法（信赖关系法）规范、商业组织法规范四个方面。由此，商业信托受托人多层次法律规范调整的分析框架对受托人义务具体内容分析的结论性启示是：合同规则仍在某种程度上对受托人权利义务进行一定的调整，但建立在信赖关系之上的受托人义务具有极为浓厚的道德性要求，并由于现代商业组织制度的发展使得商业受托人制度构建更为借重商业组织内部制度的安排，更在现代经济学以及投资理论发展的宏观背景下被赋予了许多新的内容。在此基础上对受托人信赖义务的体系化研究仍然主要体现为对注意义务和忠诚义务具体内容的关注。前者包含了谨慎投资人规则的历史变迁过程，并尤其关注现代组合投资理论对受托人谨慎投资义务的影响。而后者则在传统的受益人"唯一利益"规则适用的严格性态度方面有所转变，体现在商业信托制度中则是对各种利益冲突行为的法律规制问题。

参 考 文 献

一、中文书籍

1. 〔英〕D. J. 海顿：《信托法》，周翼、王昊译，法律出版社 2004 年版。
2. 〔美〕R. W. 汉密尔顿：《公司法》（影印注释本），中国人民大学出版社 2001 年版。
3. 〔美〕阿罗：《信息经济学》，何宝玉等译，北京经济学院出版社 1980 年版。
4. 曹建元：《信托投资学》，上海财经大学出版社 2004 年版。
5. 陈朝壁：《罗马法原理（上册）》，商务印书馆 1936 年版。
6. 陈春山：《证券投资信托专论》，台湾五南图书出版公司 1997 年版。
7. 段建新：《证券投资基金》，法律出版社 2000 年版。
8. 方嘉麟：《信托法之理论与实务》，中国政法大学出版社 2004 年版。
9. 〔英〕加利·瓦特：《衡平法和信托法简明案例》（影印版），武汉大学出版社 2004 年版。
10. 盖永光：《信托业比较研究》，山东人民出版社 2004 年版。
11. 霍津义、任葆燕：《中国信托业理论与实务研究》，天津人民出版社 2003 年版。
12. 何宝玉：《英国信托法原理与判例》，法律出版社 2001 年版。
13. 何宝玉：《信托法原理研究》，中国政法大学出版社 2005 年版。
14. 何孝星：《中国证券投资基金发展论》，清华大学出版社 2003 年版。
15. 赖源河、王志诚：《现代信托法论》，中国政法大学出版社 2002 年版。
16. 柳经纬：《信托法》，厦门大学出版社 2004 年版。
17. 李建国：《基金治理结构——一个分析框架及其对中国问题的解释》，中国社会科学出版社 2003 年版。

18. 施天涛、余文然:《信托法》,人民法院出版社 1999 年版。
19. 沈宗灵:《比较法研究》,北京大学出版社 1987 年版。
20. 沈达明:《衡平法初论》,对外经济贸易出版社 1997 年版。
21. 谢哲胜:《财产法专题研究》(三),中国人民大学出版社 2004 年版。
22. 谢哲胜:《信托法总论》,台湾元照出版公司 2003 年版。
23. 谢哲胜、陈亭兰:《不动产证券化——法律与制度运作》,台湾翰芦图书出版有限公司 2003 年版。
24. 宋国良:《证券投资基金——运营与管理》,人民出版社 2005 年版。
25. 田韶华、杨清:《专家民事责任制度研究》,中国检察出版社 2005 年版。
26. 许明月:《抵押权制度比较研究》,法律出版社 1998 年版。
27. 夏斌、陈道富:《中国私募基金报告》,上海远东出版社 2002 年版。
28. 徐国香:《信托法研究》,台湾五南图书出版公司 1988 年版。
29. 朱少平:《〈证券投资基金法〉解读》,中国金融出版社 2004 年版。
30. 杨崇森:《信托与投资》,台湾正中书局 1983 年版。
31. 张国清:《投资基金治理结构之法律分析》,北京大学出版社 2004 年版。
32. 张开平:《英美公司董事法律制度研究》,法律出版社 1998 年版。
33. 张民安:《现代英美董事法律地位研究》,法律出版社 2000 年版。
34. 张淳:《信托法原论》,南京大学出版社 1984 年版。
35. 张天民:《失去衡平法的信托》,中信出版社 2004 年版。
36. 赵奎、朱崇利:《金融信托理论与实务》,经济科学出版社 2003 年版。
37. 周小明:《信托制度的比较法研究》,法律出版社 1996 年版。
38. 周小明:《财产权的革新——信托法论》,贵州人民出版社 1995 年版。
39. 周玉华:《投资信托基金法律应用》,人民法院出版社 2000 年版。
40. 周玉华:《信托法学》,中国政法大学出版社 2001 年版。
41. 王利明:《民法总则研究》,中国人民大学出版社 2003 年版。
42. 王文宇:《新公司与企业法》,中国政法大学出版社 2003 年版。
43. 王文宇:《新金融法》,中国政法大学出版社 2003 年版。
44. 王文宇:《金融资产证券化——理论与实务》,中国人民大学出版社 2006 年版。
45. 王苏生:《证券投资基金管理人的责任》,北京大学出版社 2001 年版。
46. 王志诚:《金融资产证券化——立法原理与比较法制》,北京大学出版社 2005

年版。

47. 王保树:《投资者利益保护》,社会科学文献出版社 2003 年版。

48. 王卫国:《过错责任原则:第三次勃兴》,中国法制出版社 2000 年版。

49. 吴弘等:《信托法论》,立信会计出版社 2003 年版。

50. 样扬、罗志宏:《中国信托投融资策划暨经典案例借鉴》,湖南人民出版社 2003 年版。

51. 中国人民大学信托与基金研究所:《中国信托业发展报告(2004)》,中国经济出版社 2005 年版。

二、中文文章

1. 高桐:《论英国衡平法的产生及其早期的发展》,载《比较法研究》1987 年第 2 辑。

2. 刘正峰:《信托制度基础之比较与受托人义务立法》,载《比较法研究》2004 年第 3 期。

3. 赖源河:《台湾信托业的现况与发展》,2004 年中国(长沙)信托国际论坛论文。

4. 马俊驹:《法人制度的基本理论和立法问题之探讨(上)》,载《法学评论》2004 年第 4 期。

5. 马亚明:《发达国家信托业发展及其对我国的借鉴和启示》,载《财经论坛》2003 年第 7 期。

6. 谢哲胜:《信托业管理信托财产的权限》,载台湾《月旦法学》第 93 期。

7. 王萍:《大陆法代理制度与英美法信托制度之比较》,载《甘肃政法学院学报》1998 年第 3 期。

8. 王连洲:《中国信托制度发展的困境与出路》,载《法学》2005 年第 1 期。

9. 虞政平:《法人独立人格质疑》,载《中国法学》2001 年第 1 期。

10. 李晓毅、朱悦蘅:《论利益平衡理念与我国信托立法》,载《西南民族大学学报》2004 年第 2 期。

11. 张雷:《浅议商事信托法律制度》,载《当代法学》2000 年第 5 期。

12. 李光明:《关于中国金融信托业制度创新问题的思考》,载《学术论坛》1999 年第 5 期。

13. 王文龙、田光明:《当前我国信托投资公司存在的问题及原因》,载《理论探索》2000 年第 6 期。

14. 黄来纪:《关于构建我国信托关系法律框架研究——"信托法研讨会"综述》,载《政治与法律》2002 年第 6 期。

15. 中野正俊、张军建:《从比较信托法看中国信托法的立法及其解释》,载《中南大学学报》2003 年第 2 期。

16. 陈雪平:《对信托法律特征的合理认识》,载《学术交流》2003 年第 12 期。

17. 李鸿昌、许良:《WTO 框架下我国信托业发展对策研究》,载《经济经纬》2002 年第 5 期。

18. 曾庆芬:《发达国家(或地区)信托业发展趋势及启示》,载《西南民族学院学报》2003 年第 4 期。

19. 刘亚东:《论英国信托法受托人的信义义务》,载《河北科技大学学报》2004 年第 4 卷第 2 期。

20. 刘正锋:《美国信托法受托人谨慎义务研究》,载《当代法学》2003 年第 9 期。

21. 潘杨华:《信托受托人法律责任比较研究》,载《洛阳大学学报》2004 年第 19 卷第 3 期。

22. 李茂年:《信托受托人自我交易的效力研究》,载《华南金融研究》2003 年第 6 期。

23. 易勤华、钱孝喻:《最大限度地控制信托业的人格风险》,载《江西社会科学》2001 年第 11 期。

24. 罗大钧:《信托法律关系探析》,载《中国政法大学学报》2001 年第 2 期。

25. 赵许明:《信托内部权利结构探新》,载《法学论坛》2002 年第 17 卷第 6 期。

26. 王明洁、牟新华:《略论信托法律制度与我国契约型投资基金法律关系的当事人》,载《当代法学》2000 年第 5 期。

27. 徐柳:《论信托财产上的利益冲突及其平衡》,载《岭南学刊》2001 年第 6 期。

28. 张军奎、蔡从燕:《功能扩张、工具创新与英美信托法之受托人制度》,载《东南学术》2001 年第 6 期。

29. 耿利航:《信托财产与中国信托法》,载《中国政法大学学报》2004 年第 22 卷第 1 期。

30. 赵许明、罗大钧:《信托财产权属本质研究》,载《华侨大学学报》2002 年第 3 期。

31. 黄人杰、郝旭光:《投资基金管理人信托投资义务问题探析》,载《山西财经大学学报》2004 年第 26 卷第 3 期。

三、英文书籍

1. A. H. Oosterhoff, *Case and Materials on the Law of Trusts* (Second Edition), The Carswell Company L. D. , 1983.

2. A. J. Oakley, *Constructive Trusts* (Third Edition), London: Sweet & Maxwell, 1997.

3. A. J. Oakley, *Trends in Contemporary Trust Law*, Oxford: Clarendon Press, 1996.

4. *Black's Law Dictionary*, 8th ed. , Thomson West, 2004.

5. David J. Hayton, *Case and Commentary on the Law of Trusts* (Eighth Edition), London: Stevens & Sons, 1986.

6. David J. Hayton, *Law of Trusts and Trustees*, 15th edtion, London: Butterworths, 1995.

7. David J. Hayton, *Principles of European Trust Law*, Kluwer Law International, 1999.

8. David A. Steele, *Business Trusts: Some Key Issues for the Trust and Estate Lawyer*, Second Annual Estates & Trusts Forum November 24th & 25th, 1999.

9. Frank H. Easterbrook, *The Economic Structure of Corporation Law*, Harvard University Press, 1991.

10. George Cleason Bogert, *Cases and Text on the Law of Trusts*, 7th ed. , New York: Foundation Press, 2001.

11. Goerge G. Bogert, Goerge T. Bogert, *Law of Trust*, St. Paul, Minn. : West Publishing Co. , 1973.

12. Jesse Dukeminier, Stanley M. Johanson, *Wills Trusts, and Estates*, 6th ed. , Citic Publishing House.

13. Jill E. Martin, *Modern Equity*, London: Sweet & Maxwell Ltd. , 1997.

14. Jonathan Harris, *The Hague Trusts Convention*, Oxford-Portland Oregon, 2002.

15. Maurizio Lupoi, *Trusts-A Comparative Study*, Cambridge University Press, 1999.

16. Paul Matthews BCL LLD, *Trusts: Migration and Change of Proper Law*, Key Haven Publications PLC, 1997.

17. Peter Birks and Arianna Pretto, *Breach of Trust*, Oxford and Portland Oregon, 2002.

18. Philip H. Pettit, *Equity and the Law of Trusts* (Fifth edition), London: Butterworths, 1984.

19. Ewan Mackendrick (ed.), *Commercial Aspects of Trusts and Fiduciary Obligations*,

Clarendon Press Oxford.

20. Rosalind F. Atherton(ed.), *The International Academy of Estate and Trust Law: Selected Papers 1997—1999*, Kluwer Law International, 2001.

四、英文文章

1. David A. Steele, Andrew G. Spence, "Enforcement Against the Assets of a Business Trust by an Unsecured Creditor", *Canadian Business Law Journal* (1998), Vol. 31, No. 1.

2. D. Gordon Smith, "The Critical Resource Theory of Fiduciary Duty", *Vanderbilt Law Review*, Vol. 55.

3. Henry Hansmann and Reinier Kraakman, "The Essential Role of Organizational Law", 110 *Yale L. J.*

4. Henry Hansmann, Ugo Mattei, "The Functions of Trust Law: A Comparative Legal and Economic Analysis", *N. Y. U. L. Rev.* (1998).

5. John H. Langbein, "The Contractarian Basis of the Law of Trusts", 105 *YALE L. J.* (1995).

6. John H. Langbein, "The Secret Life of the Trust: The Trust as an Instrument of Commerce", 107 *Yale L. J.* (1997).

7. Katharina Pistor, Chenggang Xu, "Fiduciary Duty in Transitional Civil Law Jurisdictions-Lessons from the Incomplete Law Theory", *ECGI Working Paper Series in Law*, 2002.

8. Tarmar Frankel, "Fiduciary Law", 71 *Cal. L. Rev.* (1983).

9. Larry E. Ribstein, "The Structure of the Fiduciary Relationship", *Illinois Law and Economics Working Papers Series Working Paper* No. LE03-003 January, 2003.

10. Lusina Ho, "The Reception of Trust in Asia: Emerging Asian Principles of Trust?" *Singapore Journal of Legal Studies*, 2004.

11. Michael C. Jensen, "Agency Problems and Residual Claims", See Michael C. Jensen, *Foundations of Organizational Strategy*, Harvard University Press, 1998. This document is available on the Social Science Research Network (SSRN) Electronic Library at: http://papers.ssrn.com/sol3/paper.taf? ABSTRACT_ID = 94032.

12. Robert Cooter, Bradley J. Freedman, "The Fiduciary Relationship: Its Economic Character and Legal Consequences", 66 *N. Y. U. L. Rev.* (1991).

13. Robert Cooter, Bradley J. Freedman, "An Economic Model of the Fiduciary's Duty of Loyalty", *The Aviv University Studies in Law*.

14. Robert B. Thompson, "Agency Law and Asset Partitioning", 71 *U. Cin. L. Rev.*

15. Robert Flannigan, "Business Applications of the Express Trust", 36 *Alberta L. Rev.* (1998).

16. Robert H. Sitkoff, "Uncorporation: a New Age?: Trust as 'Uncorporation': a Research Agenda", 31 *U. Ill. L. Rev.* (2005).

17. Robert H. Sitkoff, "An Agency Costs Theory of Trust Law", *Cornell Law Review*, Vol. 69(2004).

18. Robert H. Sitkoff, "Trust Law, Corporate Law, and Capital Market Efficiency", *Northwestern University School of Law*, *Law and Economics Papers*, 2003.

19. Scott FitzGibbon, "Fiduciary Relationships Are not Contracts", 82 *Marq. L. Rev.* (1999).

20. Sheldon A. Jones, Laura M. Moret, and James M. Storey, "The Massachusetts Business Trust and Registered Investment Companies", 13 *Del. J. Corp. L.* (1988).

21. Steven L. Schwaecz, "Commercial Trusts as Business Organizations Unraveling the Mystery", *The Business Lawyer*, Vol. 58, 2003.

22. Timothy Youdan, "Business Trusts: Avoiding the Pitfalls", in *Estate Planning Institute*, Toronto: The Anadian Institute, 1995.

23. Wallace Wen Yeu Wan, "Corporate Versus Contractual Mutual Funds: An Evaluation of Structure and Governance", *Wash. L. Rev.* (1994).

致　　谢

本书是在我的博士毕业论文基础上形成的,本书的出版要感谢北京工商大学法学院院长李仁玉教授、吕来明教授以及季一凡老师所给予我的帮助,从书稿的修改到最终能够出版都离不开他们的努力。

在此感谢我的导师叶林教授,他的很多观点和建议都给予我极大的启发,而他给我的指导使我受益无穷。

我也要感谢一直以来关心我、帮助我的家人和朋友,他们给予我的鼓励和支持是我工作、学习、生活的动力。

商业信托在我国仍然是一种潜力尚待开发的商业运作形态,对其的法律调整也有待进一步完善,最终形成完整的体系,我尝试对商业信托的受托人法律地位进行体系化、比较性的研究,但难免以偏概全、难免存在错误和疏漏之处,本书的错误和不足之处完全归咎于我本人。

彭插三

2008 年 5 月 10 日